Vertrauen in Public Relations

Olaf Hoffjann

Vertrauen in Public Relations

 Springer VS

Prof. Dr. Olaf Hoffjann
Ostfalia Hochschule,
Salzgitter, Deutschland

ISBN 978-3-531-19591-9　　　　　　ISBN 978-3-531-19592-6 (eBook)
DOI 10.1007/978-3-531-19592-6

Die Deutsche Nationalbibliothek verzeichnet diese Publikation in der Deutschen Nationalbibliografie; detaillierte bibliografische Daten sind im Internet über http://dnb.d-nb.de abrufbar.

Springer VS
© VS Verlag für Sozialwissenschaften | Springer Fachmedien Wiesbaden 2013
Das Werk einschließlich aller seiner Teile ist urheberrechtlich geschützt. Jede Verwertung, die nicht ausdrücklich vom Urheberrechtsgesetz zugelassen ist, bedarf der vorherigen Zustimmung des Verlags. Das gilt insbesondere für Vervielfältigungen, Bearbeitungen, Übersetzungen, Mikroverfilmungen und die Einspeicherung und Verarbeitung in elektronischen Systemen.

Die Wiedergabe von Gebrauchsnamen, Handelsnamen, Warenbezeichnungen usw. in diesem Werk berechtigt auch ohne besondere Kennzeichnung nicht zu der Annahme, dass solche Namen im Sinne der Warenzeichen- und Markenschutz-Gesetzgebung als frei zu betrachten wären und daher von jedermann benutzt werden dürften.

Einbandentwurf: KünkelLopka GmbH, Heidelberg

Gedruckt auf säurefreiem und chlorfrei gebleichtem Papier

Springer VS ist eine Marke von Springer DE. Springer DE ist Teil der Fachverlagsgruppe Springer Science+Business Media.
www.springer-vs.de

Danke!
Claudia für die wunderbare Vertrautheit.
Hannah und Frida für die täglichen Lektionen
über Vertrauen.

Inhaltsverzeichnis

1 Einleitung 1

Teil I Vertrauen in Public Relations 11

2 Die Unmöglichkeit von Vertrauen in Public Relations 13

3 Vertrauen in der PR-Forschung 23
   3.1 Persuasionsforschung und psychologische
       Glaubwürdigkeitsbeurteilung 24
   3.2 Vertrauen und Glaubwürdigkeit in der PR-Forschung 26
   3.3 Zwischenfazit: Anforderungen an die Untersuchung 33

4 Was ist Vertrauen? 37
   4.1 Sozialtheoretische Fundierung von Vertrauen 38
   4.2 Erkenntnistheoretische Fundierung von Vertrauen 44
       4.2.1 Kritik dualistischer Ansätze 45
       4.2.2 Non-dualistische Grundannahmen 47
       4.2.3 Non-dualistisches Verständnis von Vertrauen,
            Vertrauenswürdigkeit und Glaubwürdigkeit 56

5 Was ist PR? 61
   5.1 Sozialtheoretische Fundierung: PR als Legitimationsmanager ... 62
   5.2 Erkenntnistheoretische Fundierung: PR als Vertrauenswürdig-
       keits-Gatekeeper 71
   5.3 Zwischenfazit: Vertrauen und Public Relations 79

6 Internes Vertrauen in Public Relations 83

7 Externes Vertrauen in Public Relations 93
   7.1 Dimensionen externen Vertrauens in Public Relations 97
   7.2 Die Möglichkeit von Vertrauen in PR 101
   7.3 PR als Vertrauensvermittler von PR 104

7.4 Gründe für externes Vertrauen in Public Relations. 106
    7.4.1 Gründe für externes Vertrauen in PR-Kontextsteuerungen. . . 111
    7.4.2 Gründe für externes Vertrauen in interne
          Selbststeuerungen der PR. 118
    7.4.3 Die Beziehungen von vertrauens(un)würdigen
          PR-Beschreibungen und vertrauens(un)würdigen
          Selbststeuerungen 120

Teil II PR als Vertrauenswürdigkeitsmanager 123

8 Das Management vertrauenswürdiger PR 125
    8.1 Wirklichkeitsstrategien der PR 131
        8.1.1 Strategien vertrauenswürdiger PR-Beschreibungen. 136
        8.1.2 Dualisierende Wirklichkeitsstrategien 147
        8.1.3 Entdualisierende Wirklichkeitsstrategien 159
        8.1.4 Zwischenfazit: Wirklichkeitsstrategien zwischen
             Dualisierung und Entdualisierung 163
    8.2 Anspruchsstrategien der PR 165
        8.2.1 Dualisierende Anspruchsstrategien der PR. 169
        8.2.2 Entdualisierende Anspruchsstrategien der PR 174
        8.2.3 Zwischenfazit: Anspruchsstrategien zwischen
             Dualisierung und Entdualisierung 176
    8.3 Vertrauenswürdige PR zwischen Anspruchs-
        und Wirklichkeitsstrategien 177

9 Dynamische und spielerische Vertrauensbeziehungen. 181
    9.1 Dynamische Vertrauensbeziehungen 182
    9.2 Spielerische Vertrauensbeziehungen 191

10 Fazit 201

Literatur 211

Einleitung 1

Die Liste vermeintlicher PR-Lügen ist lang. Die internationale PR-Netzwerkagentur *Hill & Knowlton* soll ab 1953 den Zusammenhang zwischen Rauchen und Krebserkrankungen relativiert haben. Knapp 40 Jahre später wird dieselbe Agentur für den Fall der Baby-Morde in Kuwait verantwortlich gemacht. Dem tränenreichen wie später als gelogen bezeichneten Bericht der vermeintlichen Krankenschwester wird zugeschrieben, dass er der letzte Auslöser für den Eintritt der USA in den Krieg gegen den Irak war (vgl. Kunczik 2002, S. 36). Dagegen ist die vermeintliche Bildmanipulation von *BP* während der Ölpest im Golf von Mexiko 2010 schon fast als zu vernachlässigende PR-Lüge zu bezeichnen. Die Liste ließe sich noch lange fortführen. Die Beispiele werden als Beleg dafür genannt, was viele Menschen schon lange über PR denken: PR steht unter Lügen- und Egoismusverdacht (vgl. Bentele und Seidenglanz 2004, S. 85). Warum sollte man also PR noch vertrauen? Angesichts dieser Vorbehalte überrascht es umso mehr, dass ausgerechnet PR „Vertrauensspezialist" (Löhn und Röttger 2009, S. 105), „Vertrauensvermittler" (Bentele 1994a, S. 141) und „Glaubwürdigkeits-Gatekeeper" (Huck 2006, S. 50) von Organisationen sein soll. Ein solcher augenscheinlicher Widerspruch ist geradezu eine Einladung für eine genauere Betrachtung des Themenfeldes Vertrauen und PR. Beginnen wir mit drei Annäherungen an das Thema.

In einer *ersten Annäherung* an das Thema zeigt sich schnell, dass das Verhältnis der PR zur Wahrhaftigkeit seit jeher intensiv diskutiert wird. Auf der einen Seite halten viele PR-Schaffende den Satz des ehrbaren PR-Praktikers von Georg-Volkmar Graf von Zedtwitz-Arnim (1961) hoch: „Tue Gutes und rede darüber". Auf der Seite der Kritiker hält man sich eher an den Satz von Theodore Upton-Ivory (1992) alias Klaus Kocks: „Tue nur so und rede darüber". Reden und Handeln, Schein und Sein, Fakten und Fiktionen, Wahrhaftigkeit und Lüge – letztlich führen all diese Unterscheidungen zu dem Punkt, dass PR einen persuasiven bzw. strategischen Charakter besitzt. Und weil dies auch die Publika der PR als ihre Bezugsgruppen wissen bzw. zu wissen glauben, sind die Beziehungen zwischen PR und ihnen nicht eben leicht und von Fragen wie den folgenden geprägt: Sind die Erklärungen eines Unternehmens wahrhaftig, vor allem aber verlässlich? Sind die Produktionsanlagen eines Unternehmens sicher – oder nimmt es technische Störfälle in Kauf? Beachten Unternehmen Menschenrechte – oder behandeln sie ihre Mitarbeiter wie Menschen zweiter Klasse? Diese und viele andere Fragen stellen sich in den zahlreichen Beziehungen, in denen ein Unternehmen zu ganz unterschiedlichen gesellschaftlichen Bezugsgruppen steht. Stellt man sich erst einmal solche Fragen, dann wird eine Situation als riskant empfunden. Soll man den Erklärungen eines Unternehmens glauben, dass die Produktionsanlagen sicher seien – und sein Haus neben die Produktionsstätte bauen? Soll man den Erklärungen des Unternehmens glauben, dass sie die Menschenrechte in Produktionsstätten in Asien und Afrika respektieren, und das Unternehmen als Bürger, Kunde, Investor oder Mitarbeiter unterstützen? Der Glaube fällt in solchen Fällen zum einen schwer, weil man den strategischen bzw. persuasiven Charakter vieler Unternehmensbotschaften unterstellt. Zum anderen kommt bei vielen PR-Themen hinzu, dass sie für Außenstehende schwer nachprüfbar sind. Die Sicherheit einer Produktionsanlage können Außenstehende kaum einschätzen – ihre Unsicherheit zeigt sich in der Regel erst, wenn es zu spät ist.

Wie geht man mit dem fehlenden Wissen und dem wahrgenommenen Risiko um? Zum Beispiel mit Vertrauen. Vertrauen kann solche Situationen auflösen bzw. überbrücken. Man geht trotz des Wissens um fehlendes Wissen davon aus, dass die Produktionsstätten sicher seien und Menschenrechte berücksichtigt würden, kauft entsprechend das Grundstück oder lässt das Unternehmen gewähren. Alternativ kann man aber auch misstrauen oder nicht vertrauen und statt dessen Prognosen erstellen oder Kontrollen verstärken (vgl. Luhmann 1989, S. 25, 97 f.).

Diese erste Annäherung bestätigt die eingangs genannte Beobachtung, dass Vertrauen in PR zumindest nicht selbstverständlich ist. Zudem stellt sich grundsätzlich die Frage, worin das Vertrauen in PR überhaupt besteht: Vertrauen Bezugsgruppen in die guten Absichten und die Ehrlichkeit von PR oder sind es am Ende nicht andere Aspekte, in die sie vertrauen? Zudem haben Maximen wie „Tue Gutes und rede darüber" und „Tue nur so und rede darüber" einerseits gezeigt, dass Vertrauensfragen oft Wahrheitsfragen sind, mit denen man bekanntlich schnell in einer erkenntnistheoretischen Realitätsfalle landen kann. Hier stellt sich die Frage, welche erkenntnistheoretischen Auswege es aus dieser Falle gibt. Andererseits zeigen die beiden Maximen, dass es des „darüber Redens" immer bedarf. Sowohl die Lüge als auch die Wahrheit brauchen die Selbstdarstellung und die Inszenierung.

In einer *zweiten Annäherung* an das Thema lassen sich Hinweise darauf finden, dass sowohl Vertrauen als auch PR in modernen Gesellschaften wichtiger werden. Endress (vgl. 2002, S. 52) nennt u. a. soziostrukturelle Entwicklungen wie die

Globalisierung, politisch-klimatische Gemengelagen wie den Wertewandel oder Transformationsprozesse und kulturelle Wandlungsprozesse wie die Pluralisierung oder die zunehmende Aufmerksamkeit auf Fremdes als Hinweise dafür, dass soziale Situationen immer häufiger als riskant empfunden werden und Vertrauen wichtiger wird. So überrascht es nicht, dass Risiko und Vertrauen in vielen prominenten Gesellschaftsbeschreibungen eine zentrale Rolle einnehmen. Als postmodern beschriebene Gesellschaften sind vor allem dadurch gekennzeichnet, dass weder objektive noch subjektive Wahrscheinlichkeiten als Basis für eine rationale Risikokalkulation vorliegen, sondern Unkenntnis und Ungewissheit über mögliche Eintrittswahrscheinlichkeiten herrschen. Vertrauen ist hier der einzige Weg eines adäquaten Umgangs mit Risiken (vgl. Hubig und Simoneit 2007, S. 172). Daher sind die postmoderne Gesellschaft und die Risikogesellschaft untrennbar miteinander verbunden (vgl. Beck 1986). Sehr ähnlich argumentiert Greven in seiner Kontingenzgesellschaft (Greven 2000), in der zunehmend die Kontingenz künftiger Entwicklungen thematisiert wird. Grundsätzlich scheint also Vertrauen in modernen Gesellschaften wichtiger zu werden. Die Frage ist also weniger, *ob* wir vertrauen, sondern vielmehr, *wem* wir vertrauen.

Mit diesen beschriebenen Entwicklungen hängt eng die zunehmende Bedeutung von PR zusammen. Wenn PR als Antwort von Unternehmen interpretiert wird, in einer modernen Gesellschaft ohne festgefügte (Werte-)Hierarchie die eigene Existenz zu begründen und sich damit zu legitimieren, dann folgt daraus, dass PR in Gesellschaften, die als Risiko- und Kontingenzgesellschaft beschrieben werden, immer wichtiger wird. Je kontingenter und riskanter eine Begegnung mit Unternehmen von Bezugsgruppen erlebt und dies von ihr (öffentlich) problematisiert wird, desto größer ist der unternehmerische Bedarf, die eigene Existenz zu rechtfertigen und unternehmerische Exzesse zu verhindern – und nichts anderes tut in dem hier vorgestellten Verständnis PR. PR begründet u. a., warum Unternehmen gesellschaftlich wichtig sind, PR sucht Unterstützungspotenziale für ein Unternehmen. Der Bedarf daran scheint immer größer zu werden. Das Wachstum an PR-Schaffenden (vgl. Wienand 2003, S. 145) ist hierfür nur ein sehr unzureichender und unbefriedigender Indikator. Sehr viel schwieriger zu erfassen sind wichtigere Indikatoren, z. B. inwieweit Unternehmen Interessen jenseits der Absatzmärkte in Unternehmen berücksichtigen. Wenn Vertrauen *und* PR wichtiger werden, ließe sich der oben geäußerte Gedanke wie folgt ergänzen: Die Frage ist weniger, *ob* wir PR vertrauen, sondern vielmehr, der PR *welcher* Organisation bzw. *welches* Unternehmens wir vertrauen.

Die zunehmende Relevanz von Vertrauen und von PR findet in der PR-Forschung ihre Entsprechung, wenn PR dort als der zentrale organisationale Vertrauensvermittler bezeichnet wird: PR soll also Vertrauen für Organisationen beschaffen (vgl. Bentele 1994a, S. 141). In dieser Perspektive geht es also um Vertrauen *durch* PR *in* Organisationen. Worin dieses Vertrauen durch PR besteht und *wie* PR dieses Vertrauen beschaffen könne – diese Fragen sind bislang nur selten gestellt worden. Daher erscheint auch eine andere Perspektive spannend zu sein: Man wird *durch* PR *in* Organisationen nur dann vertrauen, wenn man *in* PR vertraut.

In einer *dritten Annäherung* an die Thematik ist zu beobachten, dass die Vertrauenswürdigkeit von PR zunehmend selbst zum (fach-)öffentlichen Thema wird. So scheint PR immer häufiger mit dem Vorwurf fehlender Glaubwürdigkeit konfrontiert zu werden. So geißelt der *Spiegel* regelmäßig die unlauteren Methoden der Branche (vgl. Schäfer 2006) – mitunter sogar gleich in mehreren Beiträgen einer Ausgabe (z. B. Heft Nr. 27/2010). So unscharf und beliebig der Begriff PR in der journalistischen Berichterstattung augenscheinlich verwendet wird, so sehr scheint doch ein Konsens darin zu bestehen, dass er zum Inbegriff für eine moralisch verwerfliche Kommunikation geworden zu sein scheint. Überaus polemisch könnte man formulieren: PR thematisiert unmoralische Interessen auf unmoralische Art und Weise. Damit ist man wieder beim zu Beginn genannten Vorwurf an die PR angekommen: PR lügt und betrügt.

Zugleich hinterfragen auch PR-Praktiker öffentlich ihre eigene Branche. Oder mit Worten von Klaus Kocks – hier in seiner Rolle als Praktiker: „Selbstverständlich müssen Sie als aufgeklärter Mensch immer davon ausgehen, dass ich lüge. Sie müssen sogar befürchten, dass ich die Wahrheit sage, ohne dass Sie es merken." (Kocks 2007b) Und schließlich wird PR auch noch mit unbequemen wissenschaftlichen Erkenntnissen konfrontiert. So fragt Klaus Merten rhetorisch, ob PR die Lizenz zum Täuschen habe. Und später konstatiert er: „Das Schmuddel-Image der PR ist also strukturell bedingt, es wird immer an deren Vertretern haften bleiben, denn diese müssen sozusagen die Dreckarbeit machen – wofür sie allemal eine erkleckliche Schmutzzulage auf ihren monatlichen Salär verdient hätten." (Merten 2006, S. 24)

Und wie reagiert die verbandsorganisierte PR-Branche auf die zunehmende Thematisierung der Vertrauenswürdigkeitsdefizite? Wie versucht die PR-Branche, Vertrauen in die PR wieder herzustellen? Letztlich sind es ganz ähnliche Strategien, mit denen auch Organisationen wie Unternehmen oder Parteien versuchen, neue Vertrauenswürdigkeit zu gewinnen. Mitglieder, die gegen Normen verstoßen haben, werden – wie Klaus Kocks – aus Berufsverbänden wie der *Deutschen Public Relations Gesellschaft (DPRG)* ausgeschlossen oder – wie Klaus Merten vom *Deutschen Rat für Public Relations (DRPR)* – mit einer Missbilligung bestraft. Gleichzeitig wird versucht, die Themen Glaubwürdigkeit bzw. Vertrauen und PR in einen positiven Kontext zu setzen. So gründete der *Bundesverband deutscher Pressesprecher (BdP)* eine Fachgruppe mit dem Namen „Glaubwürdigkeit". Und der

1 Einleitung

Gesamtverband der PR-Agenturen *GPRA* gibt seit 2009 einen Vertrauensindex zur deutschen Wirtschaft heraus, der wohl nicht zuletzt das Vertrauen in die eigene Zunft stärken soll. Damit einher gehen Versuche, sich vom in Deutschland historisch belasteten Begriff der Propaganda abzugrenzen (vgl. Bussemer 2008, S. 382).

Die Beispiele zeigen, mit welchen Strategien eine ganze Branche versucht, neue Vertrauenswürdigkeitszuschreibungen zu bekommen. So lassen sich in Berufsverbänden wie in Unternehmen neben veröffentlichten PR-Beschreibungen auch Selbststeuerungen finden – hier der Ausschluss eines Mitgliedes. Von diesen Versuchen auf der Makroebene der verbandsorganisierten PR-Branche dürften sich die Bemühungen auf der Mesoebene eines einzelnen Unternehmens nicht deutlich unterscheiden. Zwar kann hier nicht bewertet werden, ob die genannten Maßnahmen zu einer größeren Vertrauenswürdigkeit geführt haben – aber sie lassen zumindest die Vermutung zu, dass „vertrauensschaffende" Maßnahmen mitunter auch das Gegenteil bewirken können.

Die Annäherungen haben gezeigt, dass die Beziehungen zwischen PR und Vertrauen vielschichtiger sind, als es die erste Beobachtung vermuten ließ. Eine intensivere Beschäftigung mit dieser Frage drängt sich auch aus einem zweiten Grund auf: Obwohl Vertrauen in der PR-Forschung vielfach als eine zentrale Kategorie genannt wird (vgl. Szyszka 2009, S. 141), ist der Forschungsstand zu diesem Thema bislang unbefriedigend – vor allem vor dem Hintergrund der oben ausgeführten Annäherungen. Insbesondere drängen sich hier zwei zentrale Fragestellungen auf, aus denen sich weitere forschungsleitende Fragen ableiten lassen:

- Im ersten Teil steht die Frage im Mittelpunkt: *Was ist Vertrauen in PR?* Warum wird PR in der Organisationsumwelt trotz aller augenscheinlichen Vorbehalte mitunter noch vertraut? Welche erkenntnistheoretisch plausiblen Alternativen gibt es zu dem in PR-Diskursen verbreiteten Realismus, der an der Differenz von (realem) Sein und (inszeniertem) Schein festhält? Neben dem organisationsexternen Vertrauen von Bezugsgruppen, das in der Arbeit im Mittelpunkt steht, wird hier auch organisationsinternes Vertrauen zu erläutern sein (vgl. auch Hoffjann 2011a). Mit Ausnahme dieses Kapitels steht im ersten Teil die externe Perspektive im Fokus.

- Im zweiten Teil stehen die PR-Perspektive und die Frage im Mittelpunkt: *Wie bearbeitet PR das Problem der Vertrauenswürdigkeit?* Hierbei wird versucht, einen normativ weitgehend unbelasteten Blick auf die Fragen von Lüge und Wahrhaftigkeit zu werfen. Dabei sollen verschiedene Strategien herausgearbeitet werden, mit denen PR versucht, die Wahrscheinlichkeit von Vertrauenswürdigkeitszuschreibungen zu erhöhen. Dies wird insbesondere auf Organisationen zu beziehen sein, mit deren PR Bezugsgruppen noch keine vielfachen positiven Vorerfahrungen haben. Dabei steht PR vor dem Problem, dass jegliche Organisationskommunikation heute unter latentem Lügenverdacht steht und daher Probleme der Vertrauenswürdigkeit hat. Während die absatzorientierte Mediawerbung aus dieser Not eine Tugend gemacht hat und schamlos und damit unterhaltend lügt, behauptet PR verzweifelt Wahrhaftigkeit. Damit trifft sie aber nur einen Teil der Bezugsgruppenerwartungen. Die Erwartungen anderer Bezugsgruppen werden in der abschließenden Kernthese ausgeführt: „Lüge vertrauenswürdig, vor allem aber unterhaltsam!"

Wie bereits die einleitenden Beispiele gezeigt haben, ist die Thematisierung von Lüge und Wahrhaftigkeit, ja selbst von Vertrauen und PR ein vermintes Gelände. Auf der einen Seite stehen die Kritiker, die die Absichten und Methoden der PR als höchst zweifelhaft betrachten und bereits die Feststellung, dass Vertrauen eine wichtige Kategorie für PR sei, kritisieren (vgl. Faulstich 2000, S. 101). Auf der anderen Seite steht insbesondere die verbandsorganisierte Praxis, die den Dienst der PR für die Gesellschaft und die Wahrheitsnorm betonen (vgl. z. B. DPRG 1991). Die Untersuchung will sich frei machen von solchen normativ belasteten Vorurteilen. Dahinter steht die Annahme, dass PR mitunter lügt und mitunter wahrhaftig ist – und dass es empirisch nicht gelingen wird, den Lügenanteil zu ermitteln.

Obwohl PR nicht nur in Unternehmen, sondern auch in anderen Organisationen wie Kirchen oder Verbänden zu beobachten ist, fokussiert die Untersuchung im Wesentlichen auf Vertrauen in PR in Unternehmen. Dies erscheint insbesondere deshalb sinnvoll, um die theoretisch abstrakte Argumentation immer wieder mit Beispielen aus demselben gesellschaftlichen Bereich konkretisieren zu können.

Die Arbeit gliedert sich in zwei Teile und zehn Kapitel. Im ersten Teil werden internes und externes Vertrauen in PR zu beschreiben sein, während im zweiten Teil herausgearbeitet wird, wie PR die Chancen von Vertrauenswürdigkeitszuschreibungen erhöht.

Im *zweiten Kapitel* wird zunächst die *Unmöglichkeit vertrauenswürdiger PR bzw. von Vertrauen in PR* thesenartig und holzschnittartig herauszuarbeiten sein. Hier soll gezeigt werden, was die spezifischen Vertrauenswürdigkeitsprobleme von PR sind. Die zehn Probleme, Risiken und Entwicklungen sind einerseits der „Ballast" der Vertrauensbeziehungen zwischen PR und ihren Bezugsgruppen, andererseits werden sie im weiteren Verlauf der Untersuchung in einen theoretischen Rahmen eingearbeitet werden.

Im *dritten Kapitel wird der Forschungsstand zum Forschungsfeld Vertrauen und PR* erörtert. Da sich nur einige wenige Autoren explizit mit Fragen zum Vertrauen in bzw. durch PR beschäftigt haben, werden hier auch Erkenntnisse aus angrenzenden Forschungsdiskursen wie der Persuasionsforschung und der psychologischen

Glaubwürdigkeitsbeurteilung erörtert. Bei der Diskussion des Forschungsstandes zum originären Forschungsfeld Vertrauen und PR sollen zunächst die Ergebnisse zur a) Relevanz und Funktion von Vertrauen erläutert werden, bevor anschließend in Anlehnung an Bentele und Seidenglanz (vgl. 2005, S. 356 f.) die drei Vertrauensbeziehungen der PR erläutert werden: b) das Vertrauensverhältnis der PR zum jeweiligen Arbeit- bzw. Auftraggeber, c) PR als Vertrauensvermittler zwischen Organisationen und den spezifischen Teilöffentlichkeiten und d) die Vertrauensbeziehung von PR mit diesen Teilöffentlichkeiten. Als Ergebnis des Forschungsstandes werden Anforderungen an die weitere Untersuchung und hier insbesondere für die Frage nach Vertrauen in PR herausgearbeitet.

Im *vierten Kapitel wird Vertrauen sozial- und erkenntnistheoretisch* zu verorten sein. Eine erkenntnistheoretische Einbettung erscheint unabdingbar, weil Vertrauen und Vertrauenswürdigkeit in der Forschung bislang oft mit einem Vergleich mit der ontologischen Realität begründet werden. Als erkenntnistheoretische Grundlage wird hier der non-dualistische Ansatz von Josef Mitterer (1992, 2001) gewählt, der als eine Weiterentwicklung einer konstruktivistischen Perspektive verstanden werden kann. Der in der Kommunikationswissenschaft bislang wenig beachtete Ansatz berücksichtigt die Vorläufigkeit und damit Kontingenz aller Beschreibungen ebenso wie die Folgen für Vertrauens- bzw. Misstrauenshandlungen. Eine sozialtheoretische Einbettung ist für die Arbeit zentral, weil Vertrauen hier im Gegensatz zu anderen Arbeiten nicht als Einstellung verstanden wird (vgl. ausführlicher dazu Hartmann 2011, S. 144 ff.), sondern man mit Vertrauenshandlungen an Selektionen anderer anschließt. In der Untersuchung wird dazu eine systemtheoretische Perspektive gewählt. Ein solcher Standpunkt bietet sich an, weil die systemtheoretische Vertrauenstheorie (Luhmann 1989, 2001) zu den elaboriertesten zählt und verschiedentlich weiterentwickelt wurde (vgl. z. B. Kohring 2001, 2004). Zudem erscheint eine systemtheoretische Perspektive vielversprechend, weil mit der systemtheoretischen Organisationstheorie das Geflecht von Vertrauensbeziehungen beschrieben werden kann, in dem sich PR u. a. mit internen Bezugsgruppen wie der Unternehmensführung sowie mit externen Bezugsgruppen wie Anwohnern, der Politik etc. befindet. Schließlich wird im vierten Kapitel zwischen Begriffen wie Vertrauen, Vertrauenswürdigkeit und Glaubwürdigkeit zu differenzieren sein, die in Praktiker- wie wissenschaftlichen Diskursen immer wieder synonym verwendet werden. Vertrauen bzw. Vertrauenshandlungen werden in der Untersuchung als „die selektive Verknüpfung von Fremdhandlungen mit Eigenhandlungen unter der Bedingung einer nicht mittels Sachargumenten legitimierbaren Tolerierung des wahrgenommenen Risikos" (Kohring 2004, S. 130) verstanden. Vertrauenswürdigkeit wird konzipiert als grundsätzliche Zuschreibungen, mit denen einerseits Vertrauenshandlungen begründet bzw. legitimiert werden, die andererseits die

Informationen bzw. Bewertungen sind, die in der Vertrauenshandlung überzogen werden (vgl. Luhmann 1989, S. 26). Glaubwürdigkeit wird hier als Teilaspekt von Vertrauenswürdigkeit verstanden und bezieht sich allein auf die zugeschriebene Richtigkeit von Fakten. In der Untersuchung wird im Gegensatz zur Mehrzahl der bisherigen PR-Forschung der etwas sperrigere, dafür umfassendere Begriff der Vertrauenswürdigkeit dem Begriff der Glaubwürdigkeit vorgezogen.

Im *fünften Kapitel sollen analog zum Vertrauenskapitel die erkenntnis- und sozialtheoretischen Grundlagen zur PR* erörtert werden. Der PR-Begriff, zu dem es schon zu Beginn der 70er Jahren rund 2.000 Definitionen gegeben haben soll (vgl. Scharf 1971, S. 166), scheint in der journalistischen Berichterstattung immer mehr zum Synonym für illegitime Methoden und Ziele zu werden. Um eine Theorie des Vertrauens in PR entwickeln zu können, ist es unabdingbar, zunächst PR theoretisch zu begründen. Dazu soll herausgearbeitet werden, *welches Problem* PR in Unternehmen löst und *wie* PR dieses Problem löst. Für die Arbeit von zentraler Relevanz ist die Unterscheidung, dass PR ein Unternehmen entweder über die Veröffentlichung von Selbstbeschreibungen legitimieren kann oder durch die Beeinflussung unternehmerischer Entscheidungen. Daraus folgt, dass sich Vertrauen in PR nicht nur auf die Angemessenheit von PR-Beschreibungen bezieht, sondern auch auf die Angemessenheit von unternehmerischen Entscheidungen. Bei der erkenntnistheoretischen Verortung wird in Fortführung der non-dualistischen Argumentation ein Zugang zur PR vorgestellt, der sich von vorliegenden realistischen und konstruktivistischen Ansätzen abgrenzt und PR im erkenntnistheoretischen Kontext über das Vertrauenswürdigkeits-Gatekeeping definiert.

Im *sechsten Kapitel wird internes Vertrauen in PR* erläutert. Die Frage, warum die Unternehmensleitung oder andere Unternehmensbereiche in PR vertrauen, ist in der Forschung bislang eine weitgehende Leerstelle. Dies überrascht u. a., weil vielfach das besondere Vertrauensverhältnis der Organisationsleitung zu „ihrem" Pressesprecher betont wird (vgl. z. B. Arlt 2010, S. 103) und weil sich die seit einigen Jahren intensiv betriebene Diskussion zur Evaluation von PR und ihrem Beitrag zur Wertschöpfung von Unternehmen aus einer Vertrauensperspektive beobachten ließe. Internes Vertrauen wird in diesem Kapitel zunächst allgemein beschrieben, bevor die unterschiedlichen Vertrauensdimensionen konkretisiert werden. Dabei wird zu zeigen sein, dass PR wie wohl nur wenige andere Unternehmensbereiche unternehmensintern auf Vertrauen angewiesen ist, während sie zugleich als unternehmerischer „Unruheherd" und „Konflikttreiberin" nicht gerade gute Voraussetzungen für Vertrauenswürdigkeitszuschreibungen und Vertrauenshandlungen schafft.

Im *siebten Kapitel wird eine Theorie des externen Vertrauens in PR* vorgestellt. Auch hier wird zunächst die Frage zu beantworten sein, worin das Vertrauen von

1 Einleitung

externen Bezugsgruppen in PR besteht. Dabei wird das Problem zu lösen sein, dass PR extern nicht zu beobachten ist und damit zunächst auch kein externes Vertrauen in PR zu konzipieren ist. Daher wird eine „Hilfskonstruktion" entwickelt, mit der Vertrauen in die Umweltverträglichkeit von Organisationen zu beschreiben ist, die als externes Vertrauen in PR verstanden werden kann. Anschließend werden die Dimensionen externen Vertrauens in PR herausgearbeitet, um Vertrauen in PR differenzierter beschreiben zu können. Diese Dimensionen sind eine wichtige Folie für den zweiten Teil, da sie die Erwartungen an PR beschreiben, mit denen PR umzugehen hat. Auf Basis dieser Überlegungen sollen zwei Fragen aus früheren Kapiteln neu bearbeitet werden. Zunächst wird anknüpfend an das zweite Kapitel herausgearbeitet, warum PR trotz aller grundsätzlichen Vorbehalte dennoch gute Gründe hat, auf Vertrauenswürdigkeitszuschreibungen und Vertrauenshandlungen zu hoffen. Anschließend soll die Rolle von PR als Vertrauensvermittler neu perspektiviert werden: Es wird gezeigt, dass PR Vertrauen insbesondere in sich selbst vermittelt und weniger in andere Organisationsbereiche. Abschließend wird in diesem Kapitel die Grundlage für den zweiten Teil der Arbeit gelegt: Aus welchen Gründen vertrauen Bezugsgruppen PR bzw. welche Indikatoren für Vertrauenswürdigkeitszuschreibungen lassen sich identifizieren? Die Indikatoren determinieren zwar weder Vertrauenswürdigkeitszuschreibungen noch Vertrauenshandlungen, sind aber dennoch für PR die zentralen Ansatzpunkte, an denen sie bei der Schaffung von Vertrauenswürdigkeit ansetzen.

Im *zweiten Teil wird PR als Vertrauenswürdigkeitsmanager* vorgestellt. Hier steht die Frage im Mittelpunkt, wie PR die Gründe für Vertrauen bzw. die Indikatoren für Vertrauenswürdigkeitszuschreibungen zu instrumentalisieren versucht, um das Problem der Vertrauenswürdigkeit zu bearbeiten. Im *achten Kapitel* stehen verschiedene Unterscheidungen im Zentrum der Überlegungen. Einerseits wird zwischen *Wirklichkeits- und Anspruchsstrategien* zu unterscheiden sein. Wirklichkeitsstrategien beziehen sich auf vertrauenswürdige PR-Beschreibungen und werden anhand der Unterscheidung von extern veröffentlichten PR-Beschreibungen vs. der PR-internen Einschätzung zu ihrer Angemessenheit erläutert. Anspruchsstrategien fokussieren hingegen auf die Frage, wie Unternehmen Bezugsgruppeninteressen berücksichtigen. Sie werden anhand der Unterscheidung von beobachteten Ansprüchen bzw. Interessen relevanter Bezugsgruppen vs. berücksichtigter Interessen relevanter Bezugsgruppen beschrieben. Diese beiden Strategietypen werden mit der Unterscheidung dualisierend vs. entdualisierend beschrieben werden. Mit dieser Unterscheidung soll ein neuer, weil normativ unbelasteter Blick auf die klassische Fragestellung geworfen werden, inwieweit sich PR von beobachteten gesellschaftlichen Ansprüchen bzw. von der unterstellten Wirklichkeit ihrer Bezugsgruppen entfernt. Die dualisierenden wie entdualisierenden Wirklichkeits- und

Anspruchsstrategien sowie die sich aus ihrer Kreuztabellierung ergebenen weiteren Strategietypen werden hinsichtlich ihrer Vorteile, Risiken, Kosten und Folgen beschrieben.

Im *neunten Kapitel* werden die Vertrauensbeziehungen abschließend gleichermaßen aus der Perspektive der Vertrauenssubjekte und -objekte beschrieben. Zunächst wird der dynamische Charakter der Vertrauensbeziehungen herauszuarbeiten sein. Dabei wird zu zeigen sein, dass die relevanten Vertrauenswürdigkeitsindikatoren nicht nur ständigen Veränderungen unterliegen, sondern dass sie auch immer höhere Reflexivitäts-Ordnungen erklimmen. Abschließend soll mit dem skeptischen Vertrauen neben dem spontanen und durchschauenden Vertrauen ein dritter Vertrauenstyp herausgearbeitet werden. Es wird die These vertreten, dass skeptische Bezugsgruppen u. a. wegen zugeschriebener Expressivität des Vertrauensobjektes Vertrauenswürdigkeit zuschreiben. Aus einer solchen Perspektive können die Beziehungen zwischen der PR und skeptischen Bezugsgruppen auch als Vertrauensspiele interpretiert werden.

Teil I
Vertrauen in Public Relations

Die Unmöglichkeit von Vertrauen in Public Relations 2

Image- und Vertrauensprobleme begleiten die PR so lange, wie es sie gibt (vgl. Kunczik 2002, S. 39 f.). Und wessen Urahn Bernays ungeniert die Möglichkeiten der Manipulation reflektiert (vgl. Bernays 2007, S. 33 [1928]), braucht sich nicht zu wundern, wenn nicht nur die Methoden, sondern auch die Absichten als wenig vertrauenswürdig bewertet werden. Dass die Vertrauenswürdigkeitsprobleme eher größer zu werden scheinen, dafür spricht die Antwort von Journalisten auf die Frage, ob Informationen in Pressemitteilungen zuverlässig seien. Während 1993 noch 46 % diese Frage bejahten, waren es nur zwölf Jahre später noch 24 % (vgl. Weischenberg et al. 2006, S. 127).

Diese beiden Ausgangsbeobachtungen sollen im Folgenden näher untersucht werden. Welche Belege lassen sich dafür finden, dass PR Vertrauenswürdigkeitsprobleme hat und dass diese Vertrauenswürdigkeitsprobleme eher größer als kleiner werden? Die Gründe sind vielfältig, in ganz unterschiedlichen Kontexten zu finden, sind nur teilweise PR-spezifisch und verschärfen sich zum Teil gegenseitig. Damit sollen in einer ersten Annäherung an das Thema thesenartig zentrale Problemfelder, Anknüpfungspunkte und relevante Diskurse für das Thema Vertrauen und PR identifiziert werden. Zugleich wird mit der Frage nach der möglichen Unmöglichkeit von Vertrauen in PR der „Ballast" von Vertrauensbeziehungen zwischen PR und ihren Bezugsgruppen herausgearbeitet.

1. Jede Selbstbeschreibung hat Probleme mit der Vertrauenswürdigkeit.

PR veröffentlicht Selbstbeschreibungen von Organisationen. PR ist damit gegenüber vielen Bezugsgruppen das öffentliche „Gesicht" einer Organisation. Solche öffentlichen Auftritte und damit auch die veröffentlichten Selbstbeschreibungen neigen letztlich immer zur Idealisierung – in der privaten Kommunikation genauso wie in der Kommunikation von Organisationen. Anschlussfähig ist hier der interdisziplinäre Theatralitätsdiskurs. Spätestens seit den Arbeiten von Goffman

(1998 [1959]) besteht Konsens darin, dass Inszenierungen – verstanden als kalkuliertes Auswählen, Organisieren und Strukturieren von Darstellungsmitteln, um eine beabsichtigte Publikumswirkung zu erzielen (vgl. Ontrup und Schicha 1999, S. 7) – allgegenwärtig sind. Inszenierungen können demnach als anthropologische Konstante verstanden werden (vgl. Meyer 2003, S. 13). Dies gilt zumal für öffentliche Interaktionen, die sich eben „nicht wie Tsunamis gemäß Naturgesetzen" (Saxer 2008, S. 364) vollziehen. Und aus einer normativen Perspektive ergänzt Westerbarkey (2000, S. 74): „Dieses ist nicht nur normal, sondern kaum vermeidlich und wird unter ethischen Gesichtspunkten erst dann fragwürdig, wenn die Idealisierung unseres Selbst dazu dient, das tatsächliche Gegenteil des Dargestellten zu verbergen." In Anlehnung an Watzlawick könnte man damit zur Unausweichlichkeit öffentlicher Inszenierungen formulieren: Beim bewussten öffentlichen Auftritt kann man nicht nicht inszenieren.

Daher hat jegliche Form strategischer Kommunikation ein „Unglaubwürdigkeitsstigma" (Willems 2007, S. 231). So ist die Werbung als „geheimer Verführer" (Packard 1964) seit jeher einem Motiv- und Manipulationsverdacht ausgesetzt (vgl. Hellmann 2003, S. 265): „Die Werbung sucht zu manipulieren, sie arbeitet unaufrichtig und setzt voraus, dass das vorausgesetzt wird." (Luhmann 1996b, S. 85) Und kürzer: „Nach der Wahrheit die Werbung" (ebd., S. 85). Theatralisierungstendenzen und damit verbundene Vertrauenswürdigkeitsrisiken erkennt Willems in nahezu allen gesellschaftlichen Bereichen – vom Sport, der Religion, dem Recht, der Erziehung, der Medizin über den Journalismus bis hin zur Wirtschaft und zur Wissenschaft (vgl. Willems 2009c, S. 29). Die größte Prominenz hat diese Frage ohne Zweifel im Bereich der Politik erlangt, für die Klaus Kocks unterstellt: „Die Rezeptionsdisposition gegenüber dem Berufsbild ‚Politiker' ist schon so weit abgeklärt, dass nicht nur deren Parteilichkeit zweifelsfrei ist, sondern auch eine gewisse Freizügigkeit im Umgang mit der Wahrhaftigkeit hingenommen wird, zum Teil sogar zum öffentlichen Amüsement beiträgt." (Kocks 2007a, S. 46)

Selbstbeschreibungen wie Werbung und PR hatten also schon immer Defizite hinsichtlich ihrer Vertrauenswürdigkeit. Entsprechend ist die Vertrauensbereitschaft gegenüber ihnen auch sehr gering – Werbung (12 %) und PR (17 %) finden sich in solchen Umfragen am Ende des Rankings (vgl. Bentele und Seidenglanz 2004, S. 79). Dazu hat es folglich nie eines Sündenfalls der PR bedurft, der zur Vertreibung aus dem Paradies der Vertrauenswürdigkeit geführt hätte.

2. Die Behauptung von Vertrauenswürdigkeit schwächt Vertrauenswürdigkeit.

PR und hier insbesondere die in Verbänden organisierte PR-Praxis neigen dazu, den strategischen Charakter wenn nicht zu leugnen, so doch zu relativieren. So lautet die erste von sieben Selbstverpflichtungen eines Mitgliedes der *Deutschen Public Relations Gesellschaft (DPRG)*: „Mit meiner Arbeit diene ich der Öffentlichkeit. Ich bin mir bewusst, dass ich nichts unternehmen darf, was die Öffentlichkeit zu irrigen Schlüssen und falschem Verhalten veranlasst. Ich habe wahrhaftig zu sein." (DPRG 1991) Wenn aber bereits veröffentlichte Selbstbeschreibungen ein Vertrauenswürdigkeitsdefizit haben, überrascht es nicht, dass idealisierende Selbstbeschreibungen zur Produktionsweise von idealisierenden Selbstbeschreibungen zu offenem Misstrauen führen können. Ähnlich zu bewerten ist die Einrichtung einer Fachgruppe „Glaubwürdigkeit" im *Bundesverband deutscher Pressesprecher (BdP)*. Beide Aktivitäten unterliegen der Glaubwürdigkeitsparadoxie, die jede Behauptung der Glaubwürdigkeit einer Behauptung riskiert (vgl. Hellmann 2003, S. 267).

Eine völlig andere Strategie der Selbstthematisierung ist in der Werbung zu beobachten. Statt Vertrauenswürdigkeit wird hier mitunter ironisierend und humorvoll gerade die fehlende Vertrauenswürdigkeit thematisiert, um auf diesem Umwege Vertrauenswürdigkeit zu gewinnen. Bei diesem „Stigmamanagement" (Willems und Kautt 2003, S. 114) wird z. B. ironisch auf den eigenen Rahmen Bezug genommen: „Und nun zur Werbung", heißt es z. B. am Ende eines Werbespots von *Toyota* (vgl. ebd., S. 115). Es wird im weiteren Verlauf zu zeigen sein, warum diese Strategie für PR wenig Erfolg versprechend ist. Hier wird zudem zum ersten Mal der reflexive Charakter von Problemen der Vertrauenswürdigkeit deutlich: Vermeintliche Auswege aus dieser Sackgasse können das Problem eher vergrößern, als dass sie zur Lösung beitragen.

3. Je größer, bekannter und vermeintlich erfolgreicher PR wird, desto größer werden die Vertrauenswürdigkeitsprobleme.

Wenn PR vor allem das Instrument der Pressearbeit nutzt, ist die erfolgreichste und beste PR immer noch die, die von den Lesern nicht bemerkt wird. In diesen Fällen hat die Umwandlung von PR-Selbstbeschreibungen in journalistische Fremdbeschreibungen geräuschlos funktioniert. Je unbekannter und mithin weniger beachtet PR ist, desto erfolgreicher kann sie dies schaffen. Umgekehrt bedeutet dies: Je größer, bekannter und vermeintlich erfolgreicher die PR-Branche wird, desto schwieriger wird dieses geräuschlose Umwandeln – u. a. weil die Vertrauenswürdigkeitsprobleme der PR zunehmen.

PR verzeichnet in Deutschland seit langer Zeit ein starkes Wachstum. Auch wenn es bis heute keine gesicherten Zahlen zur Zahl der PR-Schaffenden gibt, so dürfte sich die Zahl seit den 70er Jahren ohne Zweifel vervielfacht haben. In Anlehnung an Daten aus verschiedenen Studien spricht Wienand für das Jahr 1975 von 5.000 PR-Schaffenden und erwartete für 2010 mehr als 30.000 haupt- und nebenberuflich PR-Tätige (vgl. Wienand 2003, S. 145). Die PR-Branche ist also schon lange aus einer wenig beachteten Nische herausgetreten. Mittelfristig könnte die Zahl der PR-Schaffenden sogar die der hauptberuflichen Journalisten übertreffen, deren Zahl von 1993 zu 2005 von 54.000 auf 48.000 zurückgegangen ist (vgl. Weischenberg et al. 2006, S. 36).

Die wachsende Zahl der PR-Schaffenden dürfte ein Grund dafür sein, dass Methoden, Instrumente und handelnde Personen der PR von der Hinterbühne immer häufiger auf die mediale Vorderbühne „gezerrt" werden.[1] Hinzu kommen kritische Berichte über vermeintliche PR-Erfolge, bei denen mit illegitimen Methoden illegitime Ziele erreicht worden wären. So wird zum Beispiel der eingangs genannte Fall der Baby-Morde in Kuwait immer wieder für die moralische Skrupellosigkeit von PR angeführt. Dem tränenreichen wie später als gelogen bezeichneten Bericht der vermeintlichen Krankenschwester wird zugeschrieben, dass er der letzte Auslöser für den Eintritt der USA in den Krieg gegen den Irak war (vgl. Kunczik 2002, S. 36). Das bis heute vielfach angeführte Beispiel wird dann als Beleg für die Allmacht der PR angeführt. Bei der kritischen Diskussion der PR werden selbst ansonsten eher zurückhaltende öffentlich-rechtliche Sender schon deutlich: "Bullshit und Wahrheit – Willkommen in der PR-Gesellschaft" lautete der Titel der ZDF-Diskussionsrunde *Nachtstudio* 2007.

Eine ähnliche Erfahrung musste die Werbung in den 60er Jahren in Deutschland machen. Damals geriet die stetig wachsende und sich professionalisierende Werbung in den Fokus der Protestkultur. Werbung wurde als reine Verschwendung oder als infame Produktion falschen Bewusstseins und falscher Bedürfnisse angeprangert. Die Kritik, so Schmidt (vgl. 1999, S. 525 f.), habe die Werbung verändert und verbessert. Sowohl subtile Werbeformen wie Ironie, Distanz und Humor als auch das Bild eines mündigen, intelligenten und sensiblen Verbrauchers können somit als Reaktion auf diese Kritik interpretiert werden.

4. Die ökonomische Krise des Journalismus verstärkt die Vertrauenswürdigkeitskrise der PR.

Die Vertrauenswürdigkeitsprobleme in Folge einer prosperierenden PR verschärfen sich, da sich gleichzeitig der Journalismus seit rund zehn Jahren in einer permanenten ökonomischen Krise befindet. Konjunkturelle und strukturelle Ursachen haben in der Summe dazu geführt, dass Stellen wegfallen, Redaktionen zusammengelegt werden und mithin die Abhängigkeit von der wachsenden Zahl an zu-

---

[1] Nicht unerwähnt bleiben soll, dass nicht wenige PR-Schaffende die mediale Vorderbühne auch höchst freiwillig und unaufgefordert betreten.

2 Die Unmöglichkeit von Vertrauen in Public Relations

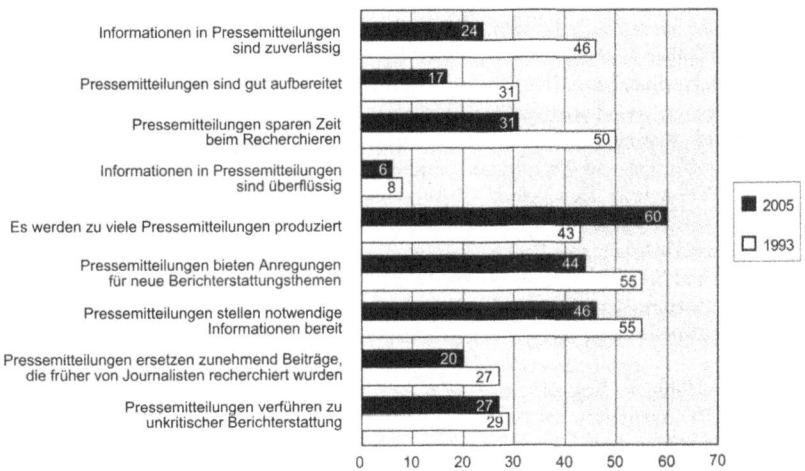

Abb. 2.1 Zustimmung von Journalisten über Pressemitteilungen 1993 und 2005 (in Prozent; Weischenberg et al. 2006, S. 127)

nehmend aufwändiger produzierten PR-Angeboten wächst (vgl. Bohrmann und Toepser-Ziegert 2010). Die Konsequenzen: Auf der einen Seite müssen sie gegenüber den Verlegern ihre Existenzberechtigung nachweisen, um weitere Kürzungen zu verhindern. Auf der anderen Seite sehen sich Redaktionen gegenüber Lesern, Hörern und Zuschauern unter einem Rechtfertigungsdruck für die schwieriger werdenden Arbeitsbedingungen.

Es ist zu vermuten, dass insbesondere diese veränderten Rahmenbedingungen dazu geführt haben, dass Journalisten PR 2005 ungleich kritischer bewerten als noch zwölf Jahre zuvor (vgl. Weischenberg et al. 2006 in Abb. 2.1; ähnlich Bentele und Seidenglanz 2004, S. 82, 99). Pressearbeit wird noch weniger als Angebot oder Unterstützung und noch mehr als Bedrohung empfunden. Diese kritische Haltung schlägt sich auch in einer negativeren Bewertung von PR nieder. In den vergangenen zehn Jahren ist die Zahl der Beiträge, in der PR überwiegend negativ bewertet wird, deutlich gestiegen. Dazu hat in Deutschland nicht zuletzt das Schlüsselereignis der „Hunzinger-Affäre" 2002 beigetragen (vgl. Fröhlich und Kerl 2010, S. 70; ähnlich Echo 2002; Schäfer 2006).

Es ist zu vermuten, dass Journalisten u. a. kritischer über PR berichten, *weil* – und nicht *obwohl* – sie wegen kleinerer Redaktionen mehr denn je auf PR-Zulieferungen angewiesen sein dürften. Denn Journalisten versuchen mit der Thematisierung von Phänomenen der PR, sich der wachsenden Heerscharen von PR-

Schaffenden und der zunehmend aufwändigeren Inszenierungen zu erwehren, auf die sie Tag für Tag treffen. Dazu thematisieren sie die Produktionsweise von PR-Selbstschreibungen. Dies ist dann immer zugleich eine Selbstthematisierung journalistischer Arbeitsbedingungen, mit der vor allem die eigene Vertrauenswürdigkeit gesichert werden soll. Die Folge: Journalisten machen die Kontingenz von PR-Selbstbeschreibungen sichtbar – und schwächen damit weiter deren Vertrauenswürdigkeit.

5. Das Theaterpublikum wird kritischer gegenüber Inszenierungen.

Die Allgegenwart von Inszenierungen in all ihren Facetten beschäftigt längst nicht mehr nur die Wissenschaft und das Feuilleton: „Nicht nur erkenntnistheoretisch, sondern auch sozialpsychologisch sind wir heute offenbar bereit, die große Lektion der Gegenaufklärung zu lernen: Es geht nicht ohne Fälschung." (Bolz 2005, S. 102) Rezipienten nehmen sich selbst zunehmend als Zuschauer eines Theaterstücks wahr, das nur für sie auf der medialen Bühne inszeniert wird. Das bleibt dann nicht ohne Folgen für ihre Rezeptionsdisposition. So relativieren sie üble Diffamierungen ebenso wie überhöhtes Lob unter Theatralitätsaspekten (vgl. Willems 2009c, S. 20).

Diese Selbstwahrnehmung der Rezipienten als Theaterzuschauer führt u. a. dazu, dass sie um ihre Verletzbarkeit wissen. Daher suchen sie nach Indizien für die Vertrauens(un)würdigkeit von Inszenierungen. Das könnte man als aufgeklärter bezeichnen – oder eben als misstrauischer.

6. Bezugsgruppen wissen um den eingebauten Widerspruch von PR.

Unternehmen sind als Organisationen des Wirtschaftssystems gewinnorientiert – ohne Gewinn könnten sie nicht existieren. Wenn PR innerhalb von Unternehmen kurzfristig die Interessen von externen Bezugsgruppen vertritt, um den langfristigen ökonomischen Erfolg des Unternehmens zu sichern, dann stößt das intern nicht selten auf Misstrauen und Kritik. Denn solche Empfehlungen der PR erscheinen aus der Perspektive kurzfristiger Gewinnerzielung höchst irrational. Die Investition in umweltschonende Produktionsverfahren, die Verbesserung der Arbeitsbedingungen von Produktionsstätten in Schwellenländern oder der Verzicht auf so genannte Alkopop-Getränke sind nur einige wenige Beispiele für gleichermaßen legitimationsrelevante wie kostspielige Entscheidungen. PR ist damit der eingebaute Widerspruch in Unternehmen.

Die unternehmerische Gewinnorientierung prägt Unternehmen selbst, sie prägt aber vor allem die Erwartungen vieler externer Bezugsgruppen gegenüber Unternehmen. Und weil Gewinnorientierung erwartet wird, wird PR-Beschreibungen zu einem freiwilligen Gewinnverzicht von Unternehmen nicht selten misstrauisch begegnet. Bereits hier wird deutlich, dass PR als *boundary spanner* (Thompson 1967) sowohl innerhalb als auch außerhalb der Organisationen Vertrauenswürdigkeitsprobleme hat.

7. Bezugsgruppen werden anspruchsvoller gegenüber Unternehmen.

Während unternehmerisches Handeln früher vor allem als Privatsache in Abgrenzung zu öffentlichen und staatlichen Sphären verstanden wurde, agieren sie seit dem Strukturwandel der Öffentlichkeit vielfach als quasi-öffentliche Organisationen (vgl. Dyllick 1992). Die Anforderungen an wie auch immer zu definierendes „gutes" unternehmerisches Handeln sind in einem solchen Maß gestiegen (vgl. z. B. Carroll und Buchholtz 2003), dass schon Tendenzen einer „Vergesellschaftung" von Unternehmen zu beobachten sind. Selbst mehr als 30 Jahre nach der Etablierung des Themas Umweltschutz scheint diese „Moralisierung der Märkte" (Stehr 2007) noch viele Unternehmen zu überraschen. Im Bereich der Marketingforschung wird für die 90er Jahre eine Erweiterung um gesellschaftliche und ökologische Rahmenbedingungen konstatiert (vgl. Meffert 2000, S. 6; Wiedmann 1993).

Je höher die Erwartungen an gesellschaftlich verträgliches unternehmerisches Handeln sind, desto eher müssen sie aber auch enttäuscht werden. Die Schere zwischen den Erwartungen vieler Bezugsgruppen und dem, was viele Unternehmen leisten können oder wollen, scheint sich tendenziell zu öffnen. Wenn man PR in einer ersten Annäherung als „Bollwerk" gegen die „Vergesellschaftung" von Unternehmen interpretiert, dürfte dies das Vertrauen in PR weiter schwächen.

8. Unternehmensinterne Konflikte und Widersprüche sind zunehmend weniger steuer- und kontrollierbar.

Mit einem Abschied von rationalitätstheoretischen Prämissen in der organisationstheoretischen Forschung (vgl. Luhmann 1988, S. 165) ist u. a. auch ein Abschied von Steuerungs- und Kontrollillusionen verbunden. In Unternehmen als „Multireferenten" (Wehrsig und Tacke 1992, S. 234) finden sich eine Vielzahl gesellschaftlicher Logiken wieder, die hier aufeinander prallen. Die Steuerungs- und Kontrollprobleme nehmen mit zunehmender Größe weiter zu. Hierarchische, regionale und inhaltliche Ausdifferenzierungsprozesse führen zur weiteren Herausbildung und Stärkung von Eigenlogiken. Zu welchen Konflikten solche Widersprüchlichkeiten führen können, zeigte eindrucksvoll die offene Auseinandersetzung zwischen *Ge-*

neral Motors und ihrer Tochter *Opel* im Jahr 2009. Wenn sich Teile desselben Konzerns in der Öffentlichkeit befehden, ist Vertrauen kaum mehr zu erwarten. Aber auch jenseits solcher offenen Konflikte führen die strukturell angelegte Widersprüchlichkeit und die Unsteuerbarkeit von Unternehmen zu Risiken für die Vertrauenswürdigkeit. Social Media-Plattformen sind wie geschaffen für die Veröffentlichung und schnelle Verbreitung anonymer Beschreibungen etwa von enttäuschten Mitarbeitern. All das führt dazu, dass die in Unternehmen vorhandenen Widersprüche immer häufiger eine größere Öffentlichkeit erreichen und damit „offiziellen" PR-Beschreibungen widersprechen. Damit wird die Widersprüchlichkeit von Unternehmen öffentlich und dürfte mögliche Vertrauensbeziehungen weiter gefährden.

9. PR schwächt mit öffentlichen Konflikten die eigene Vertrauenswürdigkeit.

Öffentlich ausgetragene Konflikte können für Organisationen Erfolg versprechend und damit funktional sein. So hat *Greenpeace* mit der Besetzung der *Brent Spar* 1995 nicht nur die Versenkung der Ölplattform verhindert, sondern auch den Schutz der Meere auf die öffentliche Agenda gesetzt. Wechselt man von der Mesoebene der PR einer einzelnen Organisation auf die Makroebene der Gesamtheit der PR, ist allerdings zu konstatieren, dass PR in solchen Konflikten immer das Opfer ist. In Anlehnung an das Zitat „Das erste Opfer des Krieges ist die Wahrheit"[2] könnte man formulieren, dass in Konflikten das erste Opfer die Vertrauenswürdigkeit ist. Durch gegenseitige Vorwürfe wird nicht selten die Kontingenz von Wirklichkeitsbeschreibungen für die Rezipienten deutlich. Während ein öffentlicher Konflikt damit für die PR einer einzelnen Organisation Erfolg versprechend sein kann, schwächt es auf der anderen Seite das Vertrauen in die PR als Ganzes.

10. All dies führt in der Summe dazu, dass die Vertrauenswürdigkeit weiter geschwächt wird.

Die skizzierten Probleme und Entwicklungen lassen die zahlreichen Probleme und Risiken im Kontext der Vertrauenswürdigkeit erahnen. Die strukturell angelegten Risiken wie die ganz grundsätzlichen Probleme der Vertrauenswürdigkeit von Selbstbeschreibungen, der eingebaute Widerspruch von Wirtschafts-PR oder die grundsätzliche Widersprüchlichkeit von Unternehmen hätten als Begründung für

---

[2] In der Literatur wird das Zitat unterschiedlichen Personen zugeschrieben. Dazu zählen u. a. Senator Hiram Johnson (vgl. Bentele 1993, S. 121) und Rudyard Kipling (vgl. Kunczik 1995, S. 101).

Tab. 2.1 Analyseebenen von Vertrauen in PR

Vertrauen in…	Analyseebene
… PR-Rollenträger (z. B. Pressesprecher)	Mikroebene
… PR einer Organisation (z. B. Energie-Konzern)	Mesoebene
… PR von Organisationen einer Branche (z. B. Kernenergie)	Meso-Makroebene
… die gesamte PR-Branche	Makroebene

die problembehaftete Vertrauenswürdigkeit im Grunde schon genügt. Es spricht allerdings viel dafür, dass sich diese Probleme weiter vergrößern. So tragen die steigenden Ansprüche und Erwartungen kritischer Bezugsgruppen, ein ökonomisch kriselnder Journalismus und die Selbstwahrnehmung von Bezugsgruppen als Theaterzuschauer dazu bei, dass die grundsätzlich kritische Haltung insbesondere gegenüber unternehmerischer PR weiter zunehmen wird. Und wenn man das Wachstum von PR, die Behauptung von Vertrauenswürdigkeit und die Konflikte zwischen PR als Strategien interpretiert, mit diesen Vertrauensproblemen umzugehen, wird schließlich eines deutlich: Letztlich verschärfen sie eher das Problem der Vertrauenswürdigkeit, als dass sie zu seiner Lösung beitragen. Die Probleme der Vertrauenswürdigkeit, die PR quasi in die Wiege gelegt wurden, werden damit umso größer. Diese Probleme sind so zahlreich, dass man sich wundert, dass PR überhaupt noch auf Vertrauen hofft.

Mit der Erläuterung der problembehafteten Vertrauenswürdigkeit sollte der „Ballast" für die Vertrauensgewinnung von PR erläutert werden. So sehr viele der genannten Aspekte untrennbar miteinander zusammenhängen, so ist es doch gelungen, relevante Aspekte für die Themenstellung der Untersuchung zu identifizieren. Zum Verständnis von Vertrauenswürdigkeits- und Vertrauensproblemen hat sich dabei zunächst der Theatralitätsdiskurs als hilfreich erwiesen, weil hier Fragen der Inszenierung und der Rezeptionsdisposition intensiv diskutiert werden. Damit hängen eng zusammen erkenntnistheoretische Problemstellungen. Wenn Glaubwürdigkeit von der vermuteten „Richtigkeit" von Aussagen abhängt, wird dies erkenntnistheoretisch einzuordnen sein. Und schließlich braucht es eine organisationstheoretische Verankerung, um Fragen nach der Steuer- und Kontrollierbarkeit von Organisationen wie Unternehmen beantworten zu können. Während die genannten Probleme, Risiken und Entwicklungen hier singulär beschrieben wurden, sollen sie in der Untersuchung in einen theoretischen Rahmen eingebaut werden. Dabei wird sich auch zeigen, dass die PR durchaus gute Chancen auf Vertrauenswürdigkeitszuschreibungen und Vertrauenshandlungen hat.

Schließlich ist bereits in dieser Skizzierung deutlich geworden, dass eine Trennung zwischen verschiedenen Analyseebenen von PR notwendig ist. Es erscheint sinnvoll, zwischen insgesamt vier Ebenen zu differenzieren (Tab. 2.1).

- Auf der *Mikroebene* geht es um Vertrauen in PR-Rollenträger. Hier wird u. a. gefragt nach der persönlichen Glaubwürdigkeit, der Vertrauenswürdigkeit und dem persönlichen Vertrauen in PR-Rollenträger. Dieser Aspekt erscheint u. a. relevant, weil bei Journalisten, die in die PR wechseln, vielfach die Relevanz ihrer persönlichen Beziehungen zu ehemaligen Kollegen betont wird. Noch wichtiger ist dieser Aspekt hingegen, weil Personen und mithin z. B. deren Vertrauenswürdigkeit Organisationen zugerechnet werden und mithin Vertrauenswürdigkeitszuschreibungen ihrer Organisation beeinflussen können.
- Auf der *Mesoebene* steht Vertrauen in die PR einer Organisation im Mittelpunkt. Hier wird der organisationale Kontext wie zum Beispiel das Verhältnis zur Unternehmensleitung zu untersuchen sein. Fehlendes Vertrauen in PR kann hier zu einer eingeschränkten Handlungsfreiheit des Unternehmens führen.
- Auf der *Meso-Makroebene* steht das Vertrauen in PR von Organisationen einer Branche im Fokus. Damit soll dem Umstand Rechnung getragen werden, dass PR nicht nur organisationsspezifische, sondern auch branchenspezifische Besonderheiten aufweist. So unterscheiden sich die Vertrauensbeziehungen in die PR von traditionellen Risikobranchen wie der Kernenergie oder der chemischen Industrie deutlich von Vertrauensbeziehungen in die PR von Branchen wie der regenerativen Energie.
- Auf der *Makroebene* geht es um Vertrauen in die Gesamtheit der PR-Branche, also der Gesamtheit der PR-Systeme. Eine fehlende Vertrauenswürdigkeit von PR kann hier z. B. zu Rekrutierungsproblemen führen.

Es liegt in der Natur soziologischer Analyse, dass die Wechselbeziehungen zwischen diesen Ebenen eine getrennte Beschreibung erschweren. Dennoch wird an einigen Stellen versucht, durch die Fokussierung auf eine Ebene spezifische Aspekte herauszuarbeiten. Grundsätzlich steht in dem Band die Mesoebene im Mittelpunkt.

3 Vertrauen in der PR-Forschung

Vertrauen und Glaubwürdigkeit gehören in der PR-Forschung zu jenen Forschungsthemen, bei denen eine auffällige Diskrepanz zwischen der zugewiesenen Relevanz auf der einen Seite und den Forschungsbemühungen auf der anderen Seite zu beobachten ist. Einerseits wird Vertrauen zu den klassischen Begriffen der PR-Forschung gezählt (vgl. Szyszka 2009, S. 141), bei dem schon ein inflationärer Gebrauch zu beobachten ist (vgl. Bentele 1994a, S. 150). Andererseits finden sich neben dem umfassenden Werk von Bentele nur vereinzelt Arbeiten zu Fragen zum Vertrauen und zur Glaubwürdigkeit in der PR.

Daher wäre es nahe liegend, in diesem Kapitel auch Arbeiten aus benachbarten Diskursen wie der Psychologie (z. B. Köhnken 1990), Politikwissenschaften (z. B. Althoff 2008) oder Wirtschaftswissenschaften (z. B. Frings 2010) zu berücksichtigen. Allerdings wiederholt sich in diesen Diskursen – mit Ausnahme der Persuasionsforschung – der ernüchternde Befund aus der PR-Forschung. Während auf der einen Seite keine Zweifel bestehen, „dass die Glaubwürdigkeit von Quellen und Kommunikatoren in ihren unterschiedlichen Facetten für intendierte Einstellungsänderungen bedeutsam ist" (Schenk 2002, S. 415), wird auf der anderen Seite in der Mehrzahl der Diskurse die geringe Zahl an Forschungsarbeiten beklagt.

Angesichts dieses ernüchternden Befundes überrascht es kaum mehr, dass Vertrauen im Kontext persuasiver Kommunikationsformen deutlich seltener thematisiert wird als die Glaubwürdigkeit von Kommunikatoren bzw. Quellen. Zudem werden Vertrauen und Glaubwürdigkeit nicht selten unreflektiert nebeneinander oder synonym verwendet (vgl. Seidenglanz 2008, S. 40).

Neben der PR-Forschung sollen im Folgenden die amerikanische Persuasionsforschung um Hovland et al. sowie kurz die psychologische Glaubwürdigkeitsbeurteilung berücksichtigt werden. Dabei wird insbesondere zu prüfen sein, inwieweit hier untersuchte grundlegende Phänomene von Vertrauen und Glaubwürdigkeit für das Thema des Bandes berücksichtigt werden können. Anschließend sollen zentrale Befunde der PR-Forschung zur Relevanz und Funktion von Vertrauen und

Glaubwürdigkeit für PR vorgestellt und diskutiert werden. Bei der Diskussion des Forschungsstandes soll geprüft werden, inwieweit die Ansätze bei der Beantwortung zentraler Forschungsfragen der Untersuchung weiterhelfen können: Wovon wird die Zuschreibung von Glaubwürdigkeit bzw. das Schenken von Vertrauen abhängig gemacht? Welche Relevanz und Funktion haben Vertrauen bzw. Glaubwürdigkeit im jeweiligen Diskurs?

3.1 Persuasionsforschung und psychologische Glaubwürdigkeitsbeurteilung

Köhnken unterscheidet in der Psychologie zwischen drei Forschungsbereichen, die sich mit Fragen der Glaubwürdigkeitsbeurteilung beschäftigen: die verhaltensorientierte, die inhaltsorientierte bzw. forensische sowie die quellen- und kontextorientierte Glaubwürdigkeitsbeurteilung (vgl. Köhnken 1990, S. 7). Die nachfolgenden zu skizzierenden Forschungsbereiche strukturieren damit relevante Aspekte, die die Zuschreibung von Glaubwürdigkeit eines Kommunikators, einer Quelle oder einer Aussage beeinflussen.

In der *verhaltensorientierten Glaubwürdigkeitsbeurteilung* wird nonverbales Verhalten untersucht. Dahinter steht die Frage, mit welchen nichtsprachlichen und extralinguistischen Begleiterscheinungen Täuschungen assoziiert werden und wie Rezipienten auf dieser Basis Glaubwürdigkeitszuschreibungen vornehmen (vgl. Köhnken 1990, S. 7). Als Indikatoren für Glaubwürdigkeit wird zwischen den vier Bereichen Inhalt (z. B. Anzahl der berichteten Details), extralinguistisches oder Sprechverhalten (z. B. Sprechgeschwindigkeit, Sprechfehler), nonverbales Verhalten (z. B. Mimik, Blickkontakt, Gestik) und psychophysiologische Phänomene (z. B. Atemtiefe, Herzrate) unterschieden (vgl. ebd., S. 9). Die *inhaltsorientierte Glaubwürdigkeitsbeurteilung bzw. forensische Aussagepsychologie* untersucht ausschließlich inhaltliche Aspekte von Aussagen – also, *was* gesagt wird, nicht, *wie* etwas ausgedrückt wird. Sie sucht nach Begleiterscheinungen von Täuschung und Wahrheit, die eine zuverlässige Bewertung der Glaubwürdigkeit von Zeugenaussagen ermöglichen soll (vgl. ebd., S. 7). Als Glaubwürdigkeitskriterien nennt Arntzen hier u. a. Widerspruchsfreiheit, Detailreichtum, Konstanz und Ergänzbarkeit (vgl. Arntzen 1993, S. 16). Der dritte Forschungsbereich schließlich ist die *quellen- und kontextorientierte Glaubwürdigkeitsbeurteilung*, die der Einstellungs- und Persuasionsforschung zuzurechnen ist. Hier wird untersucht, durch welche verhaltensunabhängigen Merkmale des Kommunikators – ggf. in Verbindung mit Aspekten des Kommunikationskontextes – Rezipienten zu dem Eindruck gelangen, dass eine Information glaubwürdig ist oder nicht (vgl. Köhnken 1990, S. 7). Herausragender

3.1 Persuasionsforschung und psychologische Glaubwürdigkeitsbeurteilung

Vertreter dieser Richtung ist Carl I. Hovland und die mit ihm assoziierten Studien des Yale Communication Research Program, die seit den 40er Jahren dazu publiziert wurden.

Im Mittelpunkt der Arbeiten von Hovland et al. stand die Frage, was zu Einstellungsänderungen führt. Grundsätzlich haben sie drei Einflussgrößen für Einstellungsänderungen definiert: Quelle, Kontext und Inhalt (vgl. Hovland et al. 1953). Die Glaubwürdigkeit wurde hier insbesondere als Zuschreibung des Kommunikators bzw. der Quelle untersucht: „How do differences in the credibility of the communicator affect 1) the way in which the content and presentation are perceived and evaluated? 2) the degree to which attitudes and beliefs are modified?" (ebd., S. 21). Diese Frage hat in den Arbeiten zur Persuasionsforschung eine zentrale Rolle erlangt und dürfte der am intensivsten untersuchte Faktor sein (vgl. Köhnken 1990, S. 119).

Glaubwürdigkeit haben Hovland et al. als Produkt aus der wahrgenommenen Kompetenz („expertness") und der Vertrauenswürdigkeit („trustworthiness") des Kommunikators definiert (vgl. Hovland et al. 1953, S. 21). Kompetenz wird verstanden als die Fähigkeit des Kommunikators, valide Aussagen treffen zu können. Indikatoren hierfür sind u. a. Alter, die Position als Führer in einer Gruppe und die soziale Ähnlichkeit zum Rezipienten. Die Vertrauenswürdigkeit als zweiter Faktor sinkt zum Beispiel, wenn eine Persuasionsabsicht wahrgenommen wird (vgl. ebd., S. 23). Die von Hovland et al. eingeführte Unterscheidung von Vertrauenswürdigkeit und Kompetenz prägt die Glaubwürdigkeitsforschung bis heute (vgl. Kohring 2004, S. 21).

Um die Auswirkungen der Kommunikatorglaubwürdigkeit auf Einstellungsänderungen zu untersuchen, wurden Versuchspersonen z. B. mit sehr glaubwürdigen oder sehr unglaubwürdigen Kommunikatoren bzw. Quellen konfrontiert. Dazu wurden häufig extreme Beispiele gewählt wie die „Prawda" als unglaubwürdige und einen amerikanischen Wissenschaftlicher als glaubwürdige Quelle. Diese drastische Manipulation der Vertrauenswürdigkeit vernachlässigt die im Alltag häufiger anzutreffenden subtilen Variationen der Glaubwürdigkeit von Informationsquellen (vgl. Köhnken 1990, S. 140). Zudem wurde belegt, dass das Wissen um die Beeinflussungsabsicht des Kommunikators zu geringeren Einstellungsänderungen geführt hat (vgl. ebd., S. 125 f.).

Die zahlreichen Arbeiten der so genannten Yale-Gruppe zur Kommunikator- und Quellenglaubwürdigkeit sind heute sicherlich der Glaubwürdigkeitsdiskurs, der am intensivsten erforscht wurde. Schenk vermutet sogar, dass das Interesse an diesem Forschungsgebiet deshalb wieder abgenommen hat, da damals nur wenige Fragen offen blieben (vgl. Schenk 1987, S. 64). Dennoch werden die Forschungsergebnisse heute sehr kritisch bewertet. Dies trifft vor allem auf die allgemein konstatierte Theorielosigkeit zu. So präsentierten Hovland et al. „keine systematische Theorie persuasiver Kommunikation, sondern eher ein praktikables Forschungsprogramm, das sich an der Lasswell-Formel orientierte" (Schenk 1987, S. 45 f.; vgl. Köhnken 1990, S. 141). Dies gilt insbesondere für eine unzureichende Reflexion der zentralen Begriffe Glaubwürdigkeit und Vertrauen bzw. Vertrauenswürdigkeit, die oft sogar synonym verwendet werden (vgl. Kohring 2004, S. 25). Ein grundsätzliches Defizit ist zudem, dass weniger erklärt wird, wie es zu Glaubwürdigkeitseinschätzungen kommt, sondern allein die Auswirkungen auf die Einstellungen untersucht werden (vgl. ebd., S. 24; Reinmuth 2006, S. 93). Trotz all dieser Kritik ist dem Forschungsprogramm grundsätzlich zu verdanken, dass die Relevanz wahrgenommener Glaubwürdigkeit für Einstellungsänderungen außer Frage steht.

Die fehlende Reflexion des Glaubwürdigkeitsbegriffs konnten auch die Forschungsarbeiten nicht beheben, die Glaubwürdigkeit mit Hilfe von semantischen Differentialen zu erfassen suchten, um auf diesem Umwege das Problem zu umgehen, dass Glaubwürdigkeit als latentes Imagemerkmal nicht messbar ist (vgl. z. B. Markham 1968). Es wurden zwar zahlreiche Faktoren wie Aufrichtigkeit, Sachkenntnis, Dynamik, Objektivität, Verständlichkeit, Attraktivität und Ethik benannt, die als Komponenten für Glaubwürdigkeit dienen sollten. Grundsätzlich findet sich aber auch hier ein weitgehend theorieloses Vorgehen (vgl. Wirth 1999, S. 48 ff.).

3.2 Vertrauen und Glaubwürdigkeit in der PR-Forschung

Ob als „Vertrauenswerbung" (Zedtwitz-Arnim 1961, S. 20), „Vertrauensspezialist" (Löhn und Röttger 2009, S. 105), „Vertrauensvermittler" (Bentele 1994a, S. 141) oder als „Glaubwürdigkeits-Gatekeeper" (Huck 2006, S. 50), PR scheint in Vertrauensfragen seit jeher eine zentrale Rolle zuzukommen. „Das Begriffsfeld ‚Vertrauen' gehört zu den am häufigsten verwendeten Termini der PR-Literatur, wenn es darum geht, die Beziehungen einer Organisation zu ihrer Umwelt qualitativ zu klassifizieren" (Bentele 1994a, S. 150).

Bereits in den 50er und 60er Jahren war Vertrauen in praktizistischen Arbeiten zur PR eine zentrale Kategorie. Bei praxisorientierten Autoren wie Jahn (1953), Korte (1954), Haacke (1957), Hundhausen (1951), Oeckl (1964), Zedtwitz-Arnim (1961) und aktuelleren Arbeiten von Schulze-Fürstenow (1988), Baker (1993), Gower (2006) oder Klenk (2009) wurde Vertrauen als zentrales Ziel von PR genannt. Stellvertretend für viele sei hier das PR-Verständnis von Oeckl genannt, der Öffentlichkeitsarbeit definiert als „das bewusste, geplante und dauernde Bemühen, gegenseitiges Verständnis und Vertrauen in der Öffentlichkeit aufzubauen und zu pflegen" (Oeckl 1964, S. 43).

3.2 Vertrauen und Glaubwürdigkeit in der PR-Forschung

Vertrauen wird hier zumeist als praktische Zielvorgabe erfolgreicher PR-Arbeit genannt – ähnlich wie es die Objektivität vielfach bis heute für den Journalismus ist (vgl. Kelber 2000, S. 105; Bentele 1992a, S. 155; 2005b, S. 566). Entsprechend findet sich Vertrauen als normatives Element in vielen PR-Kodizes und Selbstverpflichtungen wieder. So heißt es im internationalen Code d'Athènes: *„Deshalb sollte jedes Mitglied dieser Verbände [...]* seinen Versprechungen und Verpflichtungen nachkommen, die unzweideutig festgelegt werden müssen, und bei jeder Gelegenheit loyal und ehrenhaft zu handeln, um das Vertrauen der Auftraggeber, aber auch des jeweiligen Publikums zu bewahren." (CERP 1968)

Stuiber kritisiert an den praktizistischen Arbeiten zur PR zu Recht, dass es den Autoren nicht einmal ansatzweise gelungen ist, die Bedeutung und Leistung von Vertrauen als sozialen Mechanismus aufzuzeigen (vgl. Stuiber 1992, S. 209). Daher sind die Arbeiten eher ein Beleg dafür, wie wichtig Vertrauen für Praktiker sein mag, als dass dies als wissenschaftliche Begründung dienen kann.

Von einer ernst zu nehmenden theoretisch-fundierten PR-Forschung zum Vertrauen kann erst seit den Arbeiten von Bentele gesprochen werden. Ausgehend von seiner Habilitationsschrift zum öffentlichen Vertrauen (1988, hier: 2008) hat er sich zunehmend mit Fragen von Vertrauen und PR beschäftigt (u. a. 1994a, ders. und Seidenglanz 2005). Diese Arbeiten sind bis heute zentraler Referenzpunkt für dieses Themenfeld in der deutschen und internationalen PR-Forschung (z. B. Bentele 1997). Die herausragende Bedeutung dieses Ansatzes für das Themenfeld PR und Vertrauen zeigt sich auch daran, dass nahezu alle nachfolgend genannten Autoren sich bei ihren vertrauenstheoretischen Überlegungen explizit auf Bentele beziehen.

Da Bentele als einziger Autor einen Ansatz zu PR und Vertrauen ausgearbeitet hat, soll dieser Ansatz als roter Faden genutzt werden, um zentrale Ergebnisse der PR-Forschung zu diesem Themenfeld zu skizzieren und zu diskutieren. Dies soll in vier Schritten erfolgen. Zunächst sollen Ergebnisse zur *(a) Relevanz und Funktion von Vertrauen* erläutert werden. Anschließend sollen die drei Vertrauensbeziehungen der PR aufgegriffen werden, zwischen denen Bentele und Seidenglanz differenzieren (vgl. 2005, S. 356 f.). Dies ist zunächst *(b) das Vertrauensverhältnis der PR zum jeweiligen Arbeit- bzw. Auftraggeber*, anschließend *(c) PR als Vertrauensvermittler zwischen Organisationen und den spezifischen Teilöffentlichkeiten* und schließlich *(d) die Vertrauensbeziehung von PR mit diesen Teilöffentlichkeiten*.

a. Relevanz und Funktion von Vertrauen für die PR

Hinweise zur grundsätzlichen Relevanz von Vertrauen für Organisationen finden sich bei zahlreichen Autoren in ganz unterschiedlichen Kontexten. Empirisch belegen dies Berufsfeldstudien von PR-Schaffenden in Deutschland und der Schweiz.

Demnach charakterisiert das Schaffen von Vertrauen für etwa jeden Vierten das eigene Rollenverständnis bzw. das PR-Verständnis der Organisation (vgl. Szyszka et al. 2009, S. 285; Röttger et al. 2003, S. 158). Grunig et al. nennen Vertrauen als eines von mehreren Kriterien, um die Qualität der Beziehungen zur Umwelt zu messen (vgl. Grunig et al. 1992, S. 83). Ähnlich bewerten Ronneberger und Rühl die Relevanz von Vertrauen, wenn sie die „Bildung von Vertrauen bzw. von Misstrauen zu einer alle Organisationskommunikationen durchdringenden Aufgabe der Public Relations" (Ronneberger und Rühl 1992, S. 247 f.) erklären und anschließend u. a. in der Stärkung von sozialem Vertrauen der Öffentlichkeit die Funktion von PR erkennen (vgl. ebd., S. 252; ähnlich: Valentini und Krückeberg 2011, S. 95). Und Merten definiert als Ziel von PR die Erzeugung von Vertrauen, während er als Ziel von Propaganda die Akzeptanz einer vorgegebenen Entscheidung nennt (vgl. Merten 1999, S. 261; ähnlich Westerbarkey 2001, S. 445).

Eingehender untersucht Szyszka die Frage, warum Vertrauen für Organisationen wichtig ist. So schlägt sich die Beziehungsqualität von PR im Sozialkapital einer Organisation (Reputation, Image) nieder, das wiederum im sozialen Vertrauen zum Ausdruck kommt, mit dem einer Organisation umweltseitig von Bezugsgruppen bzw. Stakeholdern begegnet wird (vgl. Szyszka 2009, S. 135). Unter sozialem Vertrauen versteht er die Erwartung in die Kontinuität von Haltungen, Entscheidungen und Verhalten einer Organisation bzw. einer Bezugsgruppe in sachlicher, zeitlicher und sozialer Dimension. Vertrauen, so Szyszka, zeige sich u. a. darin, wenn Organisationen eben nicht beobachtet würden (vgl. ebd., S. 141).

In einem gesamtunternehmerischen Kontext beobachten Vercic (2000), Hubig und Siemoneit (2007) und Herger (2006) die Relevanz von Vertrauen für Unternehmen. Vercic kommt in seiner empirischen Analyse des Vertrauens in Organisationen zu dem für PR relevanten Ergebnis, dass Vertrauen in Organisationen insbesondere die Umweltbedingungen und damit die Entwicklungschancen von Organisationen beeinflussen (vgl. Vercic 2000, S. 316). Fehlendes Vertrauen würde, so konkretisiert Herger (vgl. 2006, S. 33 ff.), zur Überregulierung, zu einer zunehmenden Entscheidungskomplexität und zu Stereotypisierungen führen. Zur Lösung der Vertrauensprobleme haben Unternehmen mit der Ausdifferenzierung der Vertrauenskonstruktion über die Identität, die Marke, das Image und die Reputation reagiert (vgl. ebd., S. 28). Ebenfalls im gesamtunternehmerischen Kontext – also jenseits Disziplinen wie der PR oder der Investor Relations – haben Ingenhoff und Sommer (vgl. 2010, S. 345 f.) empirisch belegen können, dass Vertrauen in Vorstandsvorsitzende signifikant niedriger ist als das Vertrauen in Unternehmen.

Zu einer ähnlichen Einschätzung hinsichtlich der Relevanz von Vertrauen und Glaubwürdigkeit kommen benachbarte Diskurse. Der Erfolg der *Mediawerbung* „steht und fällt mit ihrer Glaubwürdigkeit", so Kloss (2003, S. 10). Glaubwürdigkeit

3.2 Vertrauen und Glaubwürdigkeit in der PR-Forschung

wird hier zudem als ein noch knapperes und wichtigeres Gut als Aufmerksamkeit bewertet (vgl. Hellmann 2003, S. 268). Als conditio sine qua non wird Glaubwürdigkeit auch in der *politischen Kommunikation* eingeschätzt: „Je größer das den politischen Akteuren zugeschriebene Vertrauen und damit ihre Vertrauenswürdigkeit ist, desto größer ist ihr Handlungsspielraum im politischen System. Den von ihnen vorgeschlagenen politischen Handlungsprogrammen wird Glaubwürdigkeit zugeschrieben, als Folge davon wird diesen Handlungsprogrammen eine größere Akzeptanz entgegengebracht, was wiederum die Chance ihrer Durchsetzung vergrößert." (Althoff 2008, S. 51 f.; vgl. Schicha 2003, S. 25) Und zu ähnlichen Einschätzungen hinsichtlich der Relevanz von Vertrauen und Glaubwürdigkeit kommen Autoren in Bezug auf die *Kapitalmarkt-Öffentlichkeit* (vgl. Janik 2002, S. 100), die *Absatzkommunikation* (vgl. Rossmann 2010; Einwiller et al. 2005) und die *interne Kommunikation* (Röttger und Voss 2008).

b. Vertrauensverhältnis zwischen PR zum jeweiligen Arbeit- bzw. Auftraggeber

Die Vertrauensbeziehungen zwischen PR und der Organisationsleitung bzw. anderen Teilen der Organisation sind in der Forschung hingegen eine weitgehende Leerstelle. Während Bentele und Seidenglanz diese Beziehung zumindest noch benennen, sucht man Ausführungen hierzu weitgehend vergeblich. Dieser Befund muss aus mehreren Gründen überraschen. Erstens wird vielfach das besondere Vertrauensverhältnis der Organisationsleitung zu „ihrem" Pressesprecher betont (vgl. z. B. Arlt 2010, S. 103). Zweitens wäre internes Vertrauen in PR aus der in der PR-Forschung momentan dominierenden organisationstheoretischen Perspektive (vgl. Röttger et al. 2011, S. 112) eine nahe liegende Fragestellung. So übernimmt PR insbesondere im Kontext der Umweltbeobachtung Beobachtungsleistungen für die Organisation, deren Übernahme in hohem Maße von Vertrauen geprägt sein dürfte. Und drittens lässt sich die seit einigen Jahren intensiv betriebene Diskussion zur Evaluation von PR und ihrem Beitrag zur Wertschöpfung von Unternehmen aus einer Vertrauensperspektive beobachten: Internes Vertrauen in PR mag in der Vergangenheit zur Bewilligung von PR-Budgets genügt haben, jetzt scheint aber die Zeit der Kontrolle gekommen zu sein. So begründet Mast die Bemühungen um neue Evaluationsmethoden: „Geschäftsleitungen und Auftraggeber wollen angesichts knapper werdender Budgets *wissen*, ob sich Investitionen in die Kommunikation ‚lohnen'" (Mast 2005, S. 27; Hervorhebung OH).

Von diesem organisationsinternen Vertrauen in PR ist das Vertrauen von Auftraggebern in PR-Agenturen zu unterscheiden, das Löhn und Röttger (2009) untersucht haben (vgl. ähnlich Röttger und Zielmann 2009; Chia 2005). Sie haben für die Vertrauensbeziehungen von Kunden zu ihren PR-Agenturen den oben vermuteten

Zusammenhang finden können: Demnach investieren viele Kunden Zeit und Geld in die Kontrolle der Agentur, während andere bewusst darauf verzichten und stattdessen vertrauen (vgl. Löhn und Röttger 2009, S. 121). Ihr abschließendes Fazit zeigt einerseits, dass jegliche Beratung in höchstem Maße auf Vertrauen angewiesen ist: Sollten PR-Agenturen „der Rolle als ‚Vertrauensspezialisten' gerecht werden wollen, so ist es für sie in jedem Fall lohnenswert, dies insbesondere gegenüber ihren eigenen Klienten zu tun" (ebd., S. 122). Andererseits ist dies ein erster Hinweis darauf, dass Vertrauen in den PR-Dienstleister ebenso wie internes Vertrauen in die PR-Abteilung die Voraussetzung dafür ist, um auch externes Vertrauen gewinnen zu können.

   c. PR als Vertrauensvermittler zwischen Organisationen und den Teilöffentlichkeiten

In einer klassischen Lesart wird PR als Vertrauensvermittler zwischen Organisationen und den spezifischen Teilöffentlichkeiten gesehen (vgl. Bentele 1994a, S. 141; Schweer und Thies 2005, S. 129). Hier steht mithin die Perspektive Vertrauen *durch* PR im Mittelpunkt des Erkenntnisinteresses. Zur Beantwortung dieser Frage entwickelt Bentele eine Theorie des öffentlichen Vertrauens, die den Schwerpunkt und die zentrale Leistung seiner vertrauenstheoretischen Arbeiten darstellt. Als öffentliches Vertrauen definiert Bentele einen medienvermittelten Prozess, in dem die ‚Vertrauenssubjekte' zukunftsgerichtete Erwartungen haben, die stark von vergangenen Erfahrungen geprägt sind. Ein solches öffentliches Vertrauen vermitteln insbesondere PR und die Medien (vgl. Bentele 1994a, S. 141 f.). Prozesse der Vertrauensbildung oder von Vertrauensverlusten auf Rezeptionsseite hängen entsprechend von durch PR und Medien vermittelten Informationen ab (vgl. ders. und Seidenglanz 2005, S. 355). Diese Überlegungen konkretisiert Bentele mit dem Konzept der Vertrauensfaktoren, die analog zu den Nachrichtenfaktoren einem Additionsprinzip folgend zur Bildung unterschiedlich hoher Vertrauenswerte beitragen können (vgl. Bentele 1994a, S. 144 f.). Dabei unterscheidet er zwischen fachspezifischen, gesellschaftlich-normativen und sozialpsychologischen Vertrauensfaktoren (vgl. Sommer und Bentele 2008, S. 8 f.; Bentele und Nothhaft 2008, S. 468 f.; dies. 2010, S. 54 f.).[1]

   Vage bleibt Bentele hingegen bei der Frage nach dem spezifischen Beitrag von PR bei der Vertrauensvermittlung: „Public Relations können diesen Prozess wirksam unterstützen und gewinnen dabei eine Schlüsselposition im Vergleich zu ande-

---

[1] Ähnlich identifiziert Reinmuth (2006) aus einer sprachwissenschaftlichen Perspektive 22 linguistische Glaubwürdigkeitsindikatoren, die seines Erachtens eine glaubwürdige Kommunikation sicherstellen können.

3.2 Vertrauen und Glaubwürdigkeit in der PR-Forschung

ren Formen institutionalisierter Kommunikation – wie zum Beispiel der Werbung." (Bentele und Seidenglanz, S. 357) Worin die hier angedeuteten Unterschiede zur Werbung bestehen, bleibt hingegen offen. Ähnlich ungeklärt sind die Unterschiede zwischen PR und Journalismus. So fordert Bentele an anderer Stelle für PR dieselben Qualitätsstandards wie für Journalismus ein (vgl. Bentele 1992b, S. 42).

Zu oberflächlich bleiben auch die Erläuterungen zur Unterscheidung zwischen PR und „ihrer" Organisation. Ist PR nur für die Vermeidung „kommunikativer Diskrepanzen" verantwortlich, wie an einer Stelle vermutet werden kann (vgl. Bentele 1994a, S. 148). Oder ist PR auch zuständig für Fragen gesellschaftlicher Verantwortung (vgl. Bentele 1994a, S. 145) oder Diskrepanzen zwischen verschiedenen Handlungen einer Organisation (vgl. ebd., S. 148)? Letztlich bleibt hier offen, was die Vertrauensvermittlung durch PR umfasst: Vermittelt PR Vertrauen, indem sie „nur" über die Organisation Beschreibungen anfertigt? Oder kann PR auch Voraussetzungen für Vertrauenswürdigkeit schaffen, indem sie die Organisation verändert?

Die Unschärfen in Benteles Konzipierung von PR als Vertrauensvermittler sind letztlich auf das Fehlen einer PR-Theorie zurückzuführen. Wenn das PR-Verständnis nicht explizit wird, muss zwangsläufig auch die Rolle der PR bei der Vertrauensvermittlung vage bleiben.

d. Vertrauensbeziehungen zwischen PR und ihren Teilöffentlichkeiten

Dieses Problem wirkt sich auch auf die Erläuterung der Vertrauensbeziehungen zwischen PR und ihren Teilöffentlichkeiten aus. Dahinter steht die Frage nach Vertrauen *in* PR. Denn wenn die spezifische Leistung von PR bei der Vertrauensvermittlung offen bleibt, muss auch weitgehend offen bleiben, was Vertrauenserwartungen in PR und in andere Teile der Organisation sind.

Mangels Fehlen eines PR-theoretischen Ansatzes basiert Benteles Argumentation zum Vertrauen in PR weitgehend auf erkenntnistheoretischen Überlegungen. Bentele entwickelt dazu die Diskrepanzthese (vgl. Bentele 1994a, S. 148; ders. und Seeling 1996; ähnlich: Althoff 2008, S. 144). Danach führen beobachtete Diskrepanzen zu Vertrauensverlusten. Dazu zählt Bentele zum Beispiel Diskrepanzen zwischen Informationen und zugrunde liegenden Sachverhalten, Unwahrheiten, Tabuisierungen, wahrnehmbare Beschönigungen oder die Auslassung negativer Informationen (vgl. ebd., S. 148; ders. 2005a, S. 157; ders. und Seidenglanz 2005, S. 356). Bezugsgruppen können Diskrepanzen zwischen direkt wahrgenommenen Wirklichkeitsausschnitten und Medienwirklichkeiten (Realitätsvergleich) oder zwischen den verschiedenen Medienwirklichkeiten (Medienvergleich) wahrnehmen – eine fehlende Adäquatheit der innerhalb der Medienwirklichkeit enthaltenen Informationen ergeben Indikatoren für die wahrgenommene Glaubwürdigkeit von PR (vgl. Bentele 2005a, S. 157). Entsprechend ist eine Voraussetzung für Glaubwürdigkeit und Vertrauen, dass „eine Art von Repräsentations- oder Isomorphiebeziehung sowie ein Konsistenzverhältnis zwischen PR-Information und zugrunde liegenden Sachverhalten/ Ereignissen nicht nur behauptet, sondern tatsächlich gewährleistet ist" (ders. 1992a, S. 164; vgl. 1994b, S. 255). In seinem erkenntnistheoretischen Verständnis, den Bentele den rekonstruktiven Ansatz nennt und der dem Realismus sehr nahe zu kommen scheint, ist Objektivität damit der zentrale Bezugspunkt. Demnach ist der Grad der Übereinstimmung von Realität und Medienrealität bzw. PR-Realität die Voraussetzung, um eine Vertrauensbeziehung zu sichern. Sobald ein bestimmter „Realitäts-,Korridor'" (ders. 2005a, S. 158) verlassen wird, entstehen Vertrauensprobleme. Denn adäquate „Wirklichkeitsrekonstruktion in der Wahrnehmung und im Denken ist eine biologisch erklärbare Leistung, adäquate Wirklichkeitsrekonstruktion der PR und der Medien ist eine sozial begründete Notwendigkeit, die mit Vertrauensverlusten sanktioniert wird, wenn sie durchbrochen wird" (ebd., S. 158).

Bentele fokussiert bei der Frage nach Vertrauen in PR ganz wesentlich auf die Adäquatheit bzw. Objektivität von PR-Texten. Damit gerät allerdings die spezifische Selektivität von PR in den Hintergrund. Zudem trüben mitunter normative Annahmen den Blick, wenn zum Beispiel gefordert wird, dass die „aktive und symbolische Darstellung von Images [.] ihre Entsprechung in der Wahrnehmung des Unternehmens bei den Unternehmensangehörigen haben" müsse (ders. 1994b, S. 255 f.).

Ähnlich wie Bentele verbindet Huck (2006) Vertrauen in PR bzw. glaubwürdige PR mit dem Wahrheitsgehalt veröffentlichter Informationen. In der Auswertung einer Befragung von Kommunikationsverantwortlichen versteht sie Glaubwürdigkeit als Voraussetzung für Vertrauen (vgl. ebd., S. 7). PR übernimmt im Kontext der Glaubwürdigkeit die Rolle des „Glaubwürdigkeits-Gatekeepers" (ebd., S. 50). Als ein solcher Gatekeeper übernimmt PR drei zentrale Funktionen im Prozess glaubwürdiger Kommunikation: „Sie sind interne Berater von Unternehmensleitungen, Fachabteilungen oder ihren eigenen Mitarbeitern, wenn es um eine glaubwürdige Kommunikation geht. Sie fungieren als eine Art Prüfinstanz für den Wahrheitsgehalt und die Korrektheit von Informationen, die aus der eigenen Organisation an sie herangetragen werden. Und sie übernehmen die Rolle eines Gatekeepers, wenn es um die Weiterleitung und die Anreicherung von Botschaften mit Glaubwürdigkeit geht." (Huck 2006, S. 51) Letztlich wird die Glaubwürdigkeit von PR folglich auch hier ganz wesentlich am Wahrheitsgehalt von Informationen festgemacht (vgl. ein ähnliches Verständnis Hubig und Siemoneit 2007, S. 183).

Diesen vertrauenstheoretischen Arbeiten stehen Autoren gegenüber, die die Verortung von Vertrauen als zentrale PR-Kategorie grundsätzlich kritisch sehen und als PR für PR verorten. Merten erkennt in der besonderen Betonung von

Glaubwürdigkeit und Vertrauen in der PR gar den empirischen Beleg dafür, dass PR u. a. mit der Wahrheit „flexibel" umgehen muss (vgl. Merten 2008a, S. 56). Faulstich fokussiert mit seiner Kritik vor allem auf Benteles Ansatz: „Eine solche Konzeptualisierung von ‚Vertrauen' als Schlüsselkategorie zum Verständnis von PR […] kommt für eine Wissenschaft der Öffentlichkeit freilich nicht in Frage. Schon die Konfundierung empirischer und normativer Bestimmungen, zugleich seinsbezogen und sollensbezogen, lässt sich nicht aufrechterhalten." (Faulstich 2000, S. 104) PR solle hier ideologisch aufgewertet werden, indem auf philosophische Grundbegriffe und Werte wie Vertrauen und Glaubwürdigkeit zurückgegriffen werde (vgl. ebd., S. 101). Noch polemischer kritisiert er die praktizistischen Ansätze: „Der professionelle PR-Gestalter wird hier vom ‚Konfliktregler' gleich zum ‚Mediator', zum priesterähnlichen Therapeuten aufgepeppt" (ebd., S. 104). Ähnlich kritisch bewertet Moloney die Plausibilität von Vertrauen als zentrale PR-Kategorie, da PR gerade das Ziel verfolge, eigene Interessen und Werte zu vertreten, um eigene Vorteile zu vergrößern (vgl. Moloney 2005, S. 551).

Die Skizzierung und Diskussion des Forschungsstandes zu PR und Vertrauen hat ein insgesamt unbefriedigendes Bild ergeben. Während einerseits die Relevanz von Vertrauen für PR vielfach konstatiert wird, hat andererseits nur Bentele im Rahmen seiner Theorie des öffentlichen Vertrauens die Rolle von PR ausführlich gewürdigt und erläutert. Damit prägt er diesen Forschungsbereich bis heute. Bei Benteles Arbeiten erscheint insbesondere sein erkenntnistheoretisches Fundament problematisch. In letzter Konsequenz wird in seinem Ansatz Vertrauen geschenkt, wenn Medien- bzw. PR-Realität einem Realitätsvergleich standhalten. Bentele stellt damit mit der Objektivität eine Kategorie in den Mittelpunkt, deren Erreichbarkeit bzw. Überprüfbarkeit in den Kommunikationswissenschaften seit einigen Jahren aus ganz unterschiedlichen theoretischen Perspektiven in Zweifel gezogen wird. Zudem wird die eingangs genannte klare analytische Einteilung der verschiedenen Vertrauensbeziehungen in den Arbeiten zum Thema Vertrauen in sehr unterschiedlichem Maße ausgearbeitet und nicht immer durchgehalten. Und schließlich bleibt offen, in welchem Verhältnis diese drei Vertrauensbeziehungen zueinander stehen; dies gilt insbesondere für mögliche Konsequenzen eines fehlenden Vertrauens in PR für die Vertrauensvermittlung durch PR.

3.3 Zwischenfazit: Anforderungen an die Untersuchung

Die Diskussion des Forschungsstandes hat gezeigt, dass in der PR-Forschung jenseits von Benteles Arbeiten insbesondere die Themen internes und externes Vertrauen in PR weitgehend unbearbeitete Felder sind. Für die weitere Untersuchung können jetzt insbesondere die folgenden Anforderungen benannt werden.

Erstens hat die Skizzierung der US-amerikanischen Persuasionsforschung die Notwendigkeit gezeigt, zentrale Begriffe wie Vertrauen, Glaubwürdigkeit und Vertrauenswürdigkeit theoretisch zu reflektieren und zu verorten. Dazu soll im folgenden Kap. 4.1 die systemtheoretische Vertrauenstheorie vorgestellt werden, die im weiteren Verlauf der Untersuchung als Basis dienen wird. In diesem Kontext erscheint es auch hilfreich, Gemeinsamkeiten, Unterschiede und theoretische Anschlussstellen zu Begriffen wie Image und Reputation zu erläutern.

Zweitens hat insbesondere die Diskussion von Benteles Ansatz die Probleme aufgezeigt, Vertrauen und Glaubwürdigkeit mit der Möglichkeit des objektiven Erkennens der Realität zu verknüpfen. Auch wenn aus einer „naiven" Perspektive viel dafür spricht, dass über Vertrauen oder Misstrauen oft durch einen Vergleich von Beschreibungen und Objekten einer ontologischen Realität entschieden wird, so erscheint eine solche Position – jenseits aller erkenntnistheoretischen Grundsatzkritik insbesondere aus konstruktivistischer Perspektive – angesichts zahlreicher Inszenierungen auf öffentlichen, halb-öffentlichen und nicht-öffentlichen Vorder- und Hinterbühnen unterkomplex. Hier erscheint eine Position gewinnbringender, die zugleich die Vorläufigkeit und damit Kontingenz aller Beschreibungen ebenso berücksichtigt wie die Folgen für Vertrauens- bzw. Misstrauenshandlungen. Daher wird im Folgenden (Kap. 4.2) mit dem Non-Dualismus eine erkenntnistheoretische Position vorgeschlagen und vorgestellt, die die Dualität des Erkennens hinter sich lässt und nurmehr auf diesseitige Beschreibungen fokussiert. Auf dieser erkenntnistheoretischen Grundlage werden im weiteren Verlauf der Untersuchung alle zentralen Fragen wie die Kontingenz von PR-Beschreibungen und die Strategien zur Schaffung von Vertrauenswürdigkeit bearbeitet.

Drittens hat die Diskussion des Forschungsstandes gezeigt, dass die Frage nach Vertrauen in PR ohne eine PR-Theorie nicht überzeugend beantwortet werden kann. Wenn Vertrauen in PR auf Aspekte wie Wahrhaftigkeit, Transparenz im Speziellen und fehlende Diskrepanzen im Allgemeinen reduziert wird, wie es Bentele nahe legt, dann wird PR hier offenkundig auf die externe Darstellungsleistung reduziert. Insbesondere aktuelle Arbeiten betonen aber gerade eine zweifache Wirkungsrichtung (vgl. Röttger 2008, S. 75; Hoffjann 2009a). Neben der externen Umweltbeeinflussung qua Kommunikation zählt dazu auch die interne Reflexions- bzw. Selbststeuerungsleistung. Es ist offenkundig, dass ein solches PR-Verständnis auch zu einem anderen Verständnis von Vertrauen in PR führt. Daher wird im weiteren Verlauf ein PR-theoretisches Verständnis vorgestellt, dass die Grundlage für die folgenden Überlegungen ist (Kap. 5).

Damit hängt *viertens* eng zusammen, die Unterschiede zwischen Vertrauen *in* PR und Vertrauen *in* Organisationen zu untersuchen. Dahinter steht die Suche nach einer Antwort auf die Frage nach Vertrauen *durch* PR. Wenn Vertrauen *in* PR

3.3 Zwischenfazit: Anforderungen an die Untersuchung

konzipiert ist, wird die Frage zu beantworten sein, worin Unterschiede bestehen bzw. ob eine Unterscheidung überhaupt noch Sinn macht. Dazu erscheint es unerlässlich, sowohl das PR-Verständnis als auch die Überlegungen zum Vertrauen in PR organisationstheoretisch zu fundieren (insbesondere in den Kap. 5.1, 6 und 7).

Fünftens hat der Forschungsstand noch einmal die Relevanz der grundsätzlichen Frage nach den Möglichkeiten und Grenzen externen Vertrauens in PR bestärkt. So finden kritische PR-Forscher wie Faulstich ihre Entsprechung in kritischen Einschätzungen von Journalisten zur PR (vgl. Weischenberg et al. 2006, S. 127). Ein Ansatz zum Vertrauen in PR muss dieser kritischen Haltung vieler Bezugsgruppen Rechnung tragen (Kap. 7.1).

Damit sind sowohl die zentralen Anforderungen an den auszuarbeitenden Ansatz als auch der Gang der weiteren Untersuchung im ersten Teil aufgezeigt worden. Auf dieser Grundlage wird dann im zweiten Teil die Frage beantwortet werden können, wie PR die Voraussetzungen für Vertrauenswürdigkeit zu schaffen versucht.

Was ist Vertrauen? 4

Die Diskussion des Forschungsstandes hat insbesondere zwei Defizite aufgezeigt. Zum einen werden Begriffe wie Vertrauen, Glaubwürdigkeit, Vertrauenswürdigkeit und selbst Reputation und Image häufig unreflektiert oder sogar synonym verwendet. Zum anderen wird Vertrauen oft mit Bezug auf einen Realitätsvergleich (vgl. Bentele 1994b, S. 254) begründet.

Daher soll Vertrauen in diesem Kapitel aus zwei Perspektiven untersucht werden. Zunächst soll aus einer sozialtheoretischen Perspektive die Funktion von Vertrauen in sozialen Interaktionen analysiert werden. Welches soziale Problem löst Vertrauen und was sind funktionale Äquivalente? Eine solche grundlegende sozialtheoretische Perspektive ist die Folie, auf der im weiteren Verlauf der Untersuchung Vertrauen in PR entwickelt wird. Dabei will das folgende Kap. (4.1) keine umfassende Vertrauenstheorie vorstellen, sondern es sollen hier die wichtigsten Grundlagen des gewählten systemtheoretischen Vertrauensansatzes vorgestellt werden. In den nachfolgenden Kapiteln werden diese weiter zu konkretisieren sein.

Anschließend wird Vertrauen aus einer erkenntnistheoretischen Perspektive analysiert, die sich deutlich von den realistischen Vorstellungen Benteles unterscheidet. Mit dem Non-Dualismus von Josef Mitterer wird ein Ansatz vorgestellt, der sich sowohl von realistischen als auch von konstruktivistischen Positionen abgrenzt. Da der Ansatz in der Kommunikationswissenschaft bislang relativ wenig Berücksichtigung gefunden hat, werden zentrale Überlegungen zunächst kurz skizziert, bevor insbesondere Vertrauenswürdigkeit und Glaubwürdigkeit aus non-dualistischer Perspektive beschrieben werden.

4.1 Sozialtheoretische Fundierung von Vertrauen

Vertrauen ist lange Zeit in der Soziologie ein theoretisch vernachlässigtes Thema gewesen (vgl. Luhmann 2001, S. 143), um dann seit den 80er Jahren zu einem Mode-Thema zu werden (vgl. Endress 2002, S. 27; Frings 2010, S. 13; vgl. z. B. Hartmann und Offe 2001; Dernbach und Meyer 2005; Weingardt 2011). Dies dürfte insbesondere mit Luhmanns Vertrauenstheorie zusammenhängen, die erstmals 1968 (hier: 1989) erschienen ist und die zentraler Ausgangspunkt insbesondere für zahlreiche jüngere Theorie-Arbeiten zum Vertrauen ist (z. B. Bentele 2008 [1988]; Preisendörfer 1995; Endress 2002; Kohring 2004). Insbesondere die Arbeiten von Kohring zum Vertrauen in Journalismus versprechen für die vorliegende Fragestellung einen großen Gewinn, weil er Luhmanns Vertrauenstheorie auf einen verwandten Bereich der öffentlichen Kommunikation anwendet und konsequent weiterentwickelt. Von besonderem Wert für die Untersuchung scheinen seine Überlegungen zu den Dimensionen in Vertrauen und den Gründen für Vertrauen zu sein.

In diesem Kapitel sollen zentrale Überlegungen zum Vertrauen aus einer sozialtheoretischen Perspektive skizziert werden, die die Grundlage für die weitere Analyse sind. Erst im weiteren Verlauf der Untersuchung werden weitere relevante vertrauenstheoretische Aspekte eingeführt und auf die Fragestellung angewandt.

Das Ausgangsproblem von Vertrauen stellt sich dort, wo eine Situation doppelter Kontingenz wahrgenommen wird (vgl. Luhmann 1996a, S. 179): Man selbst könnte so oder anders handeln, und der andere könnte ebenfalls so oder anders handeln. Da hier sichere Informationen über den anderen fehlen, wird hier das Risiko der Situation bewusst. Eine solche Unsicherheit kann Vertrauen lösen: „On the most general and abstract level it can be stated that the need for perduring, stable, and universally recognized structures of trust is rooted in the fundamental indeterminacy of social interaction." (Seligman 1997, S. 13)

Vertrauen überzieht in solchen Situationen damit vorhandene Informationen und ist damit eine Mischung aus Wissen und Nichtwissen (vgl. Luhmann 1989, S. 26; Simmel 1908, S. 346 f.): „Der völlig Wissende braucht nicht zu vertrauen, der völlig Nichtwissende kann vernünftigerweise nicht einmal vertrauen" (ebd., S. 263). Beim Vertrauen wird Komplexität reduziert. „Der vertrauensvoll Handelnde engagiert sich so, als ob es in der Zukunft nur bestimmte Möglichkeiten gäbe. Er legt seine gegenwärtige Zukunft auf eine künftige Gegenwart fest. Er macht damit den anderen Menschen das Angebot einer bestimmten Zukunft, einer gemeinsamen Zukunft, die sich nicht ohne weiteres aus der gemeinsamen Vergangenheit ergibt, sondern ihr gegenüber etwas Neues enthält." (Luhmann 1989, S. 20) Funktionale Äquivalente zum Vertrauen sind Kontrollstrategien, Zweck-Mittel-Kalküle, Prognosen, Kalkulationen sowie Wetten (vgl. ebd., S. 25, 97 f.). Da letztlich auch

4.1 Sozialtheoretische Fundierung von Vertrauen

Mischformen vorstellbar sind, spricht Luhmann nur dann von Vertrauen, wenn die vertrauensvolle Erwartung bei einer Entscheidung ausschlaggebend ist (vgl. ebd., S. 23 f.).

Damit ist deutlich geworden, dass Vertrauen keine Einstellung ist, sondern von Vertrauen sinnvollerweise nur in Bezug auf Handlungen gesprochen werden kann. Kohring hat in Anschluss an Preisendörfer (vgl. 1995, S. 270; ähnlich Schweer und Thies 2003, S. 14) dazu das Konzept der Vertrauenshandlung weiterentwickelt. Demnach ist Vertrauen „die selektive Verknüpfung von Fremdhandlungen mit Eigenhandlungen unter der Bedingung einer nicht mittels Sachargumenten legitimierbaren Tolerierung des wahrgenommenen Risikos" (Kohring 2004, S. 130). Das Charakteristische einer solchen Vertrauenshandlung ist im Einzelnen, dass eigenes Anschlusshandeln auf der Basis des Handelns anderer ermöglicht wird, dass die Folgen der Übernahme einer Fremdselektion als kontingent wahrgenommen werden, dass die Fremdselektion trotz Risikowahrnehmung übernommen wird und schließlich dass eine solche Übernahme einer Fremdselektion nicht unter Zuhilfenahme problemspezifischen Wissens begründet bzw. legitimiert werden kann, gerade weil eine Vertrauenssituation ja den Mangel an problemspezifischem Wissen kennzeichnet (vgl. ebd., S. 129 f.). Bereits hier wird deutlich, dass Vertrauenshandlungen zwar durchaus „freiwillig", aber mitunter eben auch aus der „Not heraus geboren" werden.

In modernen Gesellschaften hat sich ein besonderer Vertrauenstyp ausdifferenziert: das Systemvertrauen (vgl. Luhmann 1989, S. 50 ff.). Der Erfolg des Tauschmediums Geld basiert zwar auch auf persönlichem Vertrauen – der andere könnte einem ja auch Falschgeld geben –, insbesondere aber auf der Vielfalt von Verwendungschancen; damit vertraut man letztlich in das Funktionieren des gesamten Wirtschaftssystems (vgl. ebd., S. 54). Systemvertrauen ist demnach zunächst grundsätzliches Vertrauen in generalisierte Kommunikationsmedien, also in das grundsätzliche Funktionieren eines Systems. Davon zu unterscheiden ist Vertrauen in die Systemprogrammierung – also Vertrauen in das „Wie" der Systemoperationen. Auf der Programmebene wird über die Zuweisung eines Codes entschieden. Das Vertrauen in die Systemprogrammierung strukturiert damit im Wesentlichen die Erwartungsbeziehungen zwischen Produzenten und Abnehmern, zwischen Leistungs- und Publikumsrollen (vgl. Kohring 2004, S. 108 ff.). Für die vorliegende Fragestellung der Untersuchung erscheint nur das Vertrauen in die Systemprogrammierung relevant zu sein.

Vertrauen in die Systemprogrammierung lässt sich aus der jeweiligen Funktionserwartung ableiten (vgl. ebd., S. 124). So ist mit dem Vertrauen in die Systemprogrammierung die Erwartung verbunden, dass ein System seiner Funktion in angemessener Weise gerecht wird. Ob etwas als angemessen bewertet wird, hängt hingegen von der jeweiligen Perspektive und damit den spezifischen Erwartungen ab (vgl. ebd., S. 110). Hier wird noch einmal deutlich, dass generalisierende Aussagen zum Vertrauen nicht nur deshalb schwer zu treffen sind, weil sie vom jeweiligen Vertrauenssubjekt abhängen, sondern auch weil sie vom jeweiligen Funktionskontext abhängen. Sinnvollerweise muss Systemvertrauen immer in Bezug auf die spezifische Selektivität eines Systems gesehen werden. Vertrauen in Journalismus ist mithin anders zu erklären als Vertrauen in PR. Daher ist z. B. auch das methodische Vorgehen vieler Arbeiten der Persuasionsforschung problematisch, Aussagen zur Glaubwürdigkeit eines Kommunikators vom Kontext der jeweiligen Kommunikationssituation zu abstrahieren.

Das Vertrauen in die Systemprogrammierung kann konkretisiert werden mit den Dimensionen von Vertrauen. Die Dimensionen spezifizieren die Referenz des Vertrauens und verweisen damit erneut auf die Funktion des Vertrauensobjektes (vgl. ebd., S. 120). Man vertraut einem System, indem man auf verschiedene Aspekte vertraut. In der Untersuchung werden diese Dimensionen in unterschiedlichen Kontexten herauszuarbeiten sein.

Nachdem Vertrauen definiert und theoretisch verortet worden ist, sollen im Folgenden die Begriffe Vertrauenswürdigkeit und Glaubwürdigkeit erläutert werden. Dabei wird insbesondere die Frage beantwortet, wie Vertrauen begründet bzw. legitimiert wird.

Mit Kohring soll eine Vertrauenshandlung in drei Komponenten unterteilt werden. Dies ist erstens die *Vertrauenserklärung* als empirisch beobachtbare Übertragung von Handlungsverantwortung an andere Akteure unter der Bedingung von Risikowahrnehmung (vgl. ders. 2001, S. 6). Vertrauenserklärungen selbst sind empirisch nicht direkt messbar, da Vertrauen ein latentes Konstrukt ist, direkte Fragen nach Vertrauen Reflexivität und damit Risikobewusstsein erzeugen würden und schließlich die Frage nach Vertrauen dazu führen könnte, dass die Befragten ihr Risikobewusstsein mit Misstrauen verwechseln (vgl. ders. 2004, S. 137; Schweer und Thies 2003, S. 24; Daumenlang 2006). *Vertrauensbereitschaft* als zweite Komponente einer Vertrauenshandlung ist im Gegensatz dazu zwar eine abfragbare Einstellung, allerdings kann von ihr nur mittelbar auf die tatsächliche Vertrauenserklärung geschlossen werden. Die Vertrauensbereitschaft kann als Maß der Bereitschaft bzw. Willigkeit der Übernahme von Fremdselektionen bzw. Übertragung von Handlungsverantwortung trotz Risikowahrnehmung operationalisiert werden (vgl. Kohring 2001, S. 72 f.). Die dritte Komponente schließlich ist die *Vertrauenswürdigkeit*, also die Gründe für Vertrauensbereitschaft (vgl. ebd., S. 6).

Während mithin die Vertrauensbereitschaft in Kohrings Ansatz nur eine Selbstbeschreibung dazu ist, ob man vertrauensbereit wäre, ist Vertrauenswürdigkeit eine konkrete Zuschreibung bzw. Beurteilung eines Vertrauensobjektes. Letztlich wird

4.1 Sozialtheoretische Fundierung von Vertrauen

damit begründet, *warum* man jemandem vertraut bzw. vertrauen würde. Dies sind vom Vertrauenssubjekt zugeschriebene Merkmale des Vertrauensobjektes (vgl. Caldwell et al. 2008, S. 158; Kohring 2004, S. 180). Die Paradoxie des Vertrauens besteht aber gerade darin, dass Vertrauen letztlich nicht begründbar ist (vgl. Luhmann 1989, S. 26). Aussagen zur Vertrauenswürdigkeit eines Vertrauensobjektes bzw. Gründe für die Vertrauensbereitschaft dienen letztlich somit dazu, Vertrauenshandlungen und damit das bewusst eingegangene Risiko vor sich selbst oder vor anderen zu legitimieren. Denn Vertrauen ist eine Vorstellung, „die wohl auf angebbare Gründe hin entsteht, aber nicht aus ihnen besteht" (Simmel 1977, S. 165). Eine konkrete Vertrauenshandlung kann folglich in letzter Konsequenz nie plausibel erklärt werden – genau aus diesem Grund kann Vertrauen in unentscheidbaren Situationen weiterhelfen (vgl. Geramanis 2006, S. 242).

Dieser Aspekt ist für die Untersuchung von zentraler Bedeutung. Wenn kein direkter Zusammenhang zwischen der von einem Vertrauenssubjekt zugeschriebenen Vertrauenswürdigkeit und Vertrauenshandlungen zu finden ist, schränkt dies die Aussagekraft von identifizierten Indikatoren für Vertrauenswürdigkeit erheblich ein. Mit Zuschreibungen zur Vertrauenswürdigkeit werden Vertrauenshandlungen *legitimiert*, offenkundig können sie Vertrauenshandlungen aber nicht *erklären*. Mit anderen Worten: Vertrauenswürdigkeit ist hier also nicht die Ursache für Vertrauen, sondern für Vertrauen werden *ex post* Gründe gesucht, um es vor sich oder vor anderen zu legitimieren (vgl. Kohring 2004, S. 178). *Ex ante* sind diese Gründe Indikatoren für Vertrauenswürdigkeit. Ein Vertrauenssubjekt sucht – rudimentär und unbewusst oder aufwändig und nach definierten Kriterien – nach Indikatoren für die (fehlende) Vertrauenswürdigkeit eines Vertrauensobjektes. Diese Indikatoren sind die Informationen, die in der Vertrauenshandlung überzogen werden (vgl. Luhmann 1989, S. 26). Daher bleiben die Vertrauenswürdigkeit und mit ihr die Vertrauenswürdigkeitsindikatoren so wichtig für Vertrauenshandlungen – auch wenn sie Vertrauenshandlungen nicht determinieren.

In einer ersten Annäherung, die im weiteren Verlauf der Untersuchung zu konkretisieren sein wird, sollen auf einer allgemeinen Ebene Gründe für Vertrauen bzw. Indikatoren für Vertrauenswürdigkeit systematisiert werden. Einerseits kann zwischen *unspezifischen und spezifischen Gründen bzw. Indikatoren* differenziert werden (vgl. Kohring 2001, S. 71). Die spezifische Vertrauenswürdigkeit orientiert sich an den konkreten Vertrauenserwartungen. Weil sich das Vertrauen in einen PR-Text unterscheidet vom Vertrauen in einen journalistischen Text, vertraut man einem PR-Text auch aus anderen Gründen. Hingegen dürften Vertrauenswürdigkeitszuschreibungen auch von unspezifischen bzw. allgemeinen Gründen abhängen, in denen u. a. die Einhaltung allgemeiner Normen berücksichtigt werden. Andererseits kann differenziert werden zwischen *Gründen, die auf positiven Erfah-*

rungen gegenüber dem Vertrauensobjekt beruhen, und Gründen ohne Erfahrungen mit zurückliegenden Vertrauenshandlungen mit dem Vertrauensobjekt. Wer wiederholt jemandem vertraut hat und nicht enttäuscht wurde, wird vermutlich dem Vertrauensobjekt eher vertrauen, als wenn er in der Vergangenheit enttäuscht worden wäre (vgl. Götsch 1994, S. 23; Kohring 2004, S. 178 f.). Diese Erfahrungen kann ein Vertrauenssubjekt selbst gemacht haben, es kann positive Erfahrungen anderer beobachtet oder von Dritten davon erfahren haben. Insbesondere eigene positive Erfahrungen dürften für die Vertrauenswürdigkeit eine zentrale Rolle innehaben.

Wie ist Glaubwürdigkeit von Vertrauenswürdigkeit abzugrenzen? In der Literatur werden die Begriffe oft synonym verwendet. Wirth stellt in seinem Definitionsversuch eher die Folgen in den Mittelpunkt, wenn er Glaubwürdigkeit definiert als die prinzipielle Bereitschaft, „Botschaften eines bestimmten Objektes als zutreffend zu akzeptieren und bis zu einem gewissen Grad in das eigene Meinungs- und Einstellungsspektrum zu übernehmen" (Wirth 1999, S. 55). Dieses Verständnis von Glaubwürdigkeit scheint in dem hier vorgestellt Konzept von Vertrauen eher der Vertrauensbereitschaft zu entsprechen (vgl. ähnlich: Seidenglanz 2008, S. 37).

In der Untersuchung soll Vertrauenswürdigkeit als grundsätzliche Einschätzung zu einem Vertrauensobjekt verstanden werden, während Glaubwürdigkeit als ein Teilaspekt von Vertrauenswürdigkeit modelliert wird (vgl. auch Bentele 1998, S. 305). Zwar ist beiden gemeinsam, dass sie eine Zuschreibungsleistung sind, allerdings bezieht sich eine Glaubwürdigkeitszuschreibung in dem hier vorgestellten Verständnis nur darauf, ob ein Vertrauenssubjekt die Aussagen „für wahr" hält. Wie später mit Kohring noch ausführlicher zu zeigen sein wird (vgl. Kohring 2004, S. 172), bezieht sich Glaubwürdigkeit nur auf die – erkenntnistheoretisch noch zu erläuternde – Richtigkeit ausgewählter Fakten und Themen von Beschreibungen. Dazu ein Beispiel: Die Zahlen und Fakten eines Medienberichtes, in dem eine verfehlte Wirtschaftspolitik konstatiert wird, können zwar als glaubwürdig bewertet werden, wenn man sie für richtig hält, insgesamt aber kann der Bericht als vertrauensunwürdig beurteilt werden, wenn man unterstellt, dass andere mindestens ebenso relevante Zahlen und Fakten, die das Gegenteil belegen würden, von den Journalisten nicht genannt wurden. *Während eine Glaubwürdigkeitszuschreibung in dem hier vorgestellten Verständnis also ausschließlich die Richtigkeit von Fakten berücksichtigt, sind Vertrauenswürdigkeitszuschreibungen deutlich umfassender. Daher wird in der Arbeit zumeist der übergeordnete Begriff der Vertrauenswürdigkeit verwendet werden.*

Nachdem die Kernbegriffe Vertrauen, Vertrauenswürdigkeit und Glaubwürdigkeit definiert und theoretisch verortet wurden, sollen abschließend hiervon mit dem Image und der Reputation zwei weitere Begriffe abgegrenzt werden, die in einem engen Verhältnis dazu zu stehen scheinen und mitunter synonym verwendet werden (vgl. Seidenglanz 2008, S. 40).

Images werden verstanden als die „Gesamtheit der Vorstellungen, Einstellungen und Gefühle usw., die eine Person oder Gruppe im Hinblick auf etwas Spezielles (z. B. einen Markenartikel, einen Parteiführer, ein Nachbarvolk, die eigene Person oder Gruppe) besitzt" (Klima 1994a, S. 389). Images sind damit Erwartungsbündel z. B. gegenüber einer anderen Person bzw. einem System. Images sind wie Glaubwürdigkeit und Vertrauenswürdigkeit Zuschreibungen von Eigenschaften. Als ein Teilaspekt von Images bzw. als Imagedimension können Glaubwürdigkeit und Vertrauenswürdigkeit verstanden werden, weil Images neben Glaubwürdigkeit und Vertrauenswürdigkeit weitere Aspekte umfassen können (vgl. Bentele 1998, S. 306; Seidenglanz 2008, S. 39). Der Zusammenhang zu Vertrauenshandlungen ist damit ähnlich mittelbar wie bei der Glaubwürdigkeit bzw. Vertrauenswürdigkeit. Mit Aspekten eines Images werden Vertrauenshandlungen begründet, sie sind allerdings nicht die Ursache für Vertrauenshandlungen. Gemeinsam ist Images und Vertrauen, dass sie insbesondere in hochkomplexen oder informationsarmen Situationen gleichermaßen entlasten, indem sie vorhandene Informationen überziehen (vgl. Faulstich 2000, S. 125; Szyszka 1992, S. 108).

Als *Reputation* soll mit Eisenegger verstanden werden „das öffentliche Ansehen, das eine Person, Institution, Organisation oder allgemeiner ein (Kollektiv-) Subjekt mittel- oder langfristig genießt und das aus der Diffusion von Prestigeinformationen an unbekannte Dritte über den Geltungsanspruch persönlicher Sozialnetze hinaus resultiert" (Eisenegger 2005, S. 24 f.). Reputation unterscheidet sich in dieser Sichtweise vom Image-Begriff, weil verschiedene Images eines Akteurs zu einer Reputation saldiert werden und Reputation im Gegensatz zum Image stets eine Rangordnung zwischen Akteuren und somit eine höhere oder geringere Wertschätzung beinhaltet (vgl. ebd., S. 23 f.). Reputation kann zudem als Ruf der Vertrauenswürdigkeit interpretiert werden (vgl. ebd., S. 29). So reflektiert die Reputation eines Unternehmens „den Informationsstand Dritter darüber, wie vertrauenswürdig er sich in der Vergangenheit anderen gegenüber verhalten hat" (Ripperger 1998, S. 183). Ähnlich wie beim Image gilt also: Mit einer besseren Reputation bzw. mit einem besseren Ruf können Vertrauenshandlungen begründet bzw. legitimiert werden, sie sind jedoch nicht die Ursache für Vertrauenshandlungen. Gewinn verspricht für die Untersuchung die Unterscheidung zwischen funktionaler Reputation als Erfüllung teilsystemspezifischer, funktionaler Rollenanforderungen und sozialer Reputation als Erfüllung von Erwartungen an die moralische Integrität (vgl. Eisenegger 2005, S. 30). Sie wird im weiteren Verlauf auf den Vertrauens- und PR-Kontext anzuwenden sein.

4.2 Erkenntnistheoretische Fundierung von Vertrauen

Die Diskussion des vertrauenstheoretischen Ansatzes von Bentele hat gezeigt, dass Glaubwürdigkeit und Vertrauen oft mit Isomorphiebeziehungen zwischen PR-Beschreibungen und zugrunde liegenden Sachverhalten (vgl. Bentele 1992a, S. 164) begründet werden. Ganz grundsätzlich hat dies die Notwendigkeit aufgezeigt, Vertrauen nicht nur sozialtheoretisch, sondern auch erkenntnistheoretisch zu begründen. Und konkret hat die Diskussion des Forschungsstandes zu der Einschätzung geführt, dass eine erkenntnistheoretische Perspektive plausibler erscheint, die auf einen Realitätsvergleich verzichtet. Wer kann schon hinter Unternehmensfassaden gucken? Und wer kann abschließend beurteilen, ob die Insider-Berichte eines entlassenen Mitarbeiters „wahrer" sind als die offiziellen PR-Statements? Begründungsversuche, die auf das „Echte" und „Wahre" verweisen, geraten schnell in einen infiniten Regress. Daher braucht es eine erkenntnistheoretische Perspektive, die strikt im Diesseits verbleibt.

Die bisherigen Überlegungen haben eine zweite Anforderung an die erkenntnistheoretische Grundlage für diese Untersuchung deutlich gemacht. Denn trotz der beschriebenen Probleme von Realitätsvergleichen, spricht viel dafür, dass wahrgenommene und mithin konstatierte Differenzen z. B. zwischen PR-Selbstbeschreibungen und journalistischen Fremdbeschreibungen zum Vertrauensentzug führen können. Offenkundig gibt es Beschreibungen, die als vertrauenswürdiger eingeschätzt werden und die zu einem Vertrauensentzug führen können, wenn PR-Selbstbeschreibungen im Widerspruch dazu stehen. Mit anderen Worten: Auch wenn hier nicht von einem objektiven Erkennen einer diskursjenseitigen Realität ausgegangen wird, so haben konstatierte Widersprüche ohne Zweifel Folgen für die Einschätzung der Vertrauenswürdigkeit. Dies wird im Folgenden ebenfalls zu berücksichtigen sein.

Jenseits der bisherigen Ausführungen erscheint eine dritte Anforderung wichtig zu sein. Thesen wie die Theatralisierung und die Fiktionalisierung sind – ganz allgemein formuliert – mit der Vermutung verbunden, dass sich die Medienwirklichkeit bzw. deren Produktion verändern. Da dies nicht ohne Auswirkungen auf Fragen der Vertrauenswürdigkeit und damit des Vertrauens bleiben dürfte, wird dies bei einer erkenntnistheoretischen Fundierung des Vertrauens ebenfalls zu berücksichtigen sein. Um aber hier nicht erneut in die erkenntnistheoretische Falle von „wahrer" und „weniger wahr" zu laufen, braucht es einen theoretischen Rahmen, mit dem solche Gradualisierungen plausibel erklärt werden können.

Die erkenntnistheoretische Perspektive, die diese drei Anforderungen erfüllt, scheint der Non-Dualismus von Josef Mitterer (1992, 2001) zu sein. Eine non-dualistische Perspektive unterscheidet sich von dualistischen Ansätzen wie dem Konstruktivismus und dem Realismus insbesondere dadurch, dass er auf diskursjenseitige bzw. beschreibungsverschiedene Objekte völlig verzichtet. In dem strikten „Diesseitismus" (Scholl 2007, S. 278) führen Beschreibungen – so genannte Beschreibungen *from now on* – immer bereits geleistete Beschreibungen fort – so genannte Beschreibungen *so far*. Im Folgenden sollen zunächst (4.2.1) die Probleme der so genannten dualistischen Ansätze erläutert werden. Anschließend sollen zentrale Annahmen und Vorteile der non-dualistischen Perspektive beschrieben werden (4.2.2), um abschließend Vertrauen und Vertrauenswürdigkeit non-dualistisch zu verorten (4.2.3). Welche Auswirkungen ein solches non-dualistisches Projekt für PR hat, wird später zu erörtern sein (Kap. 5.2).

4.2.1 Kritik dualistischer Ansätze

Der non-dualistische Ansatz von Mitterer ist wissenschaftstheoretisch zunächst in höchstem Maße dualisierend, weil sich Mitterer mit dem Ansatz sehr klar gegen die seiner Meinung nach dualistischen Ansätze abgrenzt. In seinen Werken widmet er fast mehr Raum der Kritik dualisierender Redeweise als der Entwicklung seines eigenen Ansatzes.

Als dualistische Ansätze bezeichnet Mitterer realistische und konstruktivistische Positionen. Beide Ansätze eint die Grundannahme, dass zwischen einem Beobachter (Subjekt) und dem Beobachteten (Realität) unterschieden wird. Daraus folgt die Frage, welches der beiden Glieder nun mehr ‚wiegt': Ist es die Instanz, die die Welt erzeugt wie in der konstruktivistischen Perspektive, oder ist es die Welt, die auf die Instanz einwirkt wie in der realistischen Perspektive (vgl. Weber 2002, S. 15). Josef Mitterer bezeichnet Konstruktivismus und Realismus daher als dualistische Wahrheits- und Erkenntnistheorien (vgl. Mitterer 2001, S. 83) (Abb. 4.1).

Daraus folgt neben allen Unterschieden in den beiden Denkrichtungen die Gemeinsamkeit, dass man in beiden Ansätzen mit zunehmenden Beschreibungen einem beschreibungsverschiedenen Objekt näher kommt: Eine Beschreibung reiht sich an die nächste und so kommt man dem beschreibungsverschiedenen Objekt näher. Im Realismus, den Mitterer auch als Korrespondenztheorie bezeichnet, wird Wahrheit durch einen Bezug auf die Objektebene festgestellt. Die Wahrheitskandidaten werden auf der Sprachebene bestimmt, über den Erfolg wird dann auf der Objektebene entschieden (vgl. Mitterer 2001, S. 82). Dies entspricht weitgehend Benteles rekonstruktivem Ansatz (2005a).

Es mag zunächst überraschen, dass Mitterer auch im Konstruktivismus nicht nur einen kategorialen Unterschied zwischen Objekten und ihren Benennungen, sondern auch eine Annäherung von Beschreibungen an beschreibungsverschiede-

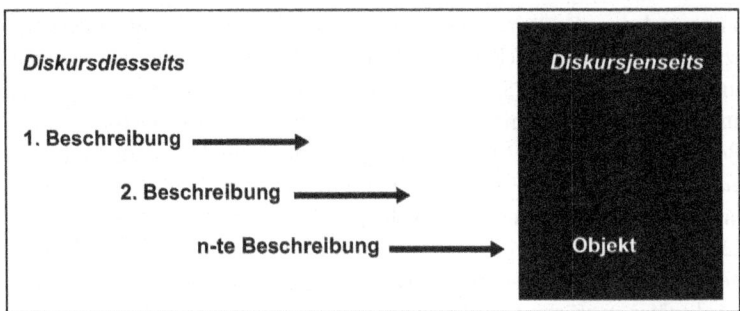

Abb. 4.1 Annäherung von Beschreibungen an ein diskursjenseitiges Objekt (vgl. Weber 2005, S. 280)

ne Objekte entdeckt. Mitterer begründet dies beim Konstruktivismus, den er auch als Konsens- und Kohärenztheorien der Wahrheit bezeichnet, mit dem Viabilitätsbegriff. Einerseits wird mit dem Viabilitätsbegriff noch allgemein eine Beziehung des Passens zu bislang konstruierten Wirklichkeiten bezeichnet (vgl. Glasersfeld 1992, S. 39), andererseits aber ein Scheitern zur Realität beschrieben: „Merkwürdigerweise kann es gerade dann, wenn unsere [.] nichtviablen Konstruktionen misslingen oder scheitern zu einem direkten Kontakt, zu einer Konfrontation mit der ‚ontischen Realität' kommen." (Mitterer 2001, S. 122 f.) Noch deutlicher wird der zumindest implizite Dualismus mitunter in erkenntnistheoretischen „Grenzfragen" wie zur Unterscheidung von Fakten und Fiktionen. So versteht Kohring unter einer Fiktion eine subjektiv gebildete Wahrnehmung, für die kein Wahrheits- oder Wirklichkeitsbeweis angestrebt wird und die nicht von jedem genauso wahrzunehmen ist (vgl. Kohring 2002, S. 91 f.). Wie aber sind in Abgrenzung zu einem solchen Verständnis Fakten ohne einen beschreibungsverschiedenen und beobachterunabhängigen Bezug logisch zu bestimmen?

Auch zur Erklärung von Thesen wie der Theatralisierung und Fiktionalisierung erscheinen die dualistischen Ansätze unzureichend. Die Probleme der realistischen Perspektive hierzu sind vielfach am Beispiel der News Bias-Forschung diskutiert worden (vgl. z. B. Schulz 1990, S. 22 f.; Weischenberg 1995, S. 168 f.). Um Verzerrungen durch die Medien zu belegen, wurden Extra-Media-Daten mit Intra-Media-Daten verglichen (z. B. Rosengren 1979). Erkenntnistheoretisch problematisch ist dies, weil auch die Extra-Media-Daten Konstruktionscharakter besitzen.

Bei der Analyse von Inszenierungen aus konstruktivistischer Perspektive tritt ein anderes Problem auf. Im Konstruktivismus gab es – zumeist implizit – immer schon zwei Konstruktivitäts-Praxen (vgl. Weber 2005, S. 333). Dies ist erstens die epistemologische Allaussage, dass letztlich alles Konstruktion sei. Zweitens ist es die empirische Trendaussage, dass Medien immer mehr Wirklichkeit konstruieren. Wenn Trends wie die Fiktionalisierung untersucht werden, verfängt sich eine konstruktivistische Betrachtung schnell in Widersprüchen, weil einerseits immer schon alles Konstruktion war, aber andererseits jetzt noch mehr oder anders konstruiert wird. Bewusste Inszenierungen sind damit zugleich Teil der konstruktivistischen All- und Trendaussage.

4.2.2 Non-dualistische Grundannahmen

In Abgrenzung zu dualistischen Ansätzen hat der österreichische Philosoph Josef Mitterer den Non-Dualismus entwickelt und seit den 90er Jahren verschiedentlich dazu veröffentlicht – insbesondere in seiner Dissertation „Das Jenseits der Philosophie" (1992) und in seiner Habilitationsschrift „Die Flucht aus der Beliebigkeit" (2001). Mit seiner dualismuskritischen Sichtweise befindet er sich in der Tradition von Silvio Ceccato und Gotthard Günther (vgl. Weber 2005, S. 11). Im Folgenden sollen zunächst die non-dualistischen Grundannahmen sowie erkenntnistheoretische Kernbegriffe aus einer solchen Perspektive erläutert werden. Anschließend wird die Rezeption von Mitterers Ansatz in den Medien- und Kommunikationswissenschaften skizziert, bevor abschließend ein zentraler Vorteil des Non-Dualismus für die vorliegende Untersuchung ausgeführt wird.

Eine non-dualistische Perspektive unterscheidet sich von dualistischen Ansätzen wie dem Konstruktivismus und dem Realismus insbesondere dadurch, dass er auf diskursjenseitige bzw. beschreibungsverschiedene Objekte völlig verzichtet. Beschreibungen – so genannte Beschreibungen *from now on* – führen immer bereits geleistete Beschreibungen fort – so genannte Beschreibungen *so far*. Im Non-Dualismus ist eine Beschreibung nicht auf das Objekt gerichtet, sondern es geht vom Objekt der Beschreibung aus (vgl. Mitterer 1992, S. 60 f.). An der Unterscheidung zwischen Objekt und Beschreibung wird auch im Non-Dualismus festgehalten: Erkenntnis ist „nach wie vor Erkenntnis von etwas, von Wirklichkeit. Nur wird das Objekt der Erkenntnis oder der Beschreibung nicht als *factum brutum* im Jenseits der Diskurse angesiedelt, sondern als bereits in irgendeiner Weise Erkanntes und Beschriebenes bestimmt." (Schmidt 2010b, S. 95) Im Gegensatz zu dualistischen Ansätzen nähern sich in einer non-dualistischen Perspektive Beschreibungen damit nie dem beschreibungsverschiedenen Objekt an. Es gibt keine beschreibungsverschiedenen Objekte mehr. Damit verzichtet Mitterer auf eine beschreibungsverschiedene Wirklichkeit – er leugnet sie nicht (Abb. 4.2).

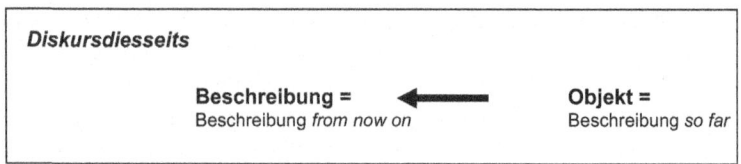

Abb. 4.2 Beschreibungen führen bereits geleistete Beschreibungen fort (vgl. Weber 2005, S. 283)

Dazu ein Beispiel: Wir können ein Objekt (z. B. Kraftwerk) nur beschreiben, indem wir an vorliegende Beschreibungen (= *so far*) anknüpfen. Jedes vermeintliche Erkennen und Beschreiben von Realität (graue Farbe, Beton-Mauern etc.) sind bereits geleistete Beschreibungen, die wir fortführen. Im Non-Dualismus wird damit auf jenseitige Voraussetzungen mit Hilfe von diesseitigen Setzungen verzichtet. Vielmehr beschränkt er sich auf diesseitige Voraussetzungen – indem wir sie setzen. So reiht sich Beschreibung an Beschreibung; aber dem beschreibungsverschiedenen Kraftwerk kommt man nicht näher wie in dualistischen Ansätzen. Letztlich ist Mitterers Non-Dualismus damit die Radikalisierung des Radikalen Konstruktivismus und der Münchhausen-Genesis: „Wir können in der Wahrnehmung nicht hinter die Wahrnehmung zurückgehen, um noch nicht Wahrgenommenes mit Wahrgenommenem auf die Richtigkeit der Wahrnehmung hin zu vergleichen." (Schmidt 2008, S. 29).

Welche Konsequenzen hat dies für erkenntnistheoretische Kernbegriffe? *Wirklichkeit* ist die Summe aller Beschreibungen *so far*, also der jeweils letzte Stand der Dinge (vgl. Mitterer 1992, S. 110). Jede neue Beschreibung ändert die Wirklichkeit um eben diese Beschreibung. Dies gilt selbst dann, wenn sie nicht als breiter Konsens aufgefasst wird. Denn in solchen Fällen werden zum Beispiel Prüfverfahren eingesetzt – wie die Lektüre anderer Medien –, um zu prüfen, ob ein Medienbericht als richtig oder falsch bewertet wird. Die Lektüre anderer Medien kann der ursprünglichen Medienbeschreibung entgegenstehen oder diese bestätigen. Wenn der Bericht wie vermutet nicht bestätigt wird, stärkt dies noch einmal das Misstrauen (vgl. Weber 2005, S. 318). In Anlehnung an Mitterers Überlegungen konzipiert Weber die Beziehung der Medien zur Wirklichkeit. Dem dualistischen „Medien berichten über die Wirklichkeit." setzt er das non-dualistische „Medien gehen von der/Wirklichkeit/ aus." entgegen. Medien bzw. Journalismus sind mithin nicht primär rückwärtsorientiert, indem sie über die Wirklichkeit berichten, sondern vorwärtsorientiert, indem sie (Medien-)Beschreibungen *so far* fortführen (vgl. Weber 2005, S. 328; Schmidt 2005, S. 84).

4.2 Erkenntnistheoretische Fundierung von Vertrauen

Wenn Beschreibungen weitgehend konsensuell sind – also nicht mehr oder kaum noch ernsthaft hinterfragt werden –, wird aus ihnen so etwas wie eine neutralistische Ausgangsbasis bzw. ein Basiskonsens für weitere Beschreibungen (Mitterer 1992, S. 71 ff.). Dies kann auch als *Wahrheit* bezeichnet werden. Dazu zählen Auffassungen, „die wir vertreten müssen, um in unserer Gesellschaft überleben zu können" (ders. 2001, S. 106). Ein solches Wahrheitsverständnis unterstreicht auch noch einmal die soziale Funktion von Wahrheit. Menschen geht es bei der Wirklichkeitskonstruktion letztlich weniger um Wahrheit im klassischen Sinne, sondern vielmehr um Gewissheit im Sinne sozial anerkannter Darstellungen und Deutungen (vgl. Westerbarkey 2000, S. 215).

Hinsichtlich *Wahrhaftigkeit* und *Lüge* gibt es in non-dualistischer Lesart im Grunde keinen relevanten Unterschied zur realistischen und konstruktivistischen Perspektive. Eine Lüge definiert Mitterer (2001, S. 66) wie folgt: „Du redest anders, als ich denke, dass du denkst." Und Wahrhaftigkeit entsprechend: „Ich rede so, wie ich denke." (ebd., S. 66).

Woran scheitern Beschreibungen? Im klassisch-dualistischen Verifikations- und Falsifikationsdenken scheitern Thesen an der Realität. Im Non-Dualismus scheitern Thesen an neuen Thesen, die dann wieder als ‚wahr' ausgewiesen werden, bis sie an neuen Thesen scheitern (vgl. Weber 2005, S. 262). Und noch einfacher: „Auffassungen sind wahr, weil und solange wir sie vertreten und sie sind falsch, weil und solange wir sie nicht vertreten." (Mitterer 2001, S. 105). Die strikte Verzeitlichung macht Mitterer an anderer Stelle deutlich: „Die Unterscheidung zwischen Schein und Sein, zwischen für wahr halten und wahr sein, sind argumentative Unterscheidungen, die das Verhältnis zwischen früheren und gegenwärtigen Auffassungen markieren, zugunsten derer vielleicht die früheren revidiert worden sind." (Mitterer 2001, S. 60) Zur „Überprüfung" von Thesen können (wissenschaftliche) Prüfverfahren entwickelt werden. Basis des Prüfverfahrens ist eine neutralistische Ausgangsbasis – mithin jene konsensuelle Beschreibungen, die gegenwärtig nicht Gegenstand der Erörterung sind (vgl. ders. 1992, S. 83 f.). Und im Idealfall ist das Prüfverfahren – also zum Beispiel ein Untersuchungsdesign – ebenfalls selbst konsensuell. Wenn beides gegeben ist, gibt es gute Chancen, dass das Ergebnis auf breiter Basis als „wahr" ausgezeichnet wird.

Während sich schon der Radikale Konstruktivismus dem Beliebigkeitsvorwurf ausgesetzt sah, ist dieser Vorwurf im Non-Dualismus sicherlich noch größer. Mitterer entgegnet dieser vielfach geäußerten Kritik: „Wird nun alles beliebig? Können wir jeden Unsinn mit gleichem Recht behaupten, der uns in den Sinn kommt? Es wird nichts beliebiger als es schon ist. Es wurden und werden ohnehin die seltsamsten Dinge behauptet und noch jeder theoretische Vorschlag wurde von einem anderen als Irrtum, wenn nicht gar als Unsinn zurückgewiesen." (Mitterer 2001, S. 103).

Knapp 20 Jahre nach Erscheinen von Mitterers Dissertation „Das Jenseits der Philosophie" beschränkt sich die Rezeption des Non-Dualismus in den Kommunikations- und Medienwissenschaften immer noch auf wenige Autoren (vgl. zur Diskussion Riegler und Weber 2008, 2010; Hoffjann 2011c). Ähnlich wie zu Beginn der konstruktivistischen Debatte im Fach gibt es mitunter Versuche, den Ansatz durch eine unsachliche Kritik ins Abseits zu stellen: „Non-Dualismus ist Scharlatanerie – Veralberung der Wissenschaft durch Trivialismen" (Nothhaft und Wehmeier 2008, S. 21). Fernab dieser unwürdigen Form der Auseinandersetzung kann die Rezeption Mitterers in den Kommunikations- und Medienwissenschaften in zwei Richtungen unterteilt werden. Während sich Weber in seinen Arbeiten eng an Mitterer orientiert und auf dessen Grundlage eine non-dualistische Medientheorie (2005) ausarbeitet, werden Mitterers Arbeiten von anderen Autoren wie Schmidt und Scholl genutzt, um konstruktivistische Positionen – z. T. unter neuem Namen – weiterzuentwickeln bzw. zu schärfen.

Weber hat nach einer intensiven Beschäftigung mit konstruktivistischen Positionen zunächst mit Arbeiten zum Journalismus begonnen, kommunikations- und medienwissenschaftliche Fragen aus einer non-dualistischen Perspektive zu beschreiben. In seiner Habilitationsschrift „Non-dualistische Medientheorie" hat er herausgearbeitet, wie zentrale kommunikations- und medienwissenschaftliche Fragestellungen aus einer non-dualistischen Perspektive aussehen könnten. Einerseits hat er intuitive Argumente gegen den Non-Dualismus sehr eingehend diskutiert und die Plausibilität einer non-dualistischen Position begründet. Andererseits ist es Weber gelungen, Vorteile eines non-dualistischen Projektes herauszuarbeiten. Daher verspricht die non-dualistische Medientheorie von Weber einen großen Gewinn für die vorliegende Untersuchungsfrage. Seine Arbeiten, die Schmidt wegen ihrer vorbehaltlosen Anlehnung an Mitterers Werk als „hymnisch" (Schmidt 2010b, S. 93) und „emphatische Mitterer-Exegese" (Schmidt 2010a, S. 139) bezeichnet, sind eine zentrale Basis für die folgenden Überlegungen.

Eine konstruktiv-kritische Betrachtung des Werks von Josef Mitterer findet sich insbesondere bei Schmidt (2003, 2010a) und Scholl (2007, 2010). Schmidt – selbst ja Wegbereiter konstruktivistischer Positionen in der deutschsprachigen Kommunikations- und Medienwissenschaft – zählt Mitterers Kritik am Konstruktivismus „zu den fundiertesten und zugleich zu den wenig zur Kenntnis genommenen kritischen Stimmen" (Schmidt 2010a, S. 133). Mitterers Kritik an konstruktivistischen Positionen könne benutzt werden, so ergänzt Scholl (2010, S. 158), um konstruktivistische Positionen zu klären.

Beginnen wir mit der kritischen Auseinandersetzung mit Mitterers Arbeit, die wiederum insbesondere an Mitterers Kritik des Konstruktivismus ansetzt. Gegen die oben skizzierte Kritik Mitterers am Viabilitätskonzept nimmt Scholl weite Teile

4.2 Erkenntnistheoretische Fundierung von Vertrauen 51

des konstruktivistischen Diskurses in Schutz, da ein solches Verständnis von Viabilität, die an theoretischen oder praktischen Konstruktionen scheitern könnten, nur von wenigen Konstruktivisten vertreten werden (vgl. Scholl 2010, S. 150). Scholl sieht hier keinen entscheidenden Unterschied z. B. zu von Foersters Verständnis „Wahrheit ist die Erfindung eines Lügners" (von Foerster und Pörksen 2004), der Wahrheit als Korrespondenz mit der Realität oder als Konsistenz innerhalb einer wissenschaftlichen Theorie ablehnt. Zweitens wirft Mitterer konstruktivistischen Autoren einen „fundamentalistischen Biokonstruktivismus" (Mitterer 1992, S. 145) vor. So berufen sich bis in die 90er Jahre viele konstruktivistische Autoren auf die neurobiologischen Arbeiten Maturanas. Hier entgegnet Scholl, dass z. B. von Schmidt überzeugend gezeigt wurde, dass eine konstruktivistische Philosophie auch ohne Bezug auf biologische Annahmen plausibel sein könne (vgl. Scholl 2010, S. 150). Scholl hält daher die von Mitterer und Weber konstatierte Äquidistanz des Non-Dualismus zu Konstruktivismus und Realismus für übertrieben und sieht statt dessen eine große Übereinstimmung konstruktivistischer und non-dualistischer Positionen (vgl. Scholl 2010, S. 146).

Schmidt hat Mitterers Arbeiten als Anlass genommen, sich mit seinem Band „Geschichten & Diskurse" (2003) vom Konstruktivismus zu verabschieden und in einer strikt prozessorientierten Perspektive die Voraussetzungen zu präzisieren, auf denen das Gedankengebäude steht (z. B. Schmidt 2010a, S. 140). Vergangene Prozesse werden in aktuellen Prozessen damit zu Voraus-Setzungen. Damit stellt er in jüngeren Arbeiten, in denen er seine erkenntnistheoretische Perspektive auch nicht mehr als Konstruktivismus bezeichnet, die Zeitdimension ebenso in den Mittelpunkt wie eine, wie er es nennt, nicht-dualistische Perspektive – wenn auch Weber ihm unterstellt, dass er nicht ganz auf die Realität verzichten mag (vgl. Weber 2005, S. 298 ff.).

An dieser Stelle soll jedoch keine dogmatische Mitterer-Diskussion geführt werden, welche „rest-dualistischen" Bestände bei Schmidt noch zu finden sind, ob der Non-Dualismus als „Radikalisierung" des radikalen Konstruktivismus zu verstehen ist, oder ob eine „Äquidistanz" zum Konstruktivismus und zum Realismus herrscht. Vielmehr sollen die grundsätzlichen Überlegungen Mitterers für die Forschungsfragen der Untersuchungen nutzbar gemacht werden.

Ein zentraler Nutzen einer non-dualistischen Perspektive für die vorliegende Untersuchung zeigt sich insbesondere bei erkenntnistheoretischen „Grenzfragen". Mit dem strikten „Diesseitismus" (Scholl 2007, S. 278) können sowohl Unterscheidungen wie Fakten und Fiktionen, Sein und Schein als auch Trendbehauptungen wie die Fiktionalisierung plausibler erklärt werden.

Man könnte zunächst vermuten, dass klassische Dualitätspaare wie Sein und Schein, Realität und Irrealität, Fakten und Fiktionen in einer non-dualistischen

Perspektive keinen Platz hätten. In der non-dualistischen Perspektive werden sie uminterpretiert, so dass sich Sein, Realität und Fakten nicht auf beschreibungsverschiedene Objekte beziehen, sondern als neutralistische Beschreibungen bzw. als Basiskonsens verstanden werden. Beide Seiten der Unterscheidungen bleiben immer im Diskursdiesseits (vgl. Weber 2005, S. 340 f.). Letztlich sind es folglich nur differente Modi von Beschreibungen: Während mit real und faktisch konsensuelle – also im oben erläuterten Verständnis „wahre" – Beschreibungen bezeichnet werden, sind fiktionale Beschreibungen noch nicht konsensuell. Alle Beschreibungen schließen jedoch immer an alte Beschreibungen an, und diese neuen Beschreibungen können dann mit Attributen wie fiktional etc. ausgestattet werden (vgl. Weber 2005, S. 341).

Diese Überlegungen lassen sich auf Medienbeschreibungen anwenden. Dies soll im Folgenden am Beispiel der Begriffe Authentizität und Inszenierung gezeigt werden; diese Überlegungen werden im weiteren Verlauf der Untersuchung noch zu vertiefen sein. So ist zum Beispiel die Aussage „authentisch" bzw. „nicht-authentisch" in einer ersten Annäherung eine Aussage zur Produktionsweise einer Medien- bzw. PR-Beschreibung (vgl. Weber 2005, S. 334). Wenn man Inszenierung und Authentizität als Gegensatzpaar modelliert, folgt daraus, dass eine als nicht-authentisch bezeichnete PR-Beschreibung dann folglich als inszeniert bewertet wird. Dazu ein Beispiel: „Die PR-Beschreibung *so far*/Roland Koch empört sich im Bundesrat über die SPD./ ist eine Inszenierung und daher nicht authentisch." Auch wenn der Inszenierungscharakter des Auftritts von Roland Koch im Rahmen der Abstimmung zum Zuwanderungsgesetz bis heute in der Regel als ‚Wahrheit' ausgewiesen wird, kommt diese Beschreibung *from now on* einer beschreibungsverschiedenen Realität nicht näher als die genannte Beschreibung *so far*.

Eine non-dualistische Perspektive ist damit konsequenter: Wenn wir nicht hinter unsere Wahrnehmungen zurücktreten können, erscheint es plausibel, sich auf diesseitige Beschreibungen zu beschränken. Daraus folgt unmittelbar, dass im Non-Dualismus dem Streben nach Wahrheit ein Streben nach Wechsel entgegengesetzt wird (vgl. Mitterer 1992, S. 110). Das Streben nach Wahrheit dualistischer Positionen resultiert daraus, dass man mit jeder neuen Beschreibung einem beschreibungsverschiedenen Objekt näher kommt. Die Plausibilität eines Strebens nach Wechsel wird deutlich, wenn man journalistische sowie Alltagskommunikationen zur Authentizität beobachtet. So werden zum Beispiel als „steif" und „ungelenk" beschriebene Auftritte von Politikern oder Unternehmern heute als Zeichen von Authentizität interpretiert, um sie morgen als Beleg einer fehlgeschlagenen Inszenierung anzuführen. Wenn man die wechselnden Medienbeschreibungen zu politischen Themen oder zur Einschätzung von Personen über einen längeren Zeit-

4.2 Erkenntnistheoretische Fundierung von Vertrauen

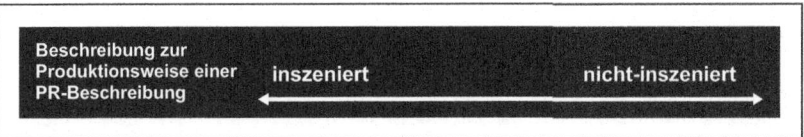

Abb. 4.3 Inszenierungsgrad von PR-Beschreibungen

punkt hinweg analysiert, dann scheint ein Streben nach Wechsel die Kommentierungszyklen mithin deutlich plausibler zu erklären als ein Streben nach Wahrheit.

Plausibel kann der Non-Dualismus auch Trendbeobachtungen erklären, dass Medien immer mehr konstruieren würden. Das oben genannte Problem konstruktivistischer Analyse, das sich bei der Beschreibung von Trends wie der Fiktionalisierung bzw. der zunehmenden Inszenierung durch die konstruktivistische All- und Trendaussage ergibt, löst der Non-Dualismus ganz einfach: Er interessiert sich nur für die Trendaussage (vgl. Weber 2005, S. 337 ff.). Deshalb können empirische Inszenierungs- und Konstruktivitätsgrade widerspruchsfrei beschrieben werden. Dazu ein konkretes Beispiel: Man könnte Konstruktivitätsgrade von Veranstaltungen empirisch untersuchen – zum Beispiel als Kombination von einer Befragung von Veranstaltungsmachern mit einer Beobachtung der Veranstaltung. Dabei könnte man bewusste Konstruktivitätsgrade bzw. Inszenierungsgrade für PR-Inszenierungen untersuchen, ähnlich wie Weber (1999) dies für den Journalismus getan hat. Als Indikatoren könnten z. B. gelten: die inhaltliche Vorbereitung der Statements, die Festlegung des Ablaufs, des Medienbildes und der Perspektive der Foto- und TV-Kameras. Bei einem Vergleich von zwei Veranstaltungen könnte man dann zu dem Ergebnis kommen, dass Veranstaltung A in höherem Maße inszeniert wurde als Veranstaltung B. Ein solches Ergebnis ist keine erneute Dualisierung von jenseitiger Realität vs. diesseitiger Inszenierung. Das heißt folglich auch, dass es keine Annäherungen an die „wahre" Angela Merkel gibt (Abb. 4.3).

Wenn man in einem zweiten Schritt zwischen der Produktions- und Rezeptionsseite unterscheidet, können die jeweiligen Beschreibungen miteinander verglichen werden: Auf der Produktionsseite ist es die (Nicht-)Inszenierung eines Ereignisses, auf der Rezipientenseite ist es die (Nicht-)Zuschreibung von Authentizität durch Beobachter. Um dies zu untersuchen, könnte man die oben skizzierte Untersuchungsanlage um Befragungen von Zuschauern zu ihrer Einschätzung nach der Zuschreibung von (In-)Authentizität befragen. Entsprechend kann der Zusammenhang zwischen Inszenierungsgraden und der Beschreibung der Rezipienten untersucht werden. Mögliche Ergebnisse einer solchen Untersuchung könnten sein: PR-Beschreibungen mit einem hohem Inszenierungsgrad werden

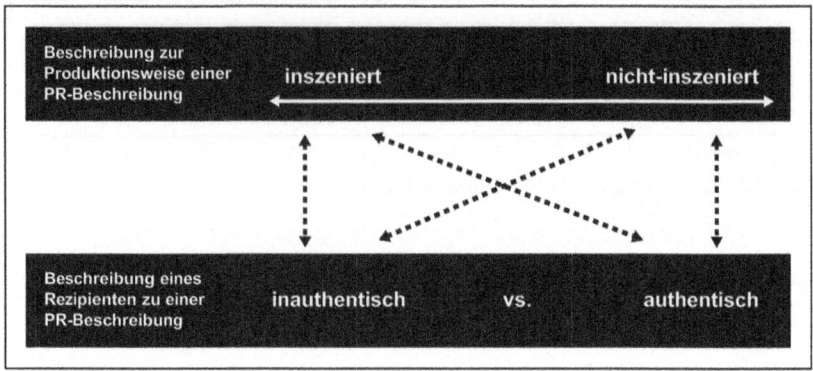

Abb. 4.4 (In-)Authentizitätsbeschreibung von (nicht-)inszenierten PR-Beschreibungen

von Rezipienten als inszeniert beschrieben. Oder aber: PR-Beschreibungen mit einem hohem Inszenierungsgrad werden von Rezipienten als nicht-inszeniert/authentisch beschrieben. Das zweite Ergebnis würde dann die in den vergangenen Jahren vielfach geäußerte These von der Authentizität durch Inszenierung stärken (vgl. Fischer-Lichte et al. 2007; Wachtel 2009). Letzteres kann nach Weber auch als Spiel der Shake-Ups beschrieben werden: Das was heute als authentisch beschrieben wird, wird morgen als inszeniert beschrieben (vgl. Weber 2005, S. 344). Hierfür scheinen virale Spots im Web 2.0 ein weiteres Beispiel zu sein: Lange wurden Spots mit verwackelten und unscharfen Bildern als authentisch beschrieben. Nachdem in Medienberichten mehrfach über die (kommerziellen) Hintergründe solcher Spots berichtet wurde, dürfte sich auch hier die Authentizitätszuschreibung verändern. Wie unterschiedlich Inszenierungsgrade und Authentizitätszuschreibungen ausfallen, zeigt Weber an anderer Stelle selbst, wenn er konstatiert, dass „die vermeintlich reale Realität, wie sie uns möglichst ungefiltert und ungeschminkt auf den Bildschirmen erscheint, gerade den höchsten Grad an apparativer Artifizialität erfordert, um als real zu wirken. Umgekehrt führt ein geringer, dilettantischer oder lowtechhafter Einsatz von Medientechnologie u. U. auch dazu, den Eindruck der Konstruiertheit der Bilder zu steigern." (Weber 2002, S. 14) (Abb. 4.4).

Die Skizzierung zentraler non-dualistischer Annahmen hat verschiedene Vorteile gegenüber konstruktivistischen und realistischen Positionen gezeigt. Eine non-dualistische Perspektive ist konsequenter: Wenn wir nicht hinter unsere Wahrnehmungen zurücktreten können, erscheint es plausibel, sich auf diesseitige Beschreibungen zu beschränken. Zudem erscheint der Non-Dualismus widerspruchsfreier und damit plausibler bei der Beschreibung von unterschiedlichen

4.2 Erkenntnistheoretische Fundierung von Vertrauen

Gradualisierungen bzw. Entwicklungen wie der zunehmenden Inszenierung, weil die Allaussage der Konstruktivität des Konstruktivismus wegfällt. Gegenüber dem Realismus scheint der Non-Dualismus zudem den Vorteil aufzuweisen, dass er Begriffe wie Wahrheit oder Inszenierung aus dem Diskursjenseits in den -diesseits holt und damit einen infiniten Regress vermeidet. Im Non-Dualismus werden Begriffe wie Inszenierung entmystifiziert. Es wird nicht nach dem ontisch „Wahren" gefragt, sondern es wird strikt diesseitig gefragt, woran die Inszenierung festgemacht wird. Da man über das diskursjenseitige „Echte" und „Wahre" kaum seriös diskutieren kann, erscheint es plausibel, wenn jede Diskussion mit der Einschränkung eines strikten Diskursdiesseits startet und dann z. B. verschiedene Inszenierungsgrade und die (In-)Authentizitätszuschreibung diskutiert. Damit eröffnet der Non-Dualismus einen Ausweg aus der erkenntnistheoretischen Sackgasse, in die z. B. Authentizitäts-Diskurse schnell geraten.

Es ist zudem deutlich geworden, dass bei der Frage nach konsensuellen oder als wahr bezeichneten Beschreibungen zwei Aspekte in einer non-dualistischen Medientheorie eine zentrale Bedeutung gewinnen: Reflexivität und Vorwärtsorientierung. Einerseits werden in einer non-dualistischen Perspektive reflexive Phänomene noch wichtiger. Wie wichtig Reflexivität zum Verständnis vieler Medienphänomene ist, ist in den vergangenen Jahren insbesondere von konstruktivistischen Kommunikationswissenschaftlern bereits herausgearbeitet worden – wenn auch z. T. mit realistischen Restbeständen (vgl. z. B. Merten 1999). Ob etwas – im nondualistischen Sinne – für wahr gehalten wird, also nicht in Frage gestellt wird, darüber entscheidet in einer non-dualistischen Perspektive ganz wesentlich, ob man glaubt, dass andere es auch nicht in Frage stellen. Andererseits entscheidet in einer non-dualistischen Perspektive über Fragen von Wahrheit oder Angemessenheit schlicht und ergreifend die Dauer, wie lange eine Beschreibung als wahr bezeichnet wird. Während das Prüfen eines möglichen Realitätsbezuges von Medienberichten in dualistischen Ansätzen stets rückwärts- bzw. vergangenheitsorientiert ist (vgl. Weber 2010, S. 16), wird in einer non-dualistischen Perspektive die Entscheidung über die Richtigkeit einer Medienbeschreibung nur durch ein Vorgehen auf weitere Beschreibungen getroffen: Welcher Medienbericht als „wahr", „richtig", dem Basiskonsens entsprechend oder „vertrauenswürdig" ausgezeichnet wird, entscheidet sich erst in einer neuen Beschreibung (vgl. Mitterer 1992, S. 83). Je länger eine Medienbeschreibung als „wahr" und „vertrauenswürdig" ausgezeichnet wird, desto größer ist mithin ihr Erfolg. Dieser Aspekt erscheint für Formen strategischer Kommunikation wie PR besonders relevant.

Welche Folgen hätte eine non-dualistische Wende für die Kommunikationswissenschaften, wie sie Weber in seinem Buch vorschlägt? Ähnlich wie die kopernikanische Wende vom Realismus zum Konstruktivismus (Schulz 1989, S. 142) würde man nicht bei „Null" beginnen. So hat sich damals schon gezeigt, dass selbst in der Nachrichtenwertforschung mitunter kleinere Uminterpretationen genügen. Während z. B. Nachrichtenfaktoren in der realistisch verstandenen Nachrichtenwertforschung journalistische Selektionsentscheidungen inhärente Ereigniseigenschaften waren, waren es in der konstruktivistisch argumentierenden Nachrichtenwertforschung Annahmen bzw. Zuschreibungen von Journalisten (vgl. Schulz 1990, S. 30).

Abschließend noch eine Anmerkung zum Beobachtungsbegriff: In einer non-dualistischen Perspektive ist der Beobachtungsbegriff mindestens missverständlich, weil er erneut eine Bezugnahme auf beschreibungsverschiedene Objekte suggeriert. Man könnte auch formulieren: Was soll beobachtet werden, wenn nicht die ontische Realität? Aus diesen Gründen verzichten Mitterer und Weber auf den Beobachtungsbegriff. In Abgrenzung dazu soll in der Untersuchung dennoch am Beobachtungsbegriff festgehalten werden. Dazu sollen die Überlegungen von Mitterer mit beobachtungstheoretischen Überlegungen von Spencer-Brown (1997) und Luhmann (vgl. 1994) verknüpft werden. Jede Beobachtung ist demnach zugleich eine Beschreibung – Beobachtungen unterliegen damit den erläuterten diesseitigen Einschränkungen, weil sie vorliegende Beschreibungen fortführen.

4.2.3 Non-dualistisches Verständnis von Vertrauen, Vertrauenswürdigkeit und Glaubwürdigkeit

Wie sind nun Vertrauen, Vertrauenswürdigkeit und Glaubwürdigkeit aus non-dualistischer Perspektive zu beschreiben? In der Diskussion des Forschungsstandes sind vor allem erkenntnistheoretische Probleme bei der Frage aufgezeigt worden, ob Einschätzungen einer grundsätzlichen Vertrauenswürdigkeit bzw. einer auf die Richtigkeit von Fakten bezogenen Glaubwürdigkeit auf einem Realitätsvergleich beruhen. Daher wird hier insbesondere die Frage zu beantworten sein, wie Zuschreibungen von (fehlender) Glaubwürdigkeit und Vertrauenswürdigkeit zu erklären sind, wenn Realitätsvergleiche als wenig plausibel bewertet werden.

Glaubwürdigkeit bzw. Vertrauenswürdigkeit sind zunächst einmal nichts anderes als die Fortführung einer bereits geleisteten Beschreibung: „Die Aussage/Angela Merkel ist Bundeskanzlerin/ ist glaubwürdig." Mit der Zuschreibung von Glaubwürdigkeit ist folglich nichts anderes verbunden, als dass die Beschreibung als breiter Konsens aufgefasst wird und daher nicht in Frage gestellt wird (vgl. Weber 2005, S. 318). An dieser Stelle scheint es zunächst keinen Unterschied zu konstruktivistischen Überlegungen zu geben.

Die erkenntnistheoretisch interessante Frage ist, wie man zu einer solchen Einschätzung kommt. Ob eine Beschreibung *so far* in einer Beschreibung *from now*

4.2 Erkenntnistheoretische Fundierung von Vertrauen

on als vertrauenswürdig ausgewiesen wird, entscheidet sich oft im Vergleich mit anderen Beschreibungen. Wenn zum Beispiel ein Medienbericht nicht dem Basiskonsens entspricht, könnte er als vertrauensunwürdig bezeichnet werden – der bisherige Basiskonsens, also das Wahrheitsmodell, wird nicht aufgegeben. Man könnte aber auch verschiedene Prüfverfahren nutzen, um die Medienbeschreibung mit anderen Beschreibungen zu vergleichen. Dies können zum Beispiel a) Beschreibungen im Sinne eigener Erfahrungen bzw. Beobachtungen, b) Beschreibungen von persönlich bekannten Personen oder aber c) andere Medienbeschreibungen sein (vgl. Merten 1999, S. 249).

Beschreibungen im Sinne eigener Erfahrungen (a) gelten als besonders relevant für Fragen der Vertrauenswürdigkeitseinschätzung oder von Imageveränderungen (vgl. ebd., S. 249). Während im dualistischen Verständnis kategorial zwischen dem Objekt der Beschreibung und der Beschreibung des Objekts unterschieden wird, bilden im Non-Dualismus das Objekt der Beschreibung und die Beschreibung des Objekts eine Einheit: Das Objekt der Beschreibung ist nicht beschreibungs- oder ‚sprachverschieden', sondern ist jener Teil der Beschreibung, der bereits ausgeführt worden ist (vgl. Mitterer 1992, S. 56). Mit anderen Worten: „Einen Apfel beschreiben, heißt die (bereits ausgeführte) Beschreibung/ein Apfel/ fortsetzen." (Mitterer 1992, S. 56) Daher sind auch jene Beschreibungen im Sinne eigener Erfahrungen nichts anderes als die Fortführung bereits vorliegender Beschreibungen. Mithin werden hier keine Medienbeschreibungen mit einer direkt zugänglichen beschreibungsverschiedenen Welt verglichen, wie es Benteles Formulierung einer Isomorphiebeziehung von Medienbeschreibungen und Ereignissen nahe legt (vgl. Bentele 1992a, S. 164). Vielmehr werden hier Medienbeschreibungen mit „eigenen" Beschreibungen verglichen. Auch wenn viel dafür spricht, dass in vielen Fällen „eigene" Beschreibungen als vertrauenswürdiger und damit als Basis-Konsens ausgewiesen werden, so sind letztlich beide Beschreibungen kontingent.

Ein solcher Vergleich zwischen mehreren Beschreibungen liegt letztlich auch in den anderen beiden Fällen vor – sowohl bei Beschreibungen von persönlich bekannten Personen (b) als auch im Falle von Medienbeschreibungen (c). So könnte man im letzteren Fall einen Medienbericht überprüfen, indem man zum selben Thema die Berichterstattung einer anderen Zeitung liest. Wenn die Beschreibung bestätigt wird, könnte dies dazu führen, dass sie als neuer Basiskonsens ausgewiesen wird (vgl. Weber 2005, S. 318).

Für eine solche Perspektive spricht insbesondere im vertrauenstheoretischen Kontext noch ein ganz anderes Argument. Wir haben gezeigt, dass Zuschreibungen von Vertrauenswürdigkeit keine kausalen Ursachen für Vertrauen sind, sondern eher Vertrauenshandlungen begründen bzw. legitimieren. Benteles Isomorphiebeziehungen suggerieren, dass die Realität der Ereignisse – bildlich gesprochen – auf das Vertrauenssubjekt einstürzt und sich mögliche Diskrepanzen sofort und auf den ersten Blick offenbaren. Es erscheint hingegen plausibler, dass das Vertrauenssubjekt zum Beispiel bei zurückliegenden Vertrauenshandlungen vor allem solche Beschreibungen sucht und präferiert, die die eigene Beschreibung und damit die vollzogene Vertrauenshandlung bestätigen (vgl. Festinger 1957). Die aktive Rolle des Vertrauenssubjekts sollte hier mithin nicht aus dem Fokus geraten. Grundsätzlich könnte man auch formulieren: Der Versuch, die Zuschreibung von Glaubwürdigkeit und Vertrauenswürdigkeit über Realitätsvergleiche erklären zu wollen, scheint letztlich zu negieren, dass Vertrauen in letzter Konsequenz nicht begründbar ist (vgl. Luhmann 1989, S. 26).

Die non-dualistische Perspektive ermöglicht damit auch einen neuen Blick auf die in der PR so oft genannte normative Anforderung der Übereinstimmung von Wort und Tat (vgl. z. B. Oeckl 1964, S. 47). In dem hier vorgestellten Gedankengebäude sind das „Wort" z. B. PR-Beschreibungen und die „Tat" eigene Beschreibungen im Sinne eigener Erfahrungen oder Beschreibungen von „Betroffenen", also z. B. entlassenen Mitarbeitern. Letztlich werden auch hier Beschreibungen miteinander verglichen.

Glaubwürdigkeits- bzw. Vertrauenswürdigkeitszuschreibungen nehmen bei Vertrauenshandlungen ohne Zweifel eine wichtige Stellung ein. Es ist aber schon mehrfach darauf hingewiesen worden, dass sie Vertrauen nicht erklären können. Vor dem Hintergrund der entwickelten erkenntnistheoretischen non-dualistischen Position ist dies noch einmal zu erläutern. Fragen nach der Glaubwürdigkeit – also nach der non-dualistisch verstandenen Richtigkeit bzw. dem konstatierten Basis-Konsens – sind vor allem wichtig, wenn z. B. PR-Beschreibungen mittels anderer Beschreibungen überprüft werden. Widersprechen Medienbeschreibungen einer wichtigen PR-Beschreibung massiv, dürfte nicht nur diese als vertrauensunwürdig, sondern auch künftige PR-Beschreibungen als vertrauensunwürdig ausgewiesen werden. Vertrauen wird dann unwahrscheinlicher. Die bislang entwickelte erkenntnistheoretische Argumentation hat bislang allenfalls implizit berücksichtigt, dass Systemvertrauen immer im Kontext mit der spezifischen Selektivität eines Systems und damit mit spezifischen Erwartungen zu beobachten ist. Mit anderen Worten: Man vertraut dem Journalismus, der Wissenschaft oder Wirtschaft in ganz unterschiedlichen Kontexten und aus ganz unterschiedlichen Gründen. Daher müssen auch Vertrauenswürdigkeitszuschreibungen immer im spezifischen Kontext gesehen werden. Dies wird im weiteren Verlauf der Untersuchung zu leisten sein.

Dass die Rezeption von Mitterers Ansatz bislang relativ überschaubar geblieben ist, dürfte einerseits darauf zurückzuführen sein, dass die Sprache Mitterers gewöhnungsbedürftig ist. Andererseits ist das Werk Mitterers bislang noch sehr überschaubar. So erscheinen zentrale Aspekte wie der Sprachbegriff und der Beschreibungsbegriff zu wenig expliziert und definiert zu sein. Zudem fokussiert Mitterer nur auf Beschreiben bzw. Beschreibungen; nicht-sprachliches Handeln im Besonderen und soziale Fragen, die aus seinem erkenntnistheoretischen Ansatz folgen, werden entweder gar nicht oder nur am Rande thematisiert (vgl. Schmidt 2010b, S. 97).

Die Entscheidung *für* Mitterers Non-Dualismus ist damit mit Risiken und Kosten verbunden, die beide mit dem noch überschaubaren non-dualistischen Diskurs zusammenhängen. Das Risiko besteht darin, dass sich – ganz im Mitterschen Sinne – in wenigen Jahren zeigen kann, dass dieser junge Ansatz als wenig plausibel beschrieben werden könnte. Die Kosten bestehen darin, dass die non-dualistische Perspektive im Gegensatz zur Systemtheorie und zum Konstruktivismus bislang nur für sehr wenige Fragestellungen Anwendung gefunden hat. Bei der Beantwortung der Forschungsfragen muss also sehr viel Pionierarbeit geleistet werden – was nicht nur mit Kosten, sondern wiederum auch mit Risiken verbunden ist.

Was ist PR? 5

Nachdem Vertrauen sozial- und erkenntnistheoretisch verortet ist, wird dies jetzt für PR zu leisten sein. Damit werden alle Voraussctzungen geschaffen, um die theoretischen Überlegungen zum Vertrauen und zur PR ab dem folgenden Kapitel zusammenführen zu können.

Aus der Diskussion des Forschungsstandes haben sich für die sozial- und erkenntnistheoretische Verortung von PR verschiedene Anforderungen ergeben. Die Diskussion des Forschungsstandes hat zunächst gezeigt, dass ein plausibles Verständnis von Vertrauen in PR eine PR-Theorie voraussetzt. Diese Notwendigkeit haben die vertrauenstheoretischen Überlegungen bestätigt: Wenn sich Vertrauen in die Systemprogrammierung aus der jeweiligen Funktionserwartung ableiten lässt (vgl. Kohring 2004, S. 124), dann ist also zunächst die Funktion von PR zu benennen. *Die erste Frage lautet folglich: Was tut PR bzw. welches Problem löst PR?*

Diese abstrakten Überlegungen sollen in einem zweiten Schritt konkretisiert werden. Denn je konkreter PR beschrieben wird, desto konkreter kann im weiteren Verlauf der Untersuchung auch Vertrauen in PR analysiert werden. *Die zweite Frage ist daher: Wie löst PR diese Probleme?* Die Diskussion des Forschungsstandes hat gezeigt, dass Vertrauen in PR oft an Aspekten wie Wahrhaftigkeit und Transparenz festgemacht wird. Damit wird PR auf die externe Darstellungsleistung reduziert. Insbesondere aktuelle Arbeiten betonen hingegen eine zweifache Wirkungsrichtung (vgl. Röttger 2008, S. 75; Hoffjann 2009a). Neben der externen Umweltbeeinflussung qua Kommunikation zählt dazu die interne Reflexions- bzw. Selbststeuerungsleistung.

Zudem ist gezeigt worden, dass in der Forschung zwischen Vertrauen *in* PR und Vertrauen *durch* PR *in* Organisationen unterschieden wird. *Daraus ergibt sich die dritte Frage: Wie ist PR organisationstheoretisch zu verorten?* Denn eine organisationstheoretische Verankerung von PR ist die Voraussetzung dafür, Unterschiede zwischen einer Organisation und „ihrer" PR zu identifizieren. Bei der Beantwortung dieser drei Fragen wird insbesondere auf die PR-theoretische Konzeption zurückgegriffen, die an anderen Stellen ausgearbeitet worden ist (Hoffjann insbesondere 2007a, 2009a).

Aus der non-dualistischen Begründung von Vertrauen ergibt sich schließlich eine *vierte Frage: Wie ist PR non-dualistisch zu beschreiben?* Bevor auf dieser erkenntnistheoretischen Grundlage im weiteren Verlauf der Untersuchung Fragen wie die Strategien zur Schaffung von Vertrauenswürdigkeit diskutiert werden können, muss zuvor geklärt werden, welche Konsequenzen die non-dualistische Perspektive für PR hat.

5.1 Sozialtheoretische Fundierung: PR als Legitimationsmanager

Die Fragen „*Was tut PR bzw. welches Problem löst PR?*" und „*Wie löst PR diese Probleme?*" werden in diesem Kapitel ausführlich zu beantworten sein, um in den nachfolgenden Kapiteln Vertrauen in PR sowie die Strategien zur Schaffung von Vertrauenswürdigkeit analysieren zu können. Zudem wird PR organisationstheoretisch zu verankern sein: Da PR als Subsystem von Organisationen verstanden wird, ist die organisationstheoretische Perspektive quasi die Folie für die gesamten folgenden Überlegungen. Daher sind die Fragen nach dem „Wie" und dem „Was" nicht von der organisationstheoretischen Verortung zu trennen. Dennoch soll am Ende zusätzlich aufgezeigt werden, welche organisationstheoretischen Konsequenzen die gewählte Perspektive für die Fragestellungen der Untersuchung hat.

Zunächst soll die grundsätzliche Frage beantwortet werden: *Was tut PR bzw. welches Problem löst PR?* Public Relations wird in der Literatur in der Regel auf das gesellschaftliche Umfeld eines Unternehmens hin ausgerichtet; das unterscheidet PR in Unternehmen zum Beispiel von der Marktkommunikation (vgl. stellvertretend für viele: Zerfaß 2004, S. 289). Die Probleme, auf die Unternehmen in ihrer Umwelt treffen, ergeben sich aus ihrer autonomen und damit eigensinnigen Operationsweise. Ein Autohersteller produziert Autos zu möglichst geringen Kosten, um anschließend möglichst viele Käufer dafür zu gewinnen. Dass dabei die Natur belastet wird, in Krisen Arbeitnehmer entlassen werden müssen und in Asien Kinder mitarbeiten, erscheint für den wirtschaftlichen Erfolg zunächst notwendig – und damit funktional. Naturschutz, Arbeitnehmerinteressen und Menschenrechte interessieren den Autohersteller nicht, so lange es nicht zu dysfunktionalen und mithin negativen Folgen für ihn kommt.

In einer modernen, funktional differenzierten Gesellschaft sind Organisationen zwar autonom, aber nicht autark. Der Autohersteller ist von seinen Zulieferern und von seinen Abnehmern abhängig. Zudem bestehen Abhängigkeiten gegenüber der

5.1 Sozialtheoretische Fundierung: PR als Legitimationsmanager

Politik oder gegenüber dem Erziehungssystem, das für die Ausbildung potenzieller Beschäftigter zuständig ist. Je mehr die Umweltsysteme bzw. Bezugsgruppen[1] die dysfunktionalen Folgen eines Systems kritisieren und gleichzeitig die funktionalen ausblenden, desto eher kann dies zu einer existenzbedrohenden Situation führen. In jedem Falle führt es jedoch zu Konflikten, die mit der weiteren Ausdifferenzierung moderner Gesellschaften potenziell zunehmen. Konflikte sind zwar per se weder positiv noch negativ für eine Gesellschaft, zu viele Konflikte würden Organisationen wie Unternehmen jedoch zum Erliegen bringen.

Neben anderen kann Legitimität zur Vermeidung von Konflikten beitragen. Mit Legitimität meint Fuchs-Heinritz, „dass Herrschende, politische Bewegungen und Institutionen aufgrund ihrer Übereinstimmung mit Gesetzen, Verfassungen, Prinzipien oder aufgrund ihrer Leistungsfähigkeit für allgemein anerkannte Ziele akzeptiert, positiv bewertet und für rechtmäßig gehalten werden" (Fuchs-Heinritz 1994a, S. 396).

Während Legitimität in der Literatur insbesondere noch auf die Bereiche der Legislative, Exekutive und Judikative beschränkt wird, wird im Folgenden dafür plädiert, dass Legitimität in einer modernen Gesellschaft ohne eine zentrale Steuerungsinstanz auch in anderen gesellschaftlichen Bereichen zu einem immer wichtigeren Steuerungsmechanismus geworden ist (vgl. Dyllick 1992, S. 15). So müssen Organisationen, um die erforderliche Unterstützung mit Ressourcen aller Art aus der Umwelt zu bekommen, ihre Legitimität nachweisen (vgl. Ortmann 2010, S. 190). Die Relevanz von Legitimität zeigt sich zumal in (potenziellen) Konflikten zwischen Organisationen unterschiedlicher Funktionssysteme, in denen unterschiedliche Rationalitäten „aufeinanderprallen" und in denen ein gemeinsames Symbolmedium wie beispielsweise Geld fehlt.

Unternehmen, die von anderen Bezugsgruppen legitimiert sind, müssen gegenüber diesen nicht mehr jede Entscheidung begründen. Denn Legitimität beruht „gerade nicht auf ‚frei-williger' Anerkennung, auf persönlich zu verantwortender Überzeugung, sondern im Gegenteil auf einem sozialen Klima, das die Anerkennung verbindlicher Entscheidungen als Selbstverständlichkeit institutionalisiert und sie nicht als Folge einer persönlichen Entscheidung, sondern als Folge der Gel-

---

[1] Mit dem Begriff der Bezugsgruppe werden im Folgenden Gruppen bezeichnet, die PR in ihrer Beziehung zum Unternehmen beobachtet. Bezugsgruppen-Modelle sind demnach eine kontingente Konstruktion der PR. Der Begriff „Gruppe" wird hier in einem weiten Verständnis verwendet. Zur Konstitution einer Bezugsgruppe reichen ein oder mehrere gemeinsame Merkmale, „ohne dass irgendeine Form der sozialen Integration oder des Zusammengehörigkeitsgefühls dieser Personen vorausgesetzt wird. Allerdings wird häufig angenommen, dass die zu einer solchen gemeinsamen Kategorie gehörenden Personen unter bestimmten Umständen in ähnlicher Weise reagieren." (Klima 1994b, S. 255)

tung der amtlichen Entscheidung ansieht" (Luhmann 1997, S. 34). Legitimität setzt als Teil der Umwelterwartungen eines Systems damit Lernwilligkeit voraus, weil sie eine generalisierte Bereitschaft ist, „inhaltlich noch unbestimmte Entscheidungen innerhalb gewisser Toleranzgrenzen hinzunehmen" (ebd., S. 28). Sie sichert damit aus zwei Gründen künftige Handlungsspielräume. Erstens erhöht die Legitimität des gesamten Unternehmens bei einer Bezugsgruppe die Chance, dass auch künftige Einzelentscheidungen von ihr als legitim beurteilt werden. Das Unternehmen kann also tendenziell eigene Interessen besser realisieren. Zweitens steigt die Chance, dass diese Bezugsgruppe bzw. Teile von ihr die Interessen des Unternehmens bei künftigen Entscheidungen ihrerseits berücksichtigen werden. Interessen von gesellschaftlichen Organisationen, die als gesellschaftlich relevant und mithin legitim eingestuft werden, werden eher bei eigenen Entscheidungen berücksichtigt – nicht zuletzt, weil sie wiederum die eigene Legitimität gefährden können.

Legitimität besitzt wie ein Image einen Doppelcharakter zwischen individueller Zuschreibung und kollektivem Bezug. Ein Beispiel: Wenn Bürgerinitiative A sagt, ein Unternehmen oder ein einzelnes Unternehmensinteresse seien legitim, dann ist dies eine individuelle Kurzbeschreibung (kollektiver Bezug), dass die Gesellschaft das Interesse als legitim beurteilt, und zugleich eine individuelle Meinungsäußerung (subjektiver Bezug) (vgl. Merten 1999, S. 250). Mit anderen Worten: Wenn ich sage, dass ein Interesse legitim sei, bin ich davon überzeugt, dass dies die Mehrheit auch so sieht. Eine Beobachtung zweiter Ordnung liegt vor, wenn ich sage, dass ich vermute, dass die Gesellschaft ein Unternehmen oder ein Unternehmensinteresse legitimiere, ich dies aber anders sehe. In solchen Fällen kann diese Vermutung Unternehmen vor Konflikten schützen, weil der Beobachter keine Erfolgschancen für eine Skandalierung bzw. einen Konflikt sieht. Die Zuschreibung von Legitimität ist damit in hohem Maße reflexiv und wie Reputation ein partikuläres soziales Gut, das Vermittlungsprozesse voraussetzt. Legitimität ist mithin ebenso eine vermittelte Anerkennung zweiter Hand und resultiert aus der kommunikativen Diffusion von Prestigeinformationen über den Geltungsraum persönlicher Kontaktnetze hinaus (vgl. Eisenegger 2005).

Legitimität entfaltet insbesondere für Unternehmen in öffentlichen Diskussionen ihre besondere Qualität, wenn die Legitimität unterschiedlicher Interessen bzw. Institutionen gegeneinander aufgewogen wird. Solche gesellschaftliche Legitimitätshierarchien werden immer wieder neu verhandelt und können sich in öffentlich ausgetragenen Konflikten schnell ändern.

Während das hohe Maß an Reflexivität der stabilisierende Faktor der Legitimität ist, sind das hohe Maß an überzogenen Informationen sowie das enorme Konfliktpotenzial moderner Gesellschaften die destabilisierenden Faktoren von Legitimität. So sehr das „angesparte Legitimitätskapital" einem Unternehmen helfen

5.1 Sozialtheoretische Fundierung: PR als Legitimationsmanager

kann, einen Konflikt zu gewinnen, so wenig verlässlich ist es, weil die Toleranzgrenze unbestimmt ist und weil sich ein Unternehmen auf Legitimität nicht explizit berufen kann.

Fehlende Legitimität ist damit das zentrale Problem, auf dessen Lösung PR sich spezialisiert hat. Während Legitimität den Zustand beschreibt, ist Legitimation die Bezeichnung des Prozesses. Legitimation ist der erfolgreiche Versuch, „die eigenen Ziele und Absichten als im gemeinsamen Interesse liegend oder als aus übergeordneten gemeinsamen Zielen folgend zu rechtfertigen" (Fuchs-Heinritz 1994b, S. 395).

Legitimation als zentraler Begriff der PR besitzt in der PR-Forschung eine lange Tradition – genannt seien hier nur Ronneberger (1977), Everett (2000), Holmström (1996, 2005) Metzler (2000), Zerfaß (2004), Szyszka (2009) und Jarren und Röttger (2009). Organisationen stehen in einer modernen Gesellschaft unter einem nahezu permanenten Legitimationsdruck, der in den vergangenen 20–30 Jahren deutlich zugenommen hat und vermutlich weiter ansteigen wird. Damit einher geht das Ende der „Privatsphäre" von Unternehmen. Unternehmen sind öffentlich exponiert und werden damit zu quasi-öffentlichen Organisationen (vgl. Dyllick 1992).

Aus diesen Überlegungen lässt sich die Funktion der PR ableiten. *Die Funktion von Public Relations ist die Legitimation der Organisationsfunktion gegenüber den als relevant eingestuften Bezugsgruppen in der Gesellschaft.* Da PR und Legitimation kein Selbstzweck sind, sondern fehlende Legitimität zu einem Kaufboykott oder zur Einreichung einer Klage führen kann, machen sie immer nur Sinn in Relation zum Organisationserfolg. Denn Unternehmen müssen damit rechnen, dass Einzelne ihre ablehnende Haltung durch Kaufboykotte oder den Gang zum Gericht äußern. In systemtheoretischer Argumentation hat PR folglich keine gesellschaftliche Funktion, sondern löst ein organisationales Problem und wird mithin als Subsystem von Unternehmen modelliert. (Vgl. Hoffjann 2007a) Daraus folgt, dass sich Public Relations-Systeme mit der Wahl der zu veröffentlichenden Themen *primär* an den organisationalen Interessen, *sekundär* an den eigenen Interessen, *tertiär* an den Interessen der relevanten Bezugsgruppen und *quartiär* an den journalistischen Interessen orientieren.

Diese Problem- und Funktionsbeschreibung reduziert PR nicht auf die Lösung eines „Kommunikationsproblems" und schafft damit eine Differenzierung zu anderen Phänomenen wie dem Absatzmarketing mit der Absatzkommunikation und der Mitarbeiterkommunikation.

Für die Forschungsfrage der Untersuchung resultiert aus der Legitimationsfunktion, dass Vertrauen in PR Vertrauen in die Legitimation einer Organisation ist. Es wird gezeigt, dass diese Darstellung für externe Bezugsgruppen noch zu modifizieren sein wird.

Nachdem die Frage nach dem „Was" beantwortet ist, soll in einem zweiten Schritt konkretisiert werden, *wie PR Organisationen legitimiert*. Während in großen Teilen der PR-Forschung PR insbesondere im Hinblick auf ihre Selbstdarstellungsleistung bzw. auf ihre Kommunikatorrolle untersucht wird, wird PR hier doppelt perspektiviert: Während PR *extern* u. a. durch die Kommunikation von PR-Beschreibungen wirkt, wirkt sie *intern* durch die Reflexionsleistung und Beraterrolle (vgl. Röttger 2008, S. 75; Hoffjann 2009a).

Wenn Legitimität u. a. die Vermeidung von Konflikten mit relevanten Bezugsgruppen zu relevanten Themen voraussetzt, wird PR in der Regel bestrebt sein, konfligierende Erwartungsstrukturen zu erkennen und zu „bearbeiten". In einem vereinfachten Modell sind hier zwei Situationen vorstellbar: Entweder trifft PR auf eine kognitive oder eine normative Erwartungshaltung einer Bezugsgruppe. Eine kognitive Erwartungshaltung, also Lernbereitschaft, kann von der Zuschreibung von Legitimität selbst bis hin zu einer konstruktiv-kritischen Beobachtung eines Unternehmens reichen – eine Bezugsgruppe ist also noch zu überzeugen. Eine normativ kritische Erwartungshaltung schließt hingegen zunächst die Zuschreibung von Legitimität aus: Die Bezugsgruppe steht dem Unternehmen insgesamt oder bezogen auf ein Thema äußerst kritisch gegenüber.

Daraus lassen sich zwei idealtypische Strategieoptionen ableiten, die empirisch in der Regel als Mischtypen zu beobachten sein werden:

- Wenn PR den relevanten Bezugsgruppen eine kognitive Erwartungshaltung unterstellt, kann das Unternehmen an seiner Unternehmenspolitik festhalten und z. B. mittels der externen Kommunikation von Selbstbeschreibungen versuchen (vgl. Kieserling 2005), die Umwelterwartungen dieser Bezugsgruppen gegenüber dem Unternehmen zu ändern und damit das Unternehmen zu legitimieren. Diese Strategieoption entspricht im Wesentlichen der Selbstdarstellungsleistung. Dies kann systemtheoretisch als *externe Kontextsteuerung* bezeichnet werden.
- Unterstellt PR bei den relevanten Bezugsgruppen eine normativ-kritische Erwartungshaltung und hat eine einzelne Unternehmensentscheidung das Potenzial, die Legitimation des gesamten Unternehmens zu gefährden, wird PR die eigene Unternehmenspolitik zu ändern versuchen. Dies entspricht im Wesentlichen der internen Beratungsleistung von PR. Dies kann systemtheoretisch auch als *unternehmerische Selbststeuerung* modelliert werden.

Es ist zu erwarten, dass zumeist beide Strategien gleichzeitig eingesetzt werden; Änderungen der Unternehmenspolitik also von Selbstdarstellungen begleitet werden. In einer solchen Sichtweise managt PR den Einsatz dieser beiden Strategien

5.1 Sozialtheoretische Fundierung: PR als Legitimationsmanager

bzw. die Unterscheidung dieser beiden Strategien. PR entscheidet also in jedem Fall neu, in welchem Ausmaß die externe Darstellungsleistung ausreicht und die interne Beratungsleistung notwendig ist. Damit wird die interne Beratungsleistung nicht zu etwas „Zusätzlichem" von PR. PR ist in einer solchen Sichtweise ohne die interne Beratungsleistung nicht denkbar.

Die externe Kontextsteuerung (1), die unternehmerische Selbststeuerung (2) und das Differenzmanagement (3) dieser beiden sollen im Folgenden in einer systemtheoretischen Perspektive erläutert werden (vgl. ausführlich Hoffjann 2009a).

In der externen *Kontextsteuerung* (1) wird die operative Geschlossenheit von Systemen respektiert und statt dessen versucht, die Umweltbedingungen eines Systems so zu verändern, dass dieses qua Selbststeuerung sich in die gewünschte Richtung verändert (vgl. Willke 1995). Die Kontextsteuerung setzt folglich in der Umwelt Bedingungen, „an denen sich das zu steuernde System in seinen eigenen Selektionen orientieren kann und im gelingenden Fall im eigenen Interesse orientieren wird" (Willke 1997, S. 141).

Wie betreibt PR in Unternehmen Kontextsteuerung? Allgemein formuliert: PR versucht mit der externen Kontextsteuerung, die Umweltbedingungen ausgewählter Bezugsgruppen so zu verändern, dass die Bezugsgruppen unbequeme Entscheidungen akzeptieren bzw. die Unternehmensinteressen bei eigenen Entscheidungen berücksichtigen (vgl. ähnlich Jarren und Röttger 2009; Nothhaft und Wehmeier 2009). Dazu kreiert PR zum Beispiel argumentative „Anreize", die bei den Bezugsgruppen anschlussfähig sind. Solche „Anreize" sind Selbstbeschreibungen über die positiven Folgen des eigenen Handelns. Diese Selbstbeschreibungen der PR betonen insbesondere die Relevanz externer Interessen für die Organisation. Damit versucht PR, den Gegensatz von eigensinnigem Verhalten und gesellschaftlichen Interdependenzen aufzulösen.

Neben „argumentativen" Anreizen kann PR auch finanzielle Anreize im Rahmen der Kontextsteuerung einsetzen. Das Sponsoring von Non-Profit-Organisationen wie Schulen und selbst kritischen Interessenorganisationen zielt insbesondere darauf, durch den freiwilligen Verzicht auf Gewinne erneut die Relevanz gesellschaftlicher Werte zu betonen. Insgesamt scheint das Medium Geld aber für die Legitimation nur ein nachgeordnetes Steuerungsmedium zu sein. In der externen Kontextsteuerung dürfte mithin Kommunikation über die positiven Folgen unternehmerischen Handelns die größte Bedeutung behalten.

Im Rahmen der Pressearbeit versucht PR, journalistische Selektionskriterien zu simulieren, indem es Anreize für eine Berichterstattung schafft. Diese Anreize reichen von dem Versprechen der Exklusivität über die Inszenierung von Veranstaltungen und provokante Statements bis hin zum Einsatz prominenter Testimonials bei PR-Anlässen. Angesichts der zunehmenden Ausbreitung und Professionalisierung von PR trifft der Journalismus mittlerweile fast nur noch auf solche „PR-getunten" Veranstaltungen und Kommunikationsangebote von Unternehmen. Welche Möglichkeiten und Grenzen der PR-Kontextsteuerungen lassen sich benennen? Zentrale Voraussetzungen hierfür scheinen zu sein, dass Kontextsteuerungen langfristig angelegt sind (Zeitdimension), inhaltliche Widersprüche gegenüber verschiedenen Bezugsgruppen und von unterschiedlichen Kommunikationsstellen des Unternehmens weitgehend vermieden werden und die geschaffenen Anreize anschlussfähig sind (Sach- und Sozialdimension). Die Grenzen der Kontextsteuerungen werden beispielsweise in Krisensituationen deutlich, in denen Journalismus deutlich eigeninitiativer und rechercheintensiver arbeitet als in Normalsituationen (vgl. Barth und Donsbach 1992). Steuerungsträume der PR begrenzen neben der operativen Geschlossenheit von Systemen zunehmend auch die konkurrierenden PR-Stellen anderer Unternehmen.

Mit *unternehmerischer Selbststeuerung* (2) versucht PR, das Unternehmen zu verändern. Selbststeuerungen sind untrennbar mit Reflexion verbunden. Reflexionen sind Operationen, die sich auf die Identität des Systems beziehen (vgl. Luhmann 1981, S. 423). „Reflexive Orientierung eines individuellen oder kollektiven Akteurs meint die Fähigkeit zur Empathie, also die Fähigkeit, sich selber in die Rolle anderer Akteure zu versetzen, um aus deren Perspektive die eigene Rolle zu sehen." (Teubner und Willke 1984, S. 14) Eine solche reflexive Orientierung leistet u. a. PR als unternehmerisches Reflexionszentrum (vgl. Kussin 2006, 2009). PR reflektiert dabei die Identität des Gesamtunternehmens gegenüber funktionssystemfremden Rationalitäten und sucht manifeste sowie potenzielle Legitimationsrisiken und -chancen.

Diese Reflexionen sind „eine Form der Selbststeuerung, durch welche Teilsysteme ihre eigene Identität thematisieren und genau darauf einstellen, dass in ihrer relevanten Umwelt andere Teilsysteme in Interdependenzbeziehungen agieren und sie selbst für diese anderen Teilsysteme eine brauchbare Umwelt darstellen müssen" (Teubner und Willke 1984, S. 14). Die Funktion von PR im Kontext unternehmerischer Selbststeuerung ist es folglich zu gewährleisten, dass Unternehmensentscheidungen auf möglichst geringen Widerstand in der Umwelt stoßen – ggf. also Unternehmensentscheidungen so getroffen werden, *damit* sie auf Zustimmung stoßen.

Nicht Legitimation, sondern Geld ist jedoch die Sprache von Unternehmen. Zudem steht Legitimation in Konkurrenz zu anderen nachgeordneten Problemen in Unternehmen. Die bislang oft vernachlässigte Frage ist folglich, *wie* PR in einer solchen Konkurrenzsituation Selbststeuerungen eines Unternehmens bewirken kann. Zur Beantwortung dieser Frage muss zwischen der PR-Selbststeuerung und der unternehmerischen Selbststeuerung unterschieden werden.

5.1 Sozialtheoretische Fundierung: PR als Legitimationsmanager

- *PR-Selbststeuerungen* beziehen sich auf Veränderungen, die in der Autonomie des organisationalen Subsystems PR liegen – zum Beispiel Änderungen, die aus strukturellen Kopplungen wie dem Journalismus resultieren.
- Als *unternehmerische Selbststeuerungen* hingegen sollen Veränderungen bezeichnet werden, die durch die Unternehmensleitung entschieden werden müssen. Dazu zählen zum Beispiel der Ausstieg aus der Kernenergie, um den Fortbestand des Unternehmens nicht zu gefährden; der Verzicht auf die Versenkung der Ölplattform, um den Absatz nicht zu gefährden oder ein Verzicht auf Kinderarbeit in Südamerika, um Diskussionen mit Menschenrechtsorganisationen zu beenden.

Als Teil- bzw. Subsystem eines Unternehmens kann PR solche Änderungen der Unternehmenspolitik nur empfehlen. Solche empfohlenen Verhaltensänderungen beziehen sich auf Legitimationschancen und -risiken. Eine Unternehmensleitung wird die Folgen einer solchen Entscheidung bzw. die Auswirkungen für das Gesamtunternehmen diskutieren und entscheiden. Nicht selten nehmen Unternehmen bewusst eine Delegitimation in Kauf, um zum Beispiel kurzfristige wirtschaftliche Ziele nicht zu gefährden. Daher wird PR bei solchen Empfehlungen nicht nur legitimationsbezogen, sondern immer aus einer gesamtunternehmerischen Perspektive argumentieren; also insbesondere die monetären Auswirkungen im Blick haben.

Damit ist die unternehmerische Selbststeuerung letztlich eine Kontextsteuerung der PR gegenüber der Unternehmensleitung: Je besser es der PR gelingt, die PR-Risiken in monetäre Risiken zu „übersetzen" und damit Anschluss an Programme der Unternehmensleitung zu gewinnen, desto größer sind die Erfolgschancen dieser Steuerungsversuche. Die internen Steuerungsversuche sind zudem tendenziell umso erfolgreicher, je größer der formale oder informelle Einfluss der PR auf die Unternehmensleitung ist (vgl. Dozier et al. 1995, S. 75 ff.).

Nachdem mit der externen Kontextsteuerung und der unternehmerischen Selbststeuerung die beiden idealtypischen Strategien Idealtypen erläutert wurden, mit denen PR eine Organisation legitimiert, soll im Folgenden skizziert werden, wie PR deren *Differenzmanagement* (3) betreibt.

Wenn PR die Unterscheidung von Selbststeuerung und Kontextsteuerung managt, impliziert dies, dass es beide Seiten der Unterscheidung braucht. Welche Folgen hat es, wenn PR eine Seite der Unterscheidung fehlt? Eine fehlende unternehmerische Selbststeuerung läge vor, wenn eine Unternehmensleitung sich Empfehlungen der PR gänzlich verweigern würde. PR hätte damit zur Legitimation allein das „Werkzeug" einer sehr beschränkten, weil auf operative Fragen beschränkten Kontextsteuerung. Langfristig droht PR, damit nur noch die Rolle eines „Reparaturbetriebs" (Liebl 2000, S. 128) auszufüllen, der durch öffentliche Erklärungen die immer größer werdenden Widersprüche zwischen Unternehmen und ihren relevanten Bezugsgruppen zu „kitten" versucht. Damit wird die Relevanz von PR als ein unternehmerisches Reflexionszentrum und den notwendigen unternehmerischen Selbststeuerungen deutlich. Die Legitimation eines Unternehmens und damit die Sicherung von Handlungsspielräumen sind ohne Anpassungsprozesse und damit unternehmerische Selbststeuerungen nicht vorstellbar.

PR ist also auf beide Seiten der Unterscheidung angewiesen. Es ist zu vermuten, dass PR-Aktivitäten mit einer Verbindung von Selbststeuerung und Kontextsteuerung im Sinne der Legitimation in der Regel höchst erfolgreich sind. So ist der PR-Alltag heute von vielfältigen symbolischen Selbststeuerungsentscheidungen geprägt. Als symbolische Selbststeuerungsentscheidungen sollen solche Entscheidungen bezeichnet werden, deren (monetäres) Ausmaß im Unternehmen eher gering ist und die vor allem mit Blick auf die öffentliche Wirkung hin getroffen werden. Häufig erschöpfen sich solche Programme aber neben einigen wenigen konkreten Projekten im Rahmen der Selbststeuerung vor allem auf eine begleitende externe Kommunikation im Rahmen der Kontextsteuerung. Die Inszenierung von Lernwilligkeit kann also eine Strategie der Kontextsteuerung sein, hinter der sich eine höchst lernunwillige Unternehmensleitung zu verstecken versucht, um so weiter zu machen wie bisher.

Auch wenn PR auf beide Seiten der Unterscheidung angewiesen ist, so besteht doch kein Zweifel daran, dass die externe Kontextsteuerung immer die präferierte Seite der Unterscheidung ist. Eine Erhöhung der Budgets oder gar eine Änderung der Unternehmenspolitik zur „Befriedung der Umwelt" dürfte von vielen Unternehmensleitungen schon fast als „worst case" bewertet werden, da es nicht gelingt, die eigenen Interessen durchzusetzen. Je erfolgreicher also die Kontextsteuerung eines Unternehmens, desto weniger ist Selbststeuerung notwendig (vgl. Everett 2000, S. 317).

Für die Forschungsfrage der Untersuchung folgt aus der Doppelperspektivierung von PR zunächst, dass Vertrauen in PR die externe *und* die interne Wirkungsdimension umfasst. Zudem kann durch die Konkretisierung interner und externer Legitimationsinstrumente im Folgenden auch detaillierter erläutert werden, worin Vertrauen in PR besteht.

Sowohl die Funktion – die Frage nach dem *„Was"* – als auch die Strategieoptionen zur Legitimation – die Frage nach dem *„Wie"* – sind organisationstheoretisch verankert worden. Welche Konsequenzen hat die erläuterte *organisationstheoretische Modellierung* von PR für die Fragestellungen dieser Untersuchung?

Wenn sich Systemvertrauen – und hier das für die Fragestellung relevante Vertrauen in die Systemprogrammierung – auf die Erwartung bezieht, dass ein System seiner spezifischen Funktion gerecht wird (vgl. Kohring 2004, S. 110), dann kann es eine solche Erwartung im Falle von PR nur innerhalb der jeweiligen Organisation geben. Denn PR bearbeitet als organisationales Subsystem das Problem notwendiger Legitimität, und dieses Problem stellt sich nur innerhalb der Organisation. Wenn PR dabei die Interessen externer Bezugsgruppen berücksichtigen und eine Änderung der Unternehmenspolitik empfehlen sollte, dann deshalb, weil es als funktional bei der Bearbeitung des Legitimitätsproblems erscheint. PR interessiert sich für mögliche negative Folgen einer Organisation in ihrer Umwelt immer nur, soweit sie die Legitimation tangieren. Normative Annahmen, PR diene der Öffentlichkeit (vgl. DPRG 1991), sind vor dem Hintergrund dieser Überlegungen nicht plausibel.

Es überrascht nicht, dass externe Bezugsgruppen eine völlig andere Perspektive einnehmen. Bezugsgruppen interessieren sich nicht für die Legitimation einer Organisation, sondern ausschließlich für die negativen Folgen, die sie selbst betreffen und deren Ursache sie der Organisation zuschreiben. Eine Bezugsgruppe legitimiert eine Organisation zwar (oder eben nicht), sie interessiert sich aber nicht dafür, welche Folgen eine fehlende Legitimation für die Organisation hat – es sei denn, dass dies für die Bezugsgruppe wiederum relevant wäre. Entsprechend gibt es auch keine Kommunikation im Medium der Legitimation zwischen der Organisation und einer Bezugsgruppe. Und folglich kann es auch kein Vertrauen – genauso wenig wie Misstrauen – einer Bezugsgruppe in das PR-System einer Organisation geben.

Daher soll in der Untersuchung ein organisationsexternes Verständnis von PR entwickelt werden. Eine solche „Hilfskonstruktion" ermöglicht nicht nur, die Frage nach dem organisationsexternen Vertrauen in PR zu beantworten, sondern bietet auch Ansatzpunkte für eine grundlegende Analyse der Beziehungen von PR zu Bezugsgruppen.

Zudem hat sich bei der Beantwortung aller drei Fragen ein Aspekt herauskristallisiert, der bei der Frage nach Vertrauen in PR oft vernachlässigt wird: die Frage nach dem internen Vertrauen in PR. So ist es offenkundig, dass Vertrauen eine zentrale Rolle zukommt, wenn PR der Organisationsleitung weitreichende Entscheidungen im Rahmen unternehmerischer Selbststeuerung empfiehlt.

5.2 Erkenntnistheoretische Fundierung: PR als Vertrauenswürdigkeits-Gatekeeper

Vertrauen ist in Kap. 4.2.3. aus einer non-dualistischen Perspektive beschrieben worden. Mit der Entscheidung für diese erkenntnistheoretische Position ist der Anspruch verbunden, dass auch eine non-dualistische Beschreibung von PR für die vorliegende Arbeit nicht nur plausibel, sondern auch zielführend ist. Daher wird in diesem Kapitel die Wirklichkeit von PR zu erläutern sein. Damit fokussiert dieses Kapitel auf die PR-Beschreibungen, die PR im Rahmen der Kontextsteuerung veröffentlicht. Die folgenden Überlegungen sind die Grundlage zur Erörterung weiterer Aspekte wie die Strategien zur Schaffung von Vertrauenswürdigkeit.

Die Wirklichkeit von PR hat traditionell sowohl in der Berufspraxis und in der Praktikerliteratur (vgl. Bentele 1994b, S. 241) als auch in der wissenschaftlichen Literatur immer schon eine zentrale Rolle eingenommen. In der Berufspraxis zeigt sich dies in den Berufsnormen, in denen die Wahrheitsnorm seit jeher im Mittelpunkt steht. So heißt es zum Beispiel in der ersten von sieben Selbstverpflichtungen eines Mitglieds der Deutschen Public Relations Gesellschaft: „Ich habe wahrhaftig zu sein." (DPRG 1991). Ähnlich großen Raum nimmt das Wahrheitspostulat in der Praktikerliteratur ein. So fordert zum Beispiel Oeckl: „Wahrheit soll dabei […] als größtmögliche und bestgeprüfte Annäherung an die fiktive absolute Wahrheit gesehen werden, oder pragmatisch ausgedrückt: die PR-Aussage soll optimal der Wirklichkeit entsprechen und möglichst nachprüfbar sein." (Oeckl 1964, S. 47)

Während in Kodices und in der Praktikerliteratur die Wirklichkeit von PR insbesondere unter normativen Gesichtspunkten betrachtet wird, ist dies in der PR-Forschung differenzierter. In der deutschen PR-Forschung gibt es seit knapp 20 Jahren eine intensiv geführte Diskussion zur Wirklichkeit von PR zwischen einer realistisch und ebenfalls primär normativ argumentierenden Seite, die insbesondere von Bentele (u. a. 1994b) vertreten wird, sowie einer konstruktivistischen Seite, der u. a. Merten (u. a. 1992, 2008a, 2008b), Kocks (u. a. 2007a) und Westerbarkey (u. a. 2003, 2004) zuzurechnen sind. Damit finden sich hier die zwei erkenntnistheoretischen Positionen wieder, die Mitterer als prominente Vertreter dualistischen Denkens bezeichnet hat. Auch wenn die beiden Perspektiven mit dem Etikett „realistisch" und „konstruktivistisch" bezeichnet werden können, so zeigt sich bei einer genaueren Betrachtung schnell, dass sich dahinter wieder sehr unterschiedliche Ansätze verbergen.

In den vergangenen fünf Jahren ist die Diskussion zwischen realistischen und konstruktivistischen Positionen – vorsichtig formuliert – intensiviert worden (vgl. dazu u. a. Bentele 2009; Merten 2006, 2011). Da der Erkenntnisgewinn der jüngeren Beiträge dieser Diskussion selten über frühere Arbeiten hinausgeht, soll im Folgenden nur vereinzelt auf die jüngeren Beiträge eingegangen werden. Die realistischen und konstruktivistischen Positionen sollen skizziert und diskutiert werden, um zu prüfen, welche Erkenntnisse für die Entwicklung einer non-dualistischen Position nutzbar gemacht werden können und wo deutliche Unterschiede zu konstatieren sind. Bei der Skizzierung insbesondere der realistischen Perspektive wird

5.2 Erkenntnistheoretische Fundierung: PR als Vertrauenswürdigkeits-Gatekeeper

an Erläuterungen angeknüpft, die im Kontext des Forschungsstandes (Kap. 3.2) ausgeführt wurden.

Dabei sollen insbesondere zwei Fragenkomplexe untersucht werden. Zunächst soll gefragt werden, wie PR Wirklichkeit konstruiert bzw. wie sich PR-Beschreibungen von anderen Beschreibungen zum Beispiel des Journalismus unterscheiden. Anschließend wird zu fragen sein, woran PR-Beschreibungen bzw. PR-Konstruktionen scheitern.

Wie bei der Diskussion des Forschungsstandes bereits skizziert, basiert Benteles erkenntnistheoretische Position, die er als rekonstruktiven Ansatz bezeichnet, auf der Annahme, dass die Wirklichkeit bzw. die Realität unendlich viele verschiedene Informationen enthält. Da diese sich nicht vollständig abbilden lassen, wird jeweils ein Teil aktualisiert (vgl. Bentele 1994b, S. 251), allerdings „nicht beliebig, sondern nach Maßgabe der Muster schon vorhandener objektiver und subjektiver Information" (ebd., S. 251). Entsprechend sieht Bentele in der Beziehung zwischen Text und außertextlicher Information bzw. Wirklichkeit einen zentralen Unterschied seines Ansatzes zur konstruktivistischen Perspektive (vgl. ebd., S. 253).

Weil Bentele Realitätsvergleiche für möglich hält (vgl. ebd., S. 254), schränkt dies den „Wirklichkeitsspielraum" von PR erheblich ein. So geht Bentele davon aus, dass fiktionale Elemente eher selten zu finden seien, weil diese sehr schnell zu Unglaubwürdigkeitseffekten und Vertrauensverlusten führen würden (vgl. ebd., S. 247). Und zusammenfassend: Die „Auswahl der durch die PR-Kommunikation benutzten Aussagen ist nicht beliebig, sondern durch die Wirklichkeit des sozialen Systems, über die sie informieren sollen, stark beschränkt" (ebd., S. 248).

PR-Beschreibungen scheitern folglich in Benteles rekonstruktivem Ansatz an der Realität. Die Möglichkeit des Realitätsvergleichs führt einerseits dazu, dass sich laut Bentele PR-Beschreibungen letztlich kaum oder gar nicht von journalistischen Beschreibungen unterscheiden; für beide gelten die gleichen Adäquatheitsregeln (vgl. ders. 1992b, S. 42). Andererseits folgt daraus, dass Bentele sehr optimistisch ist, dass die Wahrheitsnorm in der Regel auch eingehalten wird. Denn weil Lügen, Übertreibungen o.ä. durch Realitätsvergleiche leicht zu entlarven sind, wären Vertrauensverluste kaum zu vermeiden. Ein Festhalten an der Wahrheitsnorm ist damit für PR-treibende Organisationen „überlebenswichtig für das Funktionieren und die Bestandserhaltung" (ders. 2009, S. 25).

Benteles Position, die von vielen Autoren zumindest implizit geteilt wird (z. B. Zerfaß und Scherer 1993), kann als Ohnmachtsthese der PR bezeichnet werden, weil sie den Spielraum von PR durch die Möglichkeit eines Realitätsvergleiches eng begrenzt. Zusammenfassend und mit Blick auf die Ausführungen in zurückliegenden Kapiteln sei bemerkt, dass Vertrauen und Vertrauenswürdigkeit in realistisch argumentierenden Ansätzen enorm an Bedeutung verlieren. Denn wenn Realitätsvergleiche möglich sind, dürfte es auch weniger als riskant empfundene Situationen geben, die gerade durch die Einsicht geprägt sind, dass Wissen fehlt bzw. unsicher ist.

In konstruktivistischen Ansätzen nimmt die Frage nach der Wirklichkeit von PR-Konstruktionen die zentrale Stellung ein. Zentraler Bezugspunkt im konstruktivistischen Diskurs sind hier sicherlich die Arbeiten von Merten (u. a. 1992, 2008a, 2008b; gemeinsam mit Westerbarkey 1994). Daneben gibt es eine Reihe weiterer konstruktivistisch argumentierender bzw. geprägter Ausarbeitungen zur PR wie von Jarchow (1992), Kückelhaus (1998), Kocks (2007a) oder von Westerbarkey (2003, 2004), die zum Teil große Gemeinsamkeiten mit Mertens Arbeiten aufweisen.

Zentraler Bezugspunkt von Mertens Argumentation ist der Wechsel hin zur Mediengesellschaft, mit dem er den „Siegeszug der Fiktion" (Merten 2008b, S. 5) verbindet. Medien liefern, so Merten (vgl. ebd., S. 5; 2008a, S. 48), keine ‚reale' Wirklichkeit mehr, sondern grundsätzlich nurmehr ‚fiktionale' Wirklichkeiten: „Die Verhältnisse drehen sich geradezu um: Nicht der ist gut aufgestellt, der wirklich gut aufgestellt ist, sondern der, der in den Medien wirklich gut aufgestellt erscheint: Der Anschein, nicht die realen Fakten erzeugen jetzt die weiteren relevanten Fakten." (ders. 2008b, S. 5 f.) Dieser fiktionalen Strukturen bedient sich PR: „PR ist ein Prozess intentionaler und kontingenter Konstruktion wünschenswerter Wirklichkeiten durch Erzeugung und Befestigung von Images in der Öffentlichkeit." (ders. 1992, S. 44; vgl. ders. und Westerbarkey 1994, S. 210; Kückelhaus 1998, S. 372). PR entwirft Images „vorsätzlich, kontingent, das heißt je nach Bedarf, kurzfristig und ökonomisch am Reißbrett" (Merten 1992, S. 43).

Als Ergänzung und Konkretisierung zu früheren Arbeiten von Merten können aktuellere Arbeiten gelesen werden, in denen Merten PR insbesondere das *Wie* konkretisiert. Dazu stellt er den Täuschungsbegriff in das Zentrum seiner Überlegungen. „Ist Täuschen notwendig für Public Relations? Und wenn ja, wie weit darf die Täuschung gehen?" (ders. 2008b, S. 1) Basis seiner Überlegungen ist ein sehr weiter Täuschungsbegriff. „Da alle Darstellung perspektivisch verfährt und die Perspektive immer nur einen Ausschnitt darstellt, [...] [beginnt Täuschung; OH] bereits mit der Wahl der Perspektive, unter der irgendetwas in der Öffentlichkeit dargestellt wird. Täuschung ist bei aller unabsichtlichen, aber erst recht bei absichtlicher Darstellung also stets dabei, Täuschung ist überall." (ders. 2008b, S. 4) Wenn Täuschung aber nicht einmal an das Kriterium der Intentionalität gebunden wird, wie es bei anderen ebenfalls weiten Definitionen üblich zu sein scheint (vgl. dazu Köhnken 1990, S. 3), dann ist in der Tat – wie Merten sagt – Täuschung überall. Wenn die Selektivität als Grundannahme sowohl konstruktivistischer als auch systemtheoretischer Überlegungen ja gerade eine spezifische Perspektive impliziert,

5.2 Erkenntnistheoretische Fundierung: PR als Vertrauenswürdigkeits-Gatekeeper

ist nichts vorstellbar, wo keine Täuschung vorliegt. Welchen erkenntnisbringenden Nutzen aber hat ein solcher voraussetzungsloser Täuschungsbegriff dann noch – außer vielleicht den einer gezielten Provokation?

Merten kann insgesamt als fast schon euphorischer Vertreter der Allmachtsthese von PR bezeichnet werden. Mal ist PR „a priori und definitiv auf eine[r] hierarchisch höher angesiedelte[n] Meta-Ebene, die von den eigentlichen Kommunikatoren gar nicht eingeholt werden kann: Sie sind Meta-Kommunikatoren, die entscheiden, was, wann, wo, wie und mit welcher gewünschten Wirkung kommuniziert werden soll" (Merten 1992, S. 44). Und mal liegt der Vorteil fiktionaler Konstrukte „in ihrer einfachen, schnellen und kostengünstigen Erzeugung und Veränderung" (ders. 2008b, S. 6). In seinen Arbeiten scheinen der PR nur selten Grenzen bei ihrer intentionalen und kontingenten Konstruktion wünschenswerter Wirklichkeiten (vgl. ders. 1992, S. 44) gesetzt zu werden, zumal sich die Mediengesellschaft „tendenziell auf die Nichtnachprüfbarkeit von Behauptungen aller Art eingerichtet" hat (ders. 1992, S. 37). Einerseits werden selten Aspekte wie Glaubwürdigkeit genannt, die PR nicht gefährden dürfe (vgl. ders. 2008a, S. 52). Andererseits lassen sich an den Stellen, an denen Merten Kernbegriffe wie die „reale" Wirklichkeit definiert (vgl. ders. 1999, S. 253), Hinweise darauf finden, dass auch in Mertens Verständnis Konstruktionen letztlich doch an einer ontischen Realität überprüft werden können.

Insbesondere die früheren Arbeiten von Merten scheinen allerdings sehr vielversprechend für die Untersuchung zu sein. So können die konstruktivistischen Arbeiten an vielen Stellen fast schon als non-dualistische Texte gelesen werden.

Wie ist nun eine non-dualistische Beschreibung von PR zu konzipieren? Es ist erläutert worden, dass im Non-Dualismus keine Beschreibung näher an einem beschreibungsverschiedenen Objekt ist als eine andere. Beschreibungen scheitern hier also nicht an einer ontischen Realität, sondern an anderen Beschreibungen. „Auffassungen sind wahr, weil und solange wir sie vertreten und sie sind falsch, weil und solange wir sie nicht vertreten." (Mitterer 2001, S. 105). Daraus folgt eine strikte Vorwärtsorientierung non-dualistischen Denkens (vgl. Weber 2005, S. 328). Während das Prüfen eines möglichen Realitätsbezug in dualistischen Ansätzen stets rückwärts- bzw. vergangenheitsorientiert ist (vgl. ders. 2010, S. 16), wird in einer non-dualistischen Perspektive die Entscheidung über die Richtigkeit einer Beschreibung nur durch ein Vorgehen auf weitere Beschreibungen getroffen: Welche Beschreibung als „wahr", „richtig", dem Basiskonsens entsprechend oder „vertrauenswürdig" ausgezeichnet wird, entscheidet sich erst in einer neuen Beschreibung (vgl. Mitterer 1992, S. 83). Je länger eine PR-Beschreibung als „wahr" und „vertrauenswürdig" ausgezeichnet wird, desto größer ist mithin ihr Erfolg. PR-Beschreibungen müssen also in der Lage sein, als Grundlage für weitere Beschreibungen zu dienen – und dies nicht nur als negative „Folie". Die non-dualistische Perspektive lenkt damit den Blick hin zu Anschlusskommunikationen, also zu Beschreibungen *from now on*.

Was aber entscheidet in einem erkenntnistheoretischen Gedankengebäude ohne Realitätsvergleich darüber, ob Beschreibungen *so far* zur (positiven) Grundlage für Beschreibungen *from now on* werden? Und: Wie ist die empirisch zu beobachtende Evidenz zu erklären, dass z. B. journalistische Beschreibungen in der Regel länger vertreten werden als PR-Beschreibungen? Hierzu trägt insbesondere der Selbstdarstellungscharakter von PR-Beschreibungen bei, die in der Regel als weniger glaubwürdig und vertrauenswürdig eingeschätzt werden als Fremdbeschreibungen wie die Medienberichterstattung. Hier wird die herausragende Relevanz reflexiver Mechanismen für Medienbeschreibungen deutlich: Ob etwas – im non-dualistischen Sinne – für wahr gehalten wird, also nicht in Frage gestellt wird, darüber entscheidet in einer non-dualistischen Perspektive ganz wesentlich, ob man glaubt, dass andere es auch nicht in Frage stellen. Damit verbunden ist – ähnlich wie bei Bentele – ein Vergleich z. B. von PR-Beschreibungen und Medienbeschreibungen, der – im Gegensatz zu Bentele – strikt im Diesseits verbleibt und damit auf jeglichen Bezug zu beschreibungsverschiedenen Objekten verzichtet. Mit anderen Worten: Jede Medien- oder PR-Beschreibung ist nur so lange wahr, wie sie als wahr bezeichnet wird.

PR-Beschreibungen scheitern mithin vor allem an fehlender Vertrauenswürdigkeit – oder genauer: weil sie seltener als vertrauenswürdig ausgeflaggt werden als z. B. journalistische Beschreibungen. Vertrauenswürdigkeit ist damit in einer nondualistischen Perspektive der zentrale erkenntnistheoretische Bezugspunkt von PR. *In einer non-dualistischen Perspektive problematisiert PR statt Wahrheit nur die – vermutete bzw. unterstellte – Vertrauenswürdigkeit von Beschreibungen. PR interessiert sich nur dafür, welche Chancen eine Beschreibung ihrer Einschätzung nach hat, von den relevanten Bezugsgruppen als vertrauenswürdig bezeichnet zu werden.* Mit Huck kann PR damit als „Glaubwürdigkeits-Gatekeeper" (Huck 2006, S. 50) bzw. in dem hier vorgestellten Verständnis als *Vertrauenswürdigkeits-Gatekeeper* verstanden werden, allerdings ohne jegliche Prüfung eines ontischen Wahrheitsgehaltes. Die Vertrauenswürdigkeit ist nicht das primäre Selektionskriterium, sondern entsprechend des oben erläuterten PR-Verständnissen nach der Leit-Unterscheidung und der Legitimation auf der Programm-Ebene zu verorten. Die Einschätzung zur Vertrauenswürdigkeit ist aus einer erkenntnistheoretischen Perspektive die zentrale Leistung von PR. Es wird später gezeigt, dass dieses *Vertrauenswürdigkeits-Gatekeeping* wiederum als ein Teil des *Vertrauenswürdigkeitsmanagements* zu verstehen ist.

PR prüft dazu vorliegende Beschreibungen daraufhin, ob sie von Bezugsgruppen als vertrauenswürdig eingeschätzt werden könnten. Es ist oben bereits er-

5.2 Erkenntnistheoretische Fundierung: PR als Vertrauenswürdigkeits-Gatekeeper

läutert worden, dass über die Zuweisung von Vertrauenswürdigkeit nicht durch einen diskursjenseitigen Realitätsvergleich entschieden wird, sondern z. B. durch den Vergleich einer PR-Beschreibung mit einer anderen Beschreibung. Als vertrauenswürdig wird in der Regel das bezeichnet, das dem derzeitigen Basiskonsens sehr nahe zu kommen scheint. Prominente Beispiele zeigen, wie sehr dieser Basiskonsens wechseln kann. So wurde im Rahmen des Konfliktes um die Versenkung der *Brent Spar* zwischen *Greenpeace* und *Shell* die Beschreibung, dass sich in der Ölplattform rund 5500 Tonnen Schadstoffe befänden, lange Zeit als weitgehender Basiskonsens ausgeflaggt, während die Behauptung von *Shell*, es befänden sich nur 150 Tonnen Schadstoffe, als Lüge beschrieben wurde. Eine Expertenkommission nannte schließlich eine Menge zwischen 74,3 und 102,7 Tonnen, die bis heute als Basiskonsens ausgezeichnet werden (vgl. Shell 1995; Vorfelder 1995). Es wurde also lange Zeit eine Beschreibung als unglaubwürdig bezeichnet, die heute den Status der „Wahrheit" genießt.

Das Beispiel zeigt eindrucksvoll, warum für PR ein zentrales Selektionskriterium bei der Auswahl von PR-Beschreibungen die vermuteten Chancen bei Vertrauenswürdigkeitszuschreibungen durch Bezugsgruppen sind. Es *kann* folglich Situationen geben, in denen es für PR durchaus Sinn macht, Beschreibungen z. B. zu unternehmensinternen Themen zu vertreten, die Bezugsgruppen als Basiskonsens bewerten, man selbst als Insider aber als unwahr bezeichnen würde. Denn PR-Beschreibungen scheitern nicht, weil der Pressesprecher nicht genau genug hingeschaut hätte oder weil eine PR-Konstruktion wegen fehlender Viabilität „an die Wand" gestoßen wäre, sondern schlicht und ergreifend: Weil eine PR-Beschreibung als nicht vertrauenswürdig und damit konsensuell eingeschätzt wurde und deshalb keine „positive" Folie für künftige Beschreibungen war.

PR kann nur prüfen und entsprechend auswählen, was von den Rezipienten als vertrauenswürdig eingeschätzt werden *könnte*. Als vertrauensunwürdig bezeichnete PR-Beschreibungen sind Beschreibungen *so far*, die entweder bei Beschreibungen *from now on* keine Rolle spielen oder von denen sich Beschreibungen *from now on* negativ abgrenzen. Im Gegensatz zur realistischen und konstruktivistischen Perspektive scheitern in der non-dualistischen Perspektive PR-Beschreibungen nicht an einer ontischen Realität oder an mangelnder Viabilität, sondern schlicht daran, dass sie nicht weiter vertreten werden.

Im weiteren Verlauf der Untersuchung wird der spezifische ambivalente Charakter von Vertrauen in PR und von Vertrauenswürdigkeit im PR-Kontext ausführlich auszuarbeiten sein. Aber bereits hier wird deutlich, dass PR sich mit ihren PR-Beschreibungen *tendenziell* je mehr von dem entfernen kann, was sie selbst als wahr bezeichnen würde, desto weniger die beschriebenen Themen für externe Bezugsgruppen erfahrbar sind und desto mehr das konkrete Unternehmen in der

Tab. 5.1 Annahmen verschiedener erkenntnistheoretischer Perspektiven zur PR

	Realistische Perspektive	Konstruktivistische Perspektive	Non-dualistische Perspektive
Zentrales Erfolgskriterium für PR-Beschreibungen	Wahrheit	Fiktionalität	Vertrauenswürdigkeit
Woran scheitern PR-Beschreibungen?	An der Realität	An fehlender Viabilität	An anderen als vertrauenswürdiger bezeichneten Beschreibungen
Wie wird der Einfluss von PR bewertet?	*Ohnmachtsthese* Geringer Einfluss, da PR-Beschreibungen an der Realität überprüft werden können (vgl. Bentele 1994b, S. 254)	*Allmachtsthese* Großer Einfluss, da sich die Mediengesellschaft auf die Nichtnachprüfbarkeit von Beschreibungen eingestellt hat (vgl. Merten 1992, S. 37)	*Zwischen Ohnmachts- und Allmachtsthese* Geringer und großer Einfluss gleichermaßen, da PR Täter mit und Opfer von fiktionalen Beschreibungen sein kann

Vergangenheit in hohem Maße als vertrauenswürdig bezeichnet wurde. Gleichwohl bedeutet dies nicht zwangsläufig, dass der unterstellte Basiskonsens bzw. die Wahrheit in non-dualistischer Interpretation für PR völlig irrelevant wäre. Im Gegenteil: PR dürfte sich in der Mehrzahl der Fälle am Basiskonsens orientieren – weil ein Abweichen davon z. B. als vertrauensunwürdig und damit höchst riskant erscheinen könnte. In der großen Mehrzahl der Fälle dürften PR-Beschreibungen *so far*, die sich am vermuteten Basiskonsens orientieren und die zu wenig strittigen Themen verfasst werden, Grundlage für Beschreibungen *from now on* sein.

Wie verhält sich ein solches non-dualistisches Verständnis von PR zur realistischen Ohnmachtsthese und zur konstruktivistischen Allmachtsthese? In einer non-dualistischen Perspektive geraten Chancen und Risiken gleichermaßen in den Blick (vgl. Tab. 5.1). Chancen ergeben sich, wenn PR erfolgreich Beschreibungen etabliert, die sie selbst als „fiktiv" bezeichnen würde. Risiken zeigen sich, weil PR beispielsweise in Krisenzeiten nur geringe Chancen haben dürfte, eine aus ihrer Perspektive falsche Beschreibung zu korrigieren. So ist es in diesem Verständnis nicht überraschend, dass ein Pressesprecher auch mit einer PR-Beschreibung dem Lügen-Vorwurf ausgesetzt werden kann, wenn er sie nach bestem Wissen und Gewissen angefertigt hat. Genau deshalb werden hier nicht das „beste Wissen und Gewissen" als Selektionskriterium, sondern die bei Rezipienten vermuteten Vertrauenswürdigkeitschancen favorisiert. Im realistischen Verständnis wäre dies kaum vorstellbar.

Ein non-dualistisches Projekt könnte auf zahlreiche Erkenntnisse der PR-Forschung zurückgreifen, auch wenn in Teilen sicherlich leichte Uminterpretationen notwendig sein würden. So ist auch in einer non-dualistischen Perspektive der Wechsel zur Mediengesellschaft und die in diesem Zusammenhang oft diskutierte Fiktionalisierung eine für die PR begünstigende Entwicklung. Fiktionalisierung meint hier nichts anderes als eine Zunahme von noch nicht konsensuellen Beschreibungen (vgl. Weber 2005, S. 340). Und die damit in Verbindung gebrachte Klage einer Entfernung von der Wirklichkeit wäre in einer non-dualistischen Rekonstruktion nichts anderes als eine Reaktion auf Kontingenzerfahrungen, die durch eine Vielzahl von neuen Beschreibungen gemacht werden, die immer schneller aufgestellt werden (vgl. ebd., S. 340). Mit jeder neuen Medienbeschreibung entfernt man sich von der Wirklichkeit – also der ursprünglichen Beschreibung *so far* (vgl. ebd., S. 318). Hier wird deutlich, was Mitterer mit dem Streben nach Wechsel gemeint hat. Und je schneller und simultaner neue Beschreibungen aufgestellt werden, je weniger Beschreibungen gesellschaftlich breit konsentiert sind, desto größer sind die Chancen von PR-Beschreibungen, als positive Folie für Beschreibungen *from now on* zu dienen.

5.3 Zwischenfazit: Vertrauen und Public Relations

Mit der erkenntnis- und sozialtheoretischen Verortung von Vertrauen und Public Relations sind jetzt alle Vorarbeiten geleistet worden, um die Frage nach Vertrauen in PR beantworten zu können. In den zurückliegenden Kapiteln konnte einerseits den Anforderungen, die sich aus der Diskussion des Forschungsstandes ergeben haben, Rechnung getragen werden. Andererseits haben die theoriegeleiteten Darstellungen für die folgenden Überlegungen zu neuen relevanten Aspekten geführt.

Zunächst sind die Begriffe Vertrauen, Vertrauenswürdigkeit und Glaubwürdigkeit systemtheoretisch erläutert worden. Vertrauen ermöglicht in Situationen, die als riskant empfunden werden, Anschlusshandlungen, indem es vorhandene Informationen überzieht. Vertrauen ist definiert worden als „die selektive Verknüpfung von Fremdhandlungen mit Eigenhandlungen unter der Bedingung einer nicht mittels Sachargumenten legitimierbaren Tolerierung des wahrgenommenen Risikos" (Kohring 2004, S. 130). In modernen Gesellschaften hat sich das Systemvertrauen als besondere Form des Vertrauens ausdifferenziert. Da sich das Systemvertrauen allgemein und das Vertrauen in die Systemprogrammierung konkret aus der jeweiligen Funktionserwartung ableiten lässt, kann Vertrauen in PR nur beschrieben werden, wenn zuvor eine Funktion von PR bestimmt wird. Das Systemvertrauen kann durch die Dimensionen von Vertrauen konkretisiert werden.

Um die Aussagekraft des zu entwickelnden Entwurfs und die Anschlussfähigkeit für weitere Forschung zu gewährleisten, soll im weiteren Verlauf Vertrauen in PR jeweils durch die Erläuterung der Dimensionen konkretisiert werden. Zudem ist Vertrauenswürdigkeit definiert worden als die Gründe für Vertrauensbereitschaft, also als Begründung bzw. Legitimation, warum vertraut wird. Es ist deutlich gemacht worden, dass damit zwar Vertrauenshandlungen *begründet* werden, diese aber nicht *erklären* können, weil Vertrauen letztlich nicht begründbar ist. Dennoch bleibt die Frage der Vertrauenswürdigkeit relevant, weil Indikatoren für Vertrauenswürdigkeit die Informationen sind, die im Rahmen von Vertrauenshandlungen überzogen werden. Schließlich ist Glaubwürdigkeit als ein Teilphänomen von Vertrauenswürdigkeit konzipiert worden.

Diese sozialtheoretische Begriffsbestimmung ist im nachfolgenden erkenntnistheoretisch ergänzt worden. In einer non-dualistischen Perspektive, die einem Realitätsvergleich zwischen einem ontischen Gegenstand und dessen Beschreibung einen strikten „Diesseitismus" (Scholl 2007, S. 278) entgegensetzt, finden Vertrauenswürdigkeitskeitsbeurteilungen ausschließlich auf der Basis eines Vergleiches mit verschiedenen Beschreibungen statt. PR-Beschreibungen werden also z. B. mit Medienbeschreibungen oder Beschreibungen im Sinne eigener Erfahrungen verglichen.

Anschließend ist das PR-Verständnis ausgearbeitet worden. Aus einer systemtheoretischen und organisationstheoretischen Perspektive übernimmt PR in Organisationen die Funktion, die Organisation gegenüber relevanten Bezugsgruppen zu legitimieren. Da PR kein Selbstzweck ist, ist die Funktion nur als Sekundär-Funktion zu finden – PR erfüllt keine gesellschaftliche Funktion. PR legitimiert die Organisation, indem sie einerseits im Rahmen externer Kontextsteuerungen z. B. PR-Beschreibungen veröffentlicht, andererseits im Rahmen unternehmerischer Selbststeuerung die Organisationsleitung z. B. vor legitimationsgefährdenden Entscheidungen warnt. Das PR-theoretische Verständnis hat damit für die weiteren Überlegungen wichtige Konsequenzen. Zunächst ist noch einmal die Relevanz deutlich geworden, nicht nur externes Vertrauen in PR, sondern auch organisationsinternes Vertrauen in PR zu analysieren. Zudem umfasst – sowohl externes als auch internes – Vertrauen in PR nicht nur die PR-Beschreibungen, sondern auch die Frage, in welchem Rahmen PR intern Einfluss hat. Und schließlich ist zumindest angedeutet worden, dass sich das interne und das externe Vertrauen fundamental voneinander unterscheiden. Überspitzt formuliert: Während ein Unternehmen am liebsten möglichst wenig mit den als lästig empfundenen Anliegen der Umwelt konfrontiert werden möchte, möchten kritische Bezugsgruppen von Unternehmen Taten statt Worte. Hierzu wird im weiteren Verlauf noch ein externes Verständnis von PR entwickelt.

5.3 Zwischenfazit: Vertrauen und Public Relations

Abschließend ist PR aus einer non-dualistischen Perspektive beschrieben worden. Die Einschätzung zur Vertrauenswürdigkeit ist aus einer erkenntnistheoretischen Perspektive die zentrale Leistung von PR. PR kann damit auch als Vertrauenswürdigkeits-Gatekeeper bezeichnet werden. Dieses Vertrauenswürdigkeits-Gatekeeping wiederum soll im weiteren Verlauf in das Vertrauenswürdigkeitsmanagements eingeordnet werden.

Die Erläuterung von Vertrauen und PR bzw. Legitimation haben dabei zum Teil überraschende Ähnlichkeiten hervorgebracht: So beruhen Vertrauen und Legitimation beide auf einer Überziehung vorhandener Informationen. Ähnlich wie Vertrauen zwar nicht grundlos, sondern z. B. auf zurückliegenden Erfahrungen beruht, braucht auch Legitimität konkrete Deckungsgarantien, indem ein Unternehmen z. B. seinen gesellschaftlichen Nutzen bewiesen hat. Vertrauen und Legitimität werden in letzter Konsequenz beide geschenkt. Und schließlich: Offenkundig setzt Legitimation Vertrauen voraus.

Der Zusammenhang von Legitimation und Vertrauen wird ab dem folgenden Kapitel erläutert. Zunächst wird dabei internes Vertrauen in PR, anschließend externes Vertrauen in PR analysiert. Dabei wird einerseits zwischen den externen Kontextsteuerungen und den unternehmerischen Selbststeuerungen unterschieden, andererseits sollen nach Möglichkeit die allgemeinen Überlegungen durch die Formulierung von Dimensionen von Vertrauen in PR konkretisiert werden.

6 Internes Vertrauen in Public Relations

Die Frage nach internem Vertrauen in PR, so ist in der Diskussion des Forschungsstandes resümiert worden, ist in der Forschung bislang selten thematisiert worden. Um diese Leerstelle zu füllen, werden im Folgenden die bisherigen Ausführungen erstmals zusammengeführt. Erstens sind dies die organisationstheoretischen Überlegungen. Die Frage nach internem Vertrauen in PR ist letztlich die Frage nach den Beziehungen des PR-Systems, das im Weiteren allgemein als PR bzw. als PR-Abteilung bezeichnet werden soll, zu anderen organisationalen Teilbereichen. Um organisationsinternes Vertrauen erläutern zu können, erscheint es notwendig, diese organisationstheoretischen Überlegungen zu erweitern. Zweitens wird zu fragen sein, worin das interne Vertrauen in PR besteht. Nach einer allgemeinen Bestimmung soll dieses interne Vertrauen in den unterschiedlichen Dimensionen – insbesondere in der unternehmerischen Selbststeuerung und in der externen Kontextsteuerung – expliziert werden. Abschließend wird die Relevanz internen Vertrauens in PR herausgearbeitet werden.

Die Erläuterung des internen Vertrauens in PR lenkt den Blick *in* eine Organisation bzw. ein Unternehmen. Vor dem Hintergrund des vorgestellten PR-Verständnisses geht es mithin um die Beziehung zwischen verschiedenen organisationalen bzw. unternehmerischen Teilbereichen: auf der einen Seite das PR-System, auf der anderen Seite die Organisationsleitung, das Marketing, die Forschungsabteilung oder das Kostencontrolling. Eine solche Binnendifferenzierung in Organisationen ist analog zur Ausdifferenzierung gesellschaftlicher Funktionssysteme zu sehen. So führt die funktionale Differenzierung auf der Organisationsebene zu einer hohen Indifferenz gegenüber den Interessen anderer Teilsysteme, der eine exklusive Übernahme der eigenen Funktion gegenübersteht (vgl. Luhmann 1964, S. 76 f.). Dies erklärt u. a. die Probleme großer Konzerne, in der sich eine Bürokratie ausdifferenziert, um die Operationen der zahlreichen Subsysteme zu koordinieren. Allerdings unterscheiden sich organisationale Ausdifferenzierungsprozesse in einem zentralen Aspekt von denen auf gesellschaftlicher Ebene. So dürfte bei der Mehrzahl der Unternehmen der Code des Wirtschaftssystems die Leit-Unterscheidung sein. Mithin zeichnen sich Kommunikationen eines Unternehmens gerade dadurch aus, dass sie primär mit derselben Leit-Unterscheidung operieren. Unterscheidungen von unternehmerischen Teilbereichen wie der Forschung und Entwicklung (wahr/ unwahr), der Rechtsabteilung (Recht/Unrecht) oder eben der PR (legitimierend/ delegitimierend) sind folglich Sekundär-Codes. Das hat zur Folge, dass eine Rechtsabteilung ebenso immer die wirtschaftlichen Folgen im Blick hat wie die Forschungsabteilung und die PR. Und bei Organisationen, die wie Hochschulen mehreren Funktionssystemen zuzuordnen sind und als Multireferenten bezeichnet werden können (vgl. Wehrsig und Tacke 1992, S. 234 f.), ist zumindest zu konstatieren, dass PR bzw. legitimierend/delegitimierend auch hier immer nur ein Subsystem bzw. ein Sekundär-Code sind – denn ansonsten wäre PR reiner Selbstzweck.

Welche Relevanz hat Vertrauen innerhalb von Organisationen? Insbesondere zahlreiche populärwissenschaftliche Managementbücher (vgl. z. B. Nieder 1997) erwecken mitunter den Eindruck, als wenn grenzenloses Vertrauen in Mitarbeiter ausschließlich positive Folgen hätte. Die Unterscheidung Vertrauen/Misstrauen wird in diesen Fällen zweckrational bewertet und moralisiert: Vertrauen ist funktional und gut, Misstrauen dysfunktional und schlecht (vgl. Drepper 2006, S. 194). Vertrauen, so ist konstatiert worden, kann auch in Organisationen wie Unternehmen Situationen „auflösen" helfen, die als unsicher bzw. riskant wahrgenommen werden. Holzinger schließt daraus, dass ein weitgehender Vertrauensverlust innerhalb von Organisationen zu einem Kostenfaktor werden kann: „In einem Kontext, in dem das Vertrauen fehlt, dauern Entscheidungsprozesse um ein Vielfaches länger und die Opportunitätskosten sind besonders hoch" (Holzinger 2007, S. 237). In solchen Situationen müssen dann funktionale Äquivalente zum Vertrauen in Organisationen wie Macht z. B. in der Form von Hierarchien sowie Recht und Geld weiterhelfen (vgl. Drepper 2006, S. 197).

Zum Verständnis von Vertrauen in Organisationen erscheinen der Verantwortungs- und der Verantwortlichkeitsbegriff hilfreich zu sein. Mit der Übernahme von Verantwortung ist erstens die Übernahme eines Risikos verbunden und zweitens, dass dieses Risiko einem anderen abgenommen wird (vgl. Luhmann 1964, S. 174). Verantwortung ist dann der ungedeckte Informationswert einer Entscheidung, also der Überschuss an Information, die jemand gibt, im Vergleich zu der, die er erhalten hat. In Organisationen ist jede Entscheidung folglich mit der Übernahme von Verantwortung verbunden. Dies ist verknüpft mit einer möglichen Rechenschaftspflicht für Fehler. Entscheidungsträger werden also ggf. für Entscheidungen verantwortlich gemacht und bestraft – bis hin zum Ausschluss aus der Organisation. Die Möglichkeit dieser direkten Sanktionsmechanismen ist Ausdruck des formalen Charakters von Organisationen. Das gegenseitige Wissen um die Verantwortungs-

6 Internes Vertrauen in Public Relations

übernahme und die persönliche Rechenschaftspflicht für mögliche Fehler absorbieren in Organisationen ein großes Maß an Unsicherheit. Weil jeder wiederum um die *eigene* Verantwortungsübernahme weiß, werden Informationen allerdings nicht völlig kritiklos übernommen. Vielmehr wird man auch in Organisationen nach Zeichen der Zuverlässigkeit suchen, ob man anderen Abteilungen vertrauen kann (vgl. Luhmann 1964, S. 179).

Worin besteht nun konkret internes Vertrauen in PR? Es ist oben konstatiert worden, dass sich das in dieser Untersuchung relevante Vertrauen in die Systemprogrammierung – also das Vertrauen in das „Wie" der Systemoperationen – auf die spezifischen Erwartungen bezieht. Vertrauen in die Systemprogrammierung bezieht sich mithin auf die abstrakte Erwartung, dass das System seiner spezifischen Funktion in angemessener Weise gerecht wird (vgl. Kohring 2004, S. 110). Was ist dann organisationsinternes Vertrauen in PR vor dem Hintergrund des oben entwickelten PR-Verständnisses? *Wenn sich das Vertrauen innerhalb von Organisationen in PR direkt aus der jeweiligen Funktionserwartung ableiten lässt, dann vertrauen andere Organisationsteile „ihrer" PR, indem sie darauf vertrauen, dass PR die Organisation legitimiert und damit Handlungsspielräume sichert bzw. vergrößert.* Diese allgemeinen Vertrauenserwartungen werden im Folgenden konkretisiert.

Vertrauen in PR äußert sich organisationsintern vor allem in Vertrauenshandlungen, die auf der Grundlage von mitgeteilten PR-Beobachtungen beruhen. Es wird auszuführen sein, dass PR als organisationales Frühwarnsystem und Grenzstelle u. a. verspricht, alle legitimationsrelevanten Themen nicht nur zu kennen, sondern intern auch mitzuteilen. Damit entlastet PR andere Organisationsteile in hohem Maße davon, die Umwelt in Bezug auf neue und „fremde" Entwicklungen zu beobachten – unter der Voraussetzung, dass sie in PR vertrauen. Solche Beobachtungen der PR können verbunden sein mit Empfehlungen zur Änderung der Organisationspolitik, um mögliche Legitimitätsrisiken zu vermeiden. In solchen Fällen bestehen Vertrauenshandlungen darin, dass z. B. die Organisationsleitung den Empfehlungen der PR folgt, obwohl sie um die Risiken dieser Entscheidung weiß.

Wenn man internes Vertrauen in PR konkretisieren möchte, ist dies die Frage nach den Dimensionen von Vertrauen in PR. Die Dimensionen konkretisieren, worauf sich das Vertrauen in PR im Einzelnen bezieht. Die zu entwickelnden Dimensionen lassen sich direkt aus den beiden Wirkungsrichtungen der PR ableiten, die oben als unternehmerische Selbststeuerung und als externe Kontextsteuerung bezeichnet wurden. Entsprechend sollen im Folgenden Vertrauensdimensionen im Rahmen der (b) Kontextsteuerung, anschließend im Rahmen der (c) Selbststeuerungen und zunächst im Rahmen des (a) Differenzmanagements dieser beiden herausgearbeitet werden.

Zunächst umfasst internes Vertrauen in PR grundsätzlich unternehmerische Selbststeuerungen *und* externe Kontextsteuerungen. Konkreter bezieht sich das Vertrauen auf das *(a) angemessene Management der Unterscheidung von unternehmerischen Selbststeuerungen und externen Kontextsteuerungen.* Denn wenn oben konstatiert wurde, dass unternehmerische Selbststeuerungen in der Regel mit Zugeständnissen und damit mit einer kurzfristig eingeschränkten Handlungsfreiheit verbunden sind, wird offenkundig, dass die „natürliche" Präferenz in der Regel auf externen Kontextsteuerungen liegen dürfte. Andere Organisationsteile vertrauen daher in PR, indem sie auf das angemessene Management vertrauen; mit anderen Worten: dass PR so viel Selbststeuerung empfiehlt wie nötig und so viel Kontextsteuerung erreicht wie möglich. Konkret dürfte sich dies darin äußern, dass von PR erwartet wird, dass PR zunächst qua Kontextsteuerungen versucht, die „Umwelt zu befrieden", und erst bei einem Scheitern dieser Bemühungen intern Veränderungen empfiehlt. Hier wird die „Bollwerkfunktion" von PR gegenüber gesellschaftlichen Veränderungen deutlich.

Bei den *(b) Kontextsteuerungen* dürfte organisationsinternes Vertrauen relativ unspezifisch sein. Organisationsbereiche vertrauen in PR, indem sie grundsätzlich in erfolgreiche Kontextsteuerungen, also insbesondere in legitimierende PR-Beschreibungen vertrauen. *Wie* PR ein Unternehmen extern legitimiert, ist nicht nur keine Dimension, es dürfte unternehmensintern weitgehend gleichgültig sein. So dürfte sich die Organisationsleitung beispielsweise erst dann für die veröffentlichten „Lügen" – verstanden als veröffentlichte PR-Beschreibungen, die die PR-Abteilung selbst als unangemessen bezeichnen würde – ihrer PR-Abteilung interessieren, wenn relevante Bezugsgruppen einen Lügenvorwurf erheben und dieser Vorwurf in der Medienberichterstattung aufgegriffen wird. Und allgemeiner: „Vertrauen richtet sich auf die Erfüllung der spezifischen Erwartung selbst und nicht auf die Bedingungen ihrer Erfüllung" (Kohring 2004, S. 124). Vertrauen könnte man mithin auch als strikt ergebnisorientiert bezeichnen.

Konkreter können *(c) unternehmerische Selbststeuerungen* formuliert werden. Hier soll im Folgenden unterschieden werden zwischen den innerhalb des Unternehmens mitgeteilten Umweltbeobachtungen der PR sowie den von der PR empfohlenen Selbststeuerungen.

PR speist „auf der Basis systematischer Umweltbeobachtung legitimations- bzw. organisationsrelevante Informationen aus der Organisationsumwelt in die organisationale Systemreproduktion" ein (Jarren und Röttger 2009, S. 44). PR-Reflexionen unterscheiden sich von anderen Reflexionen z. B. eines Unternehmens u. a. dadurch, dass sie die Öffentlichkeit bzw. gesellschaftliche Teile jenseits des Marktes beobachten (vgl. Kussin 2009, S. 124). PR ermöglicht damit dem Unternehmen, dass es die Erwartungen der Bezugsgruppen kennt und sich darauf einstellen kann.

PR verspricht als organisationales Frühwarnsystem und als Grenzstelle, dass jenseits dieser intern mitgeteilten Beobachtungen „nichts weiter los ist" (Luhmann 1964, S. 224). Wie komplex diese Leistung ist, zeigt, dass in der Sachdimension letztlich fast jedes Thema für ein Unternehmen legitimationsrelevant sein kann, dass in der Sozialdimension fast jede andere Organisation und jede Person legitimationsrelevant sein können und dass dies alles in der Zeitdimension laufenden Veränderungen unterworfen ist. Andere Unternehmensteile vertrauen dabei in die Angemessenheit dieser intern mitgeteilten PR-Beschreibungen.

In Anlehnung an Kohring (2004, S. 170 ff.) kann die Angemessenheit der intern mitgeteilten PR-Beschreibungen mit den vier Vertrauensdimensionen konkretisiert werden. Kohring erklärt Vertrauen in den Journalismus mit den vier Dimensionen Vertrauen in die Themenselektivität, Vertrauen in die Faktenselektivität, Vertrauen in die Richtigkeit von Beschreibungen und Vertrauen in explizite Bewertungen. Es soll gezeigt werden, dass diese Dimensionen mit leichten Veränderungen auch internes Vertrauen in PR-Umweltbeschreibungen erklären. Beim *Vertrauen in die Themenselektivität* geht es um die Auswahl von Themen. PR schafft mit dieser Auswahl Aufmerksamkeit in der Organisation für bestimmte Themen und „verspricht" damit, dass es für die Organisation keine anderen relevanten legitimationsrelevanten Themen in der Gesellschaft gibt. Diese Dimension dürfte die größte Komplexität beinhalten, weil – wie oben aufgezeigt wurde – letztlich jedes Thema irgendwann legitimationsrelevant sein könnte. Mit entsprechenden Instrumenten versucht PR zwar, die *Schwelle des Wahrnehmbaren* immer weiter zu senken, aber die Auswahl der Themen wird immer hochriskant bleiben. Das *Vertrauen in die Faktenselektivität* bezieht sich auf die Selektion weiterer Informationen, die das Thema in einen bestimmten sozialen Kontext stellen. Damit ermöglicht PR der Organisation, ein Ereignis oder eine Entwicklung zu kontextualisieren. Die dritte Dimension *Vertrauen in die Richtigkeit von Beschreibungen* bezieht sich darauf, dass ausgewählte Fakten und Themen richtig bezeichnet werden. Während diese beiden Dimensionen noch recht problemlos zu erfüllen sein werden, ist die vierte Dimension *Vertrauen in explizite Bewertungen* erneut mit großen Risiken verbunden. Denn diese Dimension dürfte im Kontext der PR-Beschreibungen besonders relevant sein, weil andere Abteilungen von Einschätzungen zur heutigen und künftigen Relevanz von Themen ihren Handlungsbedarf abhängig machen – eben weil sie in diese Bewertungen *vertrauen*.

Die vier Dimensionen, die Kohring für Vertrauen in Journalismus entwickelt hat, können damit fast identisch für interne PR-Beschreibungen übernommen werden. Ein zentraler Unterschied hingegen sind die Selektionskriterien von journalistischen und PR-Beschreibungen. Während der Journalismus mit der Thematisierung aktueller Ereignisse Irritationsroutinen zu unterbrechen sucht (vgl. Görke

1999, S. 295 ff.) und seine Kriterien aus der Orientierung an den Publika gewinnt (vgl. Kohring 1997, S. 256), braucht PR zur Auswahl von Themen immer zwei Informationen: Einerseits braucht PR Informationen über interne Produkte, Produktionsverfahren etc., andererseits über aktuelle und (vermutete) künftige Ansprüche von Bezugsgruppen. Für PR ergibt nur die Relation aus beiden Perspektiven Sinn: Ein Produktionsverfahren ist nur relevant, wenn dies für eine Bezugsgruppe relevant ist – positiv oder negativ. Umgekehrt ist ein gesellschaftlicher Trend nur relevant, wenn das Unternehmen davon betroffen ist. Damit wird hier deutlich, dass verschiedene Unternehmensbereiche ganz unterschiedliche inhaltliche Erwartungen an die PR-Beschreibungen haben – und entsprechend auch Vertrauenshandlungen mit ganz unterschiedlichen Erwartungen verknüpft sind.

Vom Vertrauen in die internen PR-Beschreibungen zu unterscheiden ist das Vertrauen in die Angemessenheit von der PR empfohlenen Änderungen im Kontext unternehmerischer Selbststeuerung. Die Organisation vertraut hier in PR, dass Veränderungen wie die Umstellungen auf umweltfreundlichere Produktionsverfahren oder die Einhaltung strengerer Arbeitsschutzmaßnahmen tatsächlich notwendig sind, um die Legitimation nicht zu gefährden.

Der Blick *auf* PR und damit das jeweilige Vertrauen *in* PR variiert dabei innerhalb einer Organisation erheblich. Denn mit dem Vertrauen in die Systemprogrammierung von PR – also in PR-Entscheidungen –, ist die Erwartung verbunden, dass PR ihrer Funktion in angemessener Weise gerecht wird. Ob etwas als angemessen bewertet wird, hängt von der jeweiligen Perspektive und damit den Erwartungen ab (vgl. Kohring 2004, S. 110). Während folglich z. B. eine Forschungsabteilung erwarten könnte, dass PR mit großem Aufwand Handlungsspielräume auch in gesellschaftlich strittigen Forschungsfeldern schafft, könnte das Kostencontrolling eher erwarten, dass insgesamt möglichst geringe Kosten entstehen. Aufgrund dieser Vielzahl spezifischer Erwartungen befindet sich PR offenkundig bereits in einer internen Perspektive in einem Geflecht von Vertrauensbeziehungen.

Abschließend soll die Frage beantwortet werden, welche Relevanz Vertrauen für die organisationsinternen Beziehungen zwischen PR und anderen Unternehmensbereichen hat. Eine zentrale Leistung von PR ist es, Kontingenz sichtbar zu machen. Wenn PR als „Frühwarnsystem" Beobachtungen zu neuen und bislang unbekannten Entwicklungen intern mitteilt, zeigt sie damit, dass die Zukunft des Unternehmens eben nicht nur von unmittelbar marktbezogenen und kurzfristigen Entwicklungen abhängt. PR vergegenwärtigt damit die Kontingenz der Zukunft. Mit anderen Worten: PR macht Kontingenz sichtbar, weist auf mögliche Risiken hin und schafft damit insgesamt erst eine Situation der Unsicherheit. Deswegen ist ein Leben für Unternehmen ohne PR kurzfristig oft bequemer. Die als lästig empfundene nichtmarktliche Umwelt wird ignoriert. Dies hat den Vorteil, dass man sich auf marktbezogene Themen konzentrieren kann. Der Nachteil fehlender PR zeigt sich oft erst dann, wenn es bereits zu spät ist – wenn die lange nicht wahrgenommenen Probleme so groß geworden sind, dass sie den Fortbestand des Unternehmens gefährden.

Mit ihren Umweltbeschreibungen und den empfohlenen Änderungen zur Unternehmenspolitik stellt PR auch frühere Unternehmensentscheidungen in Frage. Zudem dürften die meisten Empfehlungen zur Änderung der Unternehmenspolitik zumindest in einer kurzfristigen Betrachtung vielen anderen unternehmerischen Interessen entgegenstehen. So dürfte der Verzicht auf ein umstrittenes Produkt kurzfristig Umsatz- und Gewinnziele gefährden. Dies führt dazu, dass PR oft in Konflikt zur Unternehmensleitung und zu anderen unternehmerischen Bereichen steht. Hinzu kommt schließlich, dass PR in der Regel die Unsicherheit der Entscheidungssituation selbst zum Thema macht.

In der Summe führt dies auf der einen Seite dazu, dass PR die Komplexität und die wahrgenommene Unsicherheit in Unternehmen enorm steigern dürfte und durch die initiierten Konflikte nicht gerade die Wahrscheinlichkeit zugeschriebener Vertrauenswürdigkeit und von Vertrauenshandlungen steigert. Und all dies führt auf der anderen Seite dazu, dass PR in höherem Maß als viele andere unternehmerische Bereiche auf Vertrauen angewiesen ist. Dies ist quasi das „Schicksal" von PR als unternehmerischer „Unruheherd".

In solchen als riskant empfundenen Entscheidungssituationen nimmt Vertrauen eine herausragende Stellung ein, weil es hierzu nur wenige Alternativen gibt. Eine Unternehmensleitung dürfte nur selten alternative Umweltbeobachtungen durchführen bzw. in Auftrag geben, um die PR-Beobachtungen zu kontrollieren. Allenfalls bei weit reichenden Empfehlungen der PR zur Unternehmenspolitik dürfte PR eher der Auslöser für einen unternehmerischen Diskussionsprozess sein, als dass nur auf dieser Grundlage Entscheidungen getroffen werden.

Vor dem Hintergrund dieser Überlegungen ist auch die aktuelle Diskussion zum PR- bzw. Kommunikationscontrolling kritisch zu sehen (vgl. z. B. Pfannenberg und Zerfaß 2005). Zunächst scheint die PR-Branche bei der Suche nach quasi-objektivierenden Quantifizierungsverfahren, verstanden als organisatorische Anknüpfung für das Problem rationaler Legitimation von Vertrauen (vgl. Luhmann 1964, S. 180), selbst noch uneinig zu sein. Spezifische Probleme der PR-Evaluation sind nicht nur, dass PR-Erfolge bzw. -Misserfolge oft erst mittel- und langfristig zu beobachten sind, sondern auch, dass solche Erfolgs- bzw. Misserfolgsbewertungen nicht selten auch noch höchst umstritten sind. Letztlich sind die grundsätzlichen Fragen nach dem PR-Erfolg selbst und nach dem Beitrag eines organisationalen PR-Systems zumeist umstritten. Und letztlich setzt auch Controlling Vertrauen voraus: Vertrauen in die Qualität der Controlling-Ergebnisse. Hubig und Simoneit (vgl. 2007, S. 187) fordern daher ein Controlling des Controllings, um den Sinn des Kommunikationscontrollings nachzuweisen.

Zudem kann der Erfolg von Vertrauenshandlungen grundsätzlich erst ex post gemessen werden. Wenn eine zurückliegende Vertrauenshandlung eines Vertrauenssubjektes in PR durch eine Evaluation als Erfolg bewertet wird, kann sich dies auf künftige Entscheidungssituation auswirken. Erst weitere empirische Forschung wird zeigen können, welchen Einfluss Evaluationsergebnisse auf solche Vertrauenshandlungen bzw. Zuschreibungen von Vertrauenswürdigkeit haben.

Fehlendes internes Vertrauen in PR zeigt sich zunächst darin, dass man PR-Beschreibungen bzw. PR-Empfehlungen nicht folgt. Wenn dies zur Regel – insbesondere in der Unternehmensleitung – wird, dürfte bald das Vertrauen in die angemessene Funktionserfüllung bzw. in die Systemprogrammierung grundsätzlich fehlen. In der Folge dürften die Personen für unterstellte Fehler verantwortlich gemacht und ausgewechselt werden. Die herausragende Relevanz internen Vertrauens in PR und zugleich das Fehlen anerkannter Kennzahlen dürfte u. a. dazu beitragen, dass sich PR gegenüber der Unternehmensleitung ausgeliefert fühlt.

Sollten mehrfache personelle Wechsel und mögliche strukturelle Änderungen an einem fehlenden Vertrauen nichts ändern, wird irgendwann auch das Vertrauen in das grundsätzliche Funktionieren von PR in Frage gestellt werden (vgl. Luhmann 1989, S. 50 ff.). Wenn sich die Prognosen der PR wiederholt nicht bestätigt haben und das Unternehmen trotz befolgter PR-Empfehlungen Legitimität eingebüßt hat, dürfte eine Unternehmensleitung am Sinn der PR zweifeln. Umgekehrt kann aber auch eine schweigende PR-Abteilung in Verbindung mit fehlenden Konflikten mit Bezugsgruppen und einer als ausreichend bewerteten Handlungsfreiheit dazu führen, dass die Notwendigkeit der PR in Frage gestellt wird. Während der erste Fall als Ohnmachtsgefühl einer Organisation gegenüber einer als überkomplex und übermächtig empfundenen Umwelt interpretiert werden kann, steht der zweiter Fall für das Gegenteil: Die Umwelt wird als positiv gewogen und wenig riskant wahrgenommen – und mithin als zu vernachlässigende Größe bewertet.

Es ist gezeigt worden, dass Vertrauen bei den organisationsinternen Beziehungen der PR zu anderen unternehmerischen Bereichen eine herausragende Rolle spielt. Zudem ist hier der Zusammenhang zwischen dem Vertrauen in die Systemprogrammierung und dem Vertrauen in das grundsätzliche Funktionieren von PR skizziert worden. PR muss ihre Existenzberechtigung vielleicht nicht jeden Tag, aber sicherlich laufend unter Beweis stellen. Bei den Dimensionen internen Vertrauens ist herausgearbeitet worden, dass diese sich hinsichtlich der Kontextsteuerung pauschal auf die erfolgreiche Legitimation beziehen. Erst hinsichtlich unternehmerischer Selbststeuerung sind die Dimensionen sehr viel konkreter. Andere Unternehmensbereiche scheinen sehr genaue Erwartungen an die von der PR mitgeteilten Umweltbeschreibungen und an die empfohlenen Änderungen zur Unternehmenspolitik zu haben.

Angesichts dieser Bedeutung muss es überraschen, dass internes Vertrauen in PR in der Forschung bislang so wenig berücksichtigt wurde. Hier gibt es eine Vielzahl möglicher Fragestellungen insbesondere für empirische Forschungsprojekte. Wenn zum Beispiel vielfach das besondere Vertrauensverhältnis der Organisationsleitung zu „ihrem" Pressesprecher betont wird (vgl. z. B. Arlt 2010, S. 103), wäre es spannend, wie Vertrauensbereitschaft begründet wird und welche Rolle dabei die persönliche Beziehung hat.

Externes Vertrauen in Public Relations 7

Nachdem einleitend Gründe für die Unmöglichkeit externen Vertrauens in PR benannt und die bislang unbefriedigenden Erklärungen externen Vertrauens in PR diskutiert wurden, anschließend die vertrauens- und PR-theoretischen Grundlagen expliziert wurden, soll jetzt ein neues Verständnis externen Vertrauens in Public Relations entwickelt werden. Da in Kap. 5.1. konstatiert wurde, dass sich das Problem der PR nur organisationsintern stellt und es mithin kein direktes externes Vertrauen in PR geben kann, wird zunächst die „Hilfskonstruktion" zur Erläuterung externen Vertrauens in PR vorgestellt. Auf dieser Grundlage werden in allgemeiner Form Vertrauen in PR, deren Relevanz und beispielhafte Vertrauenshandlungen vorgestellt. In eigenen Kapiteln sollen anschließend die verschiedenen Dimensionen von Vertrauen in PR konkretisiert (Kap. 7.1), anschließend Vertrauen in PR als reflexives Vertrauen und damit Gründe für die Möglichkeit von Vertrauen in PR benannt (Kap. 7.2) und auf der Grundlage des vorgestellten Entwurfs die traditionelle Rolle von PR als Vertrauensvermittler neu beschrieben werden (Kap. 7.3). Abschließend werden die Gründe für Vertrauen bzw. die Indikatoren für Vertrauens(un)würdigkeitszuschreibungen ausgeführt (Kap. 7.4).

Es ist oben konstatiert worden, dass es PR in dem hier eingeführten Verständnis nur innerhalb von Organisationen gibt – es mithin kein externes Vertrauen in PR geben kann. Dennoch sind in den Medien Vertrauens- und noch mehr Misstrauensbekundungen gegenüber PR zu finden. Im Folgenden soll daher eine „Hilfskonstruktion" entwickelt werden, die einerseits die „Gefangenheit" von PR in Organisationen berücksichtigt, andererseits aber plausibel organisationsexternes Vertrauen in Phänomene der PR erklären kann.

Organisationen befinden sich in modernen Gesellschaften in vielfachen Abhängigkeitsverhältnissen. Auch wenn Vertrauenshandlungen mit ganz unterschiedlichen Erwartungen verknüpft sind, so können grundsätzlich Organisationen in allen gesellschaftlichen Bereichen nicht auf Vertrauen verzichten. So ist der Handlungsspielraum politischer Akteure umso größer, je größer das Vertrauen und die

Vertrauenswürdigkeit sind, die ihnen entgegengebracht bzw. zugeschrieben werden. Entsprechend wird den von ihnen vorgeschlagenen politischen Handlungsprogrammen Glaub- bzw. Vertrauenswürdigkeit zugeschrieben und ihnen eine größere Akzeptanz entgegengebracht, so dass wiederum die Chance ihrer Durchsetzung größer sind (vgl. Althoff 2008, S. 51 f.). Eine ähnlich existenzielle Bedeutung wird Vertrauen vielfach bei Unternehmen zugeschrieben (vgl. z. B. Möllering und Sydow 2005, S. 65). Die Vertrauensbeziehungen eines Unternehmens sollen im Folgenden eingehender untersucht werden.

Bei Unternehmen sind zunächst marktliche Beziehungen innerhalb des Wirtschaftssystems zu nennen, in denen Unternehmen in Beziehungen mit (potenziellen) Kunden, Mitarbeitern oder Lieferanten stehen. Vertrauen ist hier neben dem Preis ein alternativer Koordinationsmechanismus (vgl. Drepper 2006, S. 188). Unternehmen streben die Zuschreibung von Vertrauenswürdigkeit an, indem sie zum Beispiel versuchen, die Bedürfnisse ihrer Kunden frühzeitig und möglichst umfänglich zu erkennen und mit Managementkonzepten wie dem Beziehungsmarketing in hohem Maße zu berücksichtigen (vgl. Hubig und Simoneit 2007, S. 181). Bei marktlichen Austauschbeziehungen ist Vertrauen zwar nicht irrelevant, Geld scheint hier aber ein wichtigeres Steuerungsmedium zu sein: Fehlendes Vertrauen in die Sicherheit einer Dienstleistung wie eine Fluglinie kann z. B. durch einen geringeren Preis ausgeglichen werden. (Potenzielle) Kunden, Arbeitnehmer und Lieferanten werden wirtschaftliche Entscheidungen des Unternehmens primär immer in Hinblick auf wirtschaftliche Rationalitäten beobachten. In Anlehnung an Eiseneggers Reputations-Konzept (vgl. Eisenegger 2005, S. 30) kann dies auch als Vertrauen in die Leistungsfähigkeit, also Vertrauen in die Erfüllung teilsystemspezifischer, funktionaler Rollenanforderungen, verstanden werden. Wenn man davon ausgeht, dass Unternehmen primär einer wirtschaftlichen Rationalität folgen, dann besteht das Vertrauen in die Leistungsfähigkeit von Unternehmen also z. B. im Vertrauen in die wirtschaftliche Leistungsfähigkeit.

Zudem gibt es in Unternehmen gesellschaftliche Anliegen als nichtmarktliche Bedingungen oder Forderungen, die die Tätigkeit oder die Interessen eines Unternehmens spürbar beeinträchtigen können (vgl. Dyllick 1992, S. 36). Bezugsgruppen haben Ansprüche an Unternehmen bzw. sie schließen mit eigenen Selektionen an Selektionen der Organisation an. Anwohner eines Chemie-Unternehmens wohnen dort, weil sie in die technische Sicherheit der Anlagen vertrauen, und eine Regierung verzichtet auf eine gesetzliche Regulierung, weil sie in die verantwortliche Selbstregulierung einer Branche vertraut. Hier geht es also weniger um Vertrauen in die Leistungsfähigkeit einer Organisation, sondern eher um Vertrauen in das Fehlen von als negativ bewerteten Auswirkungen. Wenn Entscheidungen eines Unternehmens aus der Umwelt des Wirtschaftssystems beobachtet werden, ist die relevante Frage mithin, in welchem Ausmaß das Unternehmen die eigenen Interessen berührt – ob negative Auswirkungen beobachtet werden. Hier wird folglich gefragt, in welchem Ausmaß z. B. ein Unternehmen wirtschaftsfremde Interessen berücksichtigt. In diesem Kontext kann von *Vertrauen in die Umweltverträglichkeit einer Organisation* gesprochen werden.

Wenn man Organisationssysteme in einer systemtheoretischen Perspektive als „Multireferenten" (vgl. Wehrsig und Tacke 1992, S. 234 f.) konzipiert, deren Kommunikationen sich auf verschiedene Funktionssysteme beziehen, kann dieser Gedanke noch allgemeiner formuliert werden: Umweltverträglichkeit ist immer dann eine relevante Beobachtungskategorie, wenn Entscheidungen einer Organisation, die einem Funktionssystem zugeordnet werden, aus der Perspektive eines anderen Funktionssystem im Hinblick auf als negativ bewertete Auswirkungen beobachtet werden. Spätestens hier wird deutlich, wie unterschiedlich und vielzählig die Erwartungen an Organisationen sein können.

Sowohl das Vertrauen in die Leistungsfähigkeit als auch das Vertrauen in die Umweltverträglichkeit sind Vertrauen in die jeweilige Systemprogrammierung. Während das Vertrauen in die Leistungsfähigkeit impliziert, dass ein Unternehmen in angemessener Weise die wirtschaftlichen Interessen von spezifischen Kundengruppen, Lieferanten oder (potenziellen) Arbeitgebern berücksichtigt, beinhaltet Vertrauen in die umweltverträgliche Systemprogrammierung, dass Unternehmen wirtschaftsfremde Interessen angemessen berücksichtigen. Es ist offenkundig, dass die Bewertung, ob ein Unternehmen angemessen umweltverträglich operiert, in hohem Maße von der jeweiligen Perspektive abhängt.

Vertrauen in die Umweltverträglichkeit kann aus einer analytischen Perspektive letztlich auch als Vertrauen in PR bezeichnet werden. Da dies dem oben eingeführten PR-Verständnis widerspricht, muss dies erläutert werden. Wie oben skizziert wurde, ist die Funktion von PR die Legitimation der Organisation gegenüber relevanten Bezugsgruppen. Genau hierfür ist externes Vertrauen in die Umweltverträglichkeit eine Grundvoraussetzung. Ohne ein Vertrauen in die Umweltverträglichkeit einer Organisation – also zum Beispiel die Berücksichtigung von Interessen jenseits wirtschaftlicher Interessen – ist eine Legitimation nicht möglich. Wenn externe Bezugsgruppen in die umweltverträgliche Systemprogrammierung einer Organisation vertrauen, legitimieren sie zugleich ein Unternehmen. Aus einer Rezipienten- bzw. Bezugsgruppenperspektive kann damit Vertrauen in PR als Vertrauen in die Umweltverträglichkeit von Organisationen bezeichnet werden.

Die skizzierte „Hilfskonstruktion" berücksichtigt damit einerseits, dass PR nur in Organisationen auftritt und als solche zunächst extern nicht zu erkennen ist. Da aber PR u. a. als interner Berater für eine umweltverträgliche Systemprogrammierung der Organisation zuständig ist, kann diese interne Beratungsleistung aus einer internen

Perspektive wie folgt beschrieben werden: Wenn Bezugsgruppen die fehlende Umweltverträglichkeit eines Unternehmens kritisieren, ist dies entweder darauf zurückzuführen, dass PR dieses externe Interesse bzw. deren Relevanz nicht erkannt hat, oder weil sich PR mit seinen Empfehlungen intern nicht durchsetzen konnte. Beides würde das externe Vertrauen in die Umweltverträglichkeit bzw. in PR schwächen. Wenn im Folgenden von externem Vertrauen in PR gesprochen wird, ist entsprechend nicht organisationsexternes Vertrauen in das organisationale System PR gemeint, sondern Vertrauen in die Umweltverträglichkeit von Organisationen.

Es ist noch einmal zu betonen, dass eine solche Perspektive es erlaubt, an der Unterscheidung von unternehmerischen Selbststeuerungen und externen Kontextsteuerungen auch bei der Analyse externen Vertrauens in PR bzw. in die Umweltverträglichkeit festzuhalten. Denn wenn externe Bezugsgruppen in PR bzw. in die Umweltverträglichkeit vertrauen, nicht vertrauen oder gar misstrauen, dann werden hierbei sowohl der Umgang des Unternehmens z. B. mit Mitarbeitern oder die Einführung umweltschonender Produktionsverfahren als Beispiele für Selbststeuerungsmaßnahmen berücksichtigt als auch die konkreten Beschreibungen, mit denen Unternehmen solche Themen kommunizieren, als Beispiel für eine Kontextsteuerungsmaßnahme. Aus einer externen Perspektive bezieht sich Vertrauen in die unternehmerischen Selbststeuerungen also nicht auf das *„Wie"* der Selbststeuerung, sondern nur darauf, *dass* Bezugsgruppeninteressen berücksichtigt werden.

Warum ist Legitimation ohne ein Vertrauen in die Umweltverträglichkeit nicht denkbar? Im Gegensatz zu marktlichen Beziehungen, in denen das Geld bzw. der Preis ein relevanter Koordinationsmechanismus sind, gibt es solche relevanten Mechanismen in der PR nicht (vgl. auch Zerfaß 2007, S. 50). Wegen der Vielzahl an unterschiedlichen Ansprüchen an ein Unternehmen und auch wegen der großen Zahl an Unternehmen selbst, ist es nicht zu erwarten, dass hier in absehbarer Zeit sozial akzeptierte Kennzahlen zur Umweltverträglichkeit entstehen könnten. Damit hängt ein zweiter Grund zusammen, warum Vertrauen zur Legitimation eine zentrale Rolle einnimmt: die Komplexität insbesondere von großen global agierenden Unternehmen, die mitunter mehr Mitarbeiter haben als einige Staaten und deren Umsätze höher sind als die Haushalte vieler Staaten. Diese Größe in Verbindung mit dem privatrechtlichen Charakter von Unternehmen, der sie bis heute prägt, verstärkt für Externe den Eindruck der Intransparenz und damit des fehlenden Wissens. Das mag einerseits nicht gerade die Zuschreibung von Vertrauenswürdigkeit erhöhen – dies wird noch zu thematisieren sein –, dies zeigt aber eben auch, wie wichtig und mitunter alternativlos Vertrauen, Nicht-Vertrauen und Misstrauen in den Beziehungen zwischen Unternehmen und externen Bezugsgruppen letztlich sind.

Externes Vertrauen in die Umweltverträglichkeit bzw. in PR äußert sich vor allem in Vertrauenshandlungen, die auf „Unterlassungen" setzen. So entlastet Vertrauen in die Umweltverträglichkeit Organisationen von einem Beobachtungsdruck, da das Vertrauensobjekt aus der konkreten Beobachtung ausgeblendet wird (vgl. Szyszka 2009, S. 141). Empirisch zeigt sich dies darin, dass Pressure Groups gerade die Organisationen intensiv beobachten, denen sie offenkundig misstrauen. Weiterführend zeigt sich Vertrauen in die Umweltverträglichkeit in „unterlassenen" Protest- bzw. Konflikthandlungen. Der Vorteil einer weithin legitimierten Organisation zeigt sich gerade darin, dass sie nicht Ziel von Boykotten und öffentlicher Kritik ist. Schließlich bestehen Vertrauenshandlungen darin, dass extern die Selbstbeschreibungen und die Argumente übernommen werden und dass man sich in möglichen Konflikten für die Organisation und gegen ihren Konfliktgegner einsetzt.

7.1 Dimensionen externen Vertrauens in Public Relations

Analog zum internen Vertrauen soll auch das externe Vertrauen in PR bzw. in die Umweltverträglichkeit von Organisationen konkretisiert werden, indem die Vertrauensdimensionen erläutert werden. Es überrascht nicht, dass sich viele der im Kontext des internen Vertrauens entwickelten Überlegungen hier spiegelbildlich wiederfinden. Entsprechend wird auch im Folgenden unterschieden zwischen den Dimensionen im Rahmen der (b) Selbststeuerung, anschließend im Rahmen der (c) Kontextsteuerung und zunächst im Kontext des (a) Differenzmanagements der beiden.

Zunächst umfasst auch externes Vertrauen in PR grundsätzlich *(a) unternehmerische Selbststeuerungen und externe Kontextsteuerungen*. Bezugsgruppen vertrauen folglich in die Umweltverträglichkeit von Organisationen bzw. in PR, *indem* sie in die Angemessenheit der PR-Selbstbeschreibungen *und* in die umweltverträgliche Selbstregulierung bzw. Selbststeuerung vertrauen. Auch hier bezieht sich das Vertrauen auf das angemessene Management der Unterscheidung von unternehmerischen Selbststeuerungen und externen Kontextsteuerungen. Im Gegensatz zur internen Perspektive liegt die Präferenz externer Bezugsgruppen hingegen auf unternehmerischen Selbststeuerungen. Mit anderen Worten: So viel Selbststeuerung wie möglich, so viel Kontextsteuerung wie nötig. Bezugsgruppen präferieren folglich – wenig überraschend – dass sich Unternehmen an ihre Umwelt anpassen.

Die Dimensionen *(b) externen Vertrauens in die Selbststeuerungen* der PR sind kaum zu konkretisieren. Das hängt vor allem mit der jeweils spezifischen Perspektive zusammen, mit der jede Bezugsgruppe ein Unternehmen beobachtet bzw.

aus der die konkreten Erwartungen an ein Unternehmen resultieren. Die Dimensionen des Vertrauens einer Umweltschutzorganisation werden andere sein als die von Anwohnern. Es ist allerdings zu vermuten, dass es neben diesen spezifischen Dimensionen des Vertrauens eine Dimension des Vertrauens in die generelle Umweltverträglichkeit gibt. Konkret: Das Vertrauen einer Umweltschutzorganisation bezieht sich spezifisch auf ein ökologisch nachhaltiges Wirtschaften und generell z. B. auf die Berücksichtigung von Arbeitnehmerrechten oder auf den fairen Umgang mit den Anwohnern.

Es ist oben konstatiert worden, dass sich das externe Vertrauen nur darauf bezieht, dass Interessen von Bezugsgruppen berücksichtigt werden, indem es keine negativen Umwelteffekte für diese gibt. Wenn sich Systemvertrauen bzw. Vertrauen in die Systemprogrammierung darauf bezieht, dass das System seiner spezifischen Funktion in angemessener Weise gerecht wird (vgl. Kohring 2004, S. 110), dann bezieht sich das Vertrauen nur auf die Wirkungen bzw. auf die beobachtbaren bzw. beobachteten Folgen – und nicht auf das „Wie". Die Kompetenz oder die Aufrichtigkeit sind mithin keine Dimension externen Vertrauens in die Selbststeuerung (vgl. Kohring 2004, S. 121). Entsprechend vertraut man auch nicht in die moralische Integrität eines Vorstandes, sondern darin, dass eigene Interessen und als wichtige bewertete Interessen vom Unternehmen berücksichtigt werden. Es ist mithin für Vertrauensbeziehungen gleichgültig, ob unternehmerische Entscheidungen auf einen selbstlosen Unternehmer zurückzuführen sind oder eher auf das Kalkül, dass sich umweltverträgliches Verhalten für Unternehmen „lohnt", wie Hardin es formuliert: „I do not trust Ford or Microsoft, but I do rely on them to follow their own interests in being disciplined by market incentives, perhaps with a bit of help from public regulatory agencies" (Hardin 2002, S. 186).

Sehr viel konkreter sind die Dimensionen *(c) externen Vertrauens in die Kontextsteuerungen* und hier insbesondere in die PR-Beschreibungen zu erläutern. Damit kann ein neuer Blick auf eine klassische Fragestellung geworfen werden: Wie lässt sich konkretisieren, worauf sich das Vertrauen externer Bezugsgruppen in PR-Selbstbeschreibungen bezieht? Wie eingangs ausführlich aufgezeigt wurde, nennt Bentele hier im Kern ein Konsistenzverhältnis zwischen PR-Informationen und zugrunde liegenden Sachverhalten/Ereignissen (vgl. Bentele 1992a, S. 164). Mit dieser realistischen Perspektive gerät jedoch die spezifische Selektivität von PR in den Hintergrund.

Daher sollen stattdessen in Anlehnung an die bereits oben eingeführten vier Dimensionen des Vertrauens in den Journalismus von Kohring (2004, S. 170 ff.) vier Dimensionen des Vertrauens in PR-Selbstbeschreibungen entwickelt werden. Es soll gezeigt werden, dass diese Dimensionen mit leichten Veränderungen auch externes Vertrauen in PR-Beschreibungen erklären. Inwieweit die folgenden Ausfüh-

7.1 Dimensionen externen Vertrauens in Public Relations

rungen zu den Vertrauensdimensionen auch andere organisationale Selbstbeschreibungen – wie z. B. des Absatzes – adäquat kennzeichnen, soll nicht geprüft werden.

Die erste Dimension *Vertrauen in die Themenselektivität* beschreibt beim Journalismus die Themenauswahl, die selbst schon eine Information im Hinblick auf Aktualität ist, da der Journalismus bestimmten Themen Aufmerksamkeit schenkt und andere Themen ignoriert. Dies impliziert für Bezugsgruppen das Risiko, dass für sie wichtige Themen in der Berichterstattung nicht berücksichtigt wurden (vgl. ebd., S. 171). In der PR ist das Vertrauen hingegen nicht davon abhängig, ob die veröffentlichten Themen relevant sind, sondern vielmehr davon, ob kein wichtiges Thema zurückgehalten wird. Bezugsgruppen erwarten, dass PR sie über Themen informiert, die sie zu kennen glauben müssen. Das impliziert, dass nicht alle PR-Themen diesem Relevanz-Anspruch genügen müssen. Mit anderen Worten: PR kann auch „bunte" nicht relevante Themen veröffentlichen – es dürfen aber keine wichtigen fehlen. Das eigentliche Risiko für die PR besteht in der Frage, welche Themen relevant sind und bei welchen Themen Bezugsgruppen z. B. die Privatsphäre von Unternehmen akzeptieren. Genau diese Fragen scheinen der Ausgangspunkt vieler PR-Krisen zu sein. Während Bezugsgruppen davon überzeugt sind, dass sie einen wie auch immer begründeten Anspruch auf Informationen haben, berufen sich Unternehmen entweder auf das Recht der Privatsphäre oder darauf, dass ein solches Thema auch in der Vergangenheit nicht veröffentlicht wurde.

Ähnlich wie das Vertrauen in die Themenselektivität ist die *zweite Dimension Vertrauen in die Faktenselektivität* zu beurteilen. Die Selektion von Fakten stellt das Thema in einen bestimmten sozialen Kontext und ermöglicht es Bezugsgruppen, ein Ereignis zu relationieren und die Relevanz für sich selbst einschätzen zu können (vgl. ebd., S. 172). Ähnlich wie in der ersten Dimension unterscheidet sich PR vom Journalismus darin, dass hier weniger die Relevanz der selektierten Fakten zählt als vielmehr der Umstand, dass keine wichtigen fehlen.

Die dritte Dimension *Vertrauen in die Richtigkeit von Beschreibungen* ist sicherlich die prominenteste und insbesondere im Rahmen des Themas Vertrauen in PR die am häufigsten diskutierte. Diesem Aspekt widmet sich z. B. fast die gesamte Medienglaubwürdigkeitsforschung (vgl. ders. 2001, S. 87). Spätestens in dieser Dimension wird die Relevanz der oben ausgeführten erkenntnistheoretischen Diskussion deutlich. In einer non-dualistischen Perspektive interessiert dann nicht eine „tatsächliche" Übereinstimmung eines beschreibungsverschiedenen Objektes und einer Beschreibung, sondern allein, ob die Beschreibung als „wahr" beschrieben wird (vgl. Mitterer 1992). Eine solche Ausflaggung als wahr ist im Vertrauensprozess relevant: Denn würde nicht unterstellt, dass auch andere diese Auffassung für richtig und wahr halten, wäre der Beliebigkeit keine Grenzen gesetzt, so dass Vertrauen zwangsläufig enttäuscht werden müsste (vgl. Luhmann 1989, S. 56). Die Richtigkeit bezieht sich auf die nachprüfbare und konsentierbare Richtigkeit der Beschreibung oder Bezeichnung bereits ausgewählter Fakten und Themen (vgl. Kohring 2004, S. 172). In non-dualistischer Perspektive sind dies also „wahre" Fakten im Sinne eines Basiskonsenses. Dazu zählen beispielsweise normierte Messverfahren. Hier ist zu vermuten, dass es keinen Unterschied zwischen PR und Journalismus gibt.

Die *vierte Dimension Vertrauen in explizite Bewertung* bezieht sich auf die üblicherweise in Kommentaren verwendeten Adjektive. Solche Bewertungen sind für Rezipienten einerseits eine erhebliche Handlungsentlastung, andererseits aber auch besonders riskant (vgl. Kohring 2004, S. 173 f.). Es ist zu vermuten, dass PR die größte ‚Narrenfreiheit' genießt: Weil Rezipienten um den Selbstdarstellungscharakter wissen, dürften z. B. kleinere Übertreibungen hier geduldet werden.

Während mit der systemtheoretischen Perspektive die spezifische Selektivität von PR-Beschreibungen herausgearbeitet werden konnte, verdeutlicht der Non-Dualismus eindrucksvoll die „Willkür", was als wahr und als nicht wahr bezeichnet wird. Vor dem Hintergrund dieser Überlegungen soll für ein erweitertes Verständnis von Lügen in der PR plädiert werden. Bisher wird als Lüge in der Regel nur ein bewusster bzw. als bewusst unterstellter Verstoß gegen die Richtigkeit von Beschreibungen bezeichnet – also Verstöße in der dritten Dimension. Plausibler erscheint es, auch das bewusste Zurückhalten von als relevant eingeschätzten Themen, Fakten und Bewertungen, also eine bewusste Nicht-Selektion von Themen, Fakten und Bewertungen als Lüge zu bewerten. Dies gilt umso mehr bei Organisationen, die eine Vielzahl von PR-Botschaften publizieren, aber von Bezugsgruppen als relevant eingestufte bewusst nicht veröffentlichen. Konkret: *Die Lüge besteht dann nicht darin, dass PR vor allem positive und ggf. weniger relevante Themen, Fakten, Beschreibungen oder Bewertungen veröffentlicht. Als Lüge soll vielmehr bezeichnet werden, wenn PR Themen, Fakten, Beschreibungen oder Bewertungen veröffentlicht, die sie selbst als positiv, weniger relevant bzw. nicht richtig bewertet, während sie gleichzeitig Themen, Fakten, Beschreibungen oder Bewertungen bewusst nicht veröffentlicht, die sie als negativ, relevant bzw. richtig bewertet.* Einerseits gilt damit auch für ein solches erweitertes Verständnis von Lüge, dass die *bewusste* Nicht-Selektion die Voraussetzung für eine Lüge ist. Ob PR „Spinners or sinners?" (Jempson 2005) sind, muss damit auch künftig jede PR für sich selbst beantworten. Andererseits greift dann nicht mehr die beliebte PR-Strategie „Ich lüge nie, lieber schweige ich." (Josef von Ferenczy; zit. nach Westerbarkey 2000, S. 177), die Schmid als moralisches Ruhekissen entlarvt: „Wer die Weglassung nicht unter der ‚Lüge' einordnet, hat eine Möglichkeit gefunden, Information zu kontrollieren und seine Kommunikationspartner irrezuführen, ohne ein schlechtes Gewissen in Kauf nehmen zu müssen." (Schmid 2000, S. 121) Schweigen als Nicht-Selektion des einen Themas und Selektion eines anderen Themas ist dann ebenfalls eine Lüge. Wenn 84 % der

Pressesprecher sagen, dass man in bestimmten Situationen Informationen zurückhalten darf, aber nur drei Prozent sagen, dass man in Notsituationen lügen dürfe, zeigt dies zudem, zu welchem „Dammbruch" ein solches erweitertes Verständnis führt (vgl. Bentele et al. 2009, S. 159).

7.2 Die Möglichkeit von Vertrauen in PR

Zu Beginn der Untersuchung sind zehn Gründe genannt worden, warum externes Vertrauen in Public Relations unwahrscheinlich erscheint. Es scheint z. B. mit dem Journalismus Bereiche zu geben, in die mehr vertraut wird als in Public Relations. Im Folgenden soll analysiert werden, warum (a) PR grundsätzlich überhaupt die Chance hat, dass ihr vertraut wird und (b) mit welchen Einschränkungen Vertrauen in PR verbunden ist. Letztlich wird damit im Folgenden die zu Beginn vertretene pessimistische Haltung zum externen Vertrauen in PR relativiert.

Gerade weil die Rezipienten erwarten, dass Unternehmen sich primär an wirtschaftlichen Rationalitäten orientieren, ist das Vertrauen in PR beschränkt. Daher stellt sich bei der Analyse des organisationsexternen Vertrauens in PR zunächst die grundsätzliche Frage, ob Selbstbeschreibungen wie z. B. PR-Beschreibungen überhaupt eine Chance haben, dass ihnen extern vertraut wird. Wenn wir in einer „Inszenierungsgesellschaft" (Willems und Jurga 1998a) und „Lügengesellschaft" (Hettlage 2003; Reinhard 2006) leben sollten, wie verschiedentlich konstatiert wird, stellt sich die Frage, warum ausgerechnet PR als Selbstdarstellungskommunikation noch ernsthaft mit Vertrauen rechnen sollte.

Die vielfältigen Abhängigkeitsbeziehungen zwischen gesellschaftlichen Teilbereichen führen zur Notwendigkeit von Vertrauenshandlungen – ohne Vertrauenshandlungen würde sich die Gesellschaft wieder entdifferenzieren. „Die einzige ‚Sicherheit, die wir in dieser Welt haben können, ist Vertrauen." (Krieg 1997, S. 11) Zur Orientierung in diesen unübersichtlichen Verhältnissen haben sich gesellschaftliche Beobachtungsinstanzen wie der Journalismus oder Verbraucherschutzorganisationen herausgebildet, die sich darauf spezialisiert haben, gesellschaftliche Teilbereiche zu beobachten und diese Umweltbeschreibungen zu veröffentlichen. Tendenziell ist das Vertrauen in diese Umweltbeschreibungen größer als in Selbstbeschreibungen. Allerdings stoßen Beobachtungsinstanzen wie der Journalismus ihrerseits an Grenzen. Dies beginnt bei Selbstbeschreibungen der PR, auf die der Journalismus ganz wesentlich zurückgreift, setzt sich darin fort, dass er zeitlich, sachlich und sozial letztlich nur einen kleinen Teil der Gesellschaft beobachten kann, und endet schließlich damit, dass journalistische Beschreibungen selbst selektiv und damit kontingent sind und mithin nicht „wahrer" sind als PR-Beschreibungen. Letztlich führt also kein Weg an Selbstbeschreibungen von Organisationen zur sozialen Orientierung vorbei.

Wenn Vertrauen in einer Risikogesellschaft immer wichtiger wird, folgt daraus, dass auch Vertrauen in PR immer wichtiger wird. So gerne man jedes technische Risiko vom *TÜV* oder anderen Experten überprüfen lassen möchte, so sehr wird jedem Tag für Tag deutlich, dass dies kaum möglich ist – und dass auch Prüfexperten versagen können.

Da Vertrauenshandlungen immer vom Vertrauenssubjekt abhängig sind, sind generalisierende Aussagen zum Vertrauen in Vertrauensobjekte immer mit Vorsicht zu treffen. Grundsätzlich dürfte es jedoch als plausibel erscheinen, dass wegen der genannten Probleme journalistischen Fremdbeschreibungen eher vertraut wird als PR-Selbstbeschreibungen. Die Frage ist, wie dies jenseits dieser allgemeinen Erläuterung und für Vertrauen in PR zu konkretisieren ist. Mit welchen Einschränkungen ist Vertrauen in PR also verbunden?

Bei einer näheren Beobachtung zeigt sich, dass Vertrauen ein fragiles Konstrukt ist. Während Vertrautheit sich durch ein völliges Fehlen von Risikobewusstsein auszeichnet (vgl. Kohring 2004, S. 101), also unvermeidbare Tatsache des Lebens angesehen wird (vgl. Luhmann 2001, S. 144), beginnt Vertrauen da, wo dem Handelnden die Kontingenz des eigenen wie des fremden Handelns deutlich wird, wo ihm also die Riskanz deutlich wird, trotz seines partiellen Nicht-Wissens sein Handeln fortzusetzen (vgl. Kohring 2004, S. 98). Ein Beispiel für eine solche Vertrauenshandlung ist ein Autofahrer, der aufgrund von Stauprognosen in den Medien eine andere Route wählt. Ihm ist dabei bewusst, dass er der Mediendarstellung vertraut. Dies kann mit Luhmann als spontanes Vertrauen verstanden werden (vgl. Luhmann 1989, S. 75).

Davon abzugrenzen ist durchschauendes Vertrauen; es „durchschaut die durch Arbeit an Symbolen konstituierte Welt des sozialen Kontakts als hergestellten Schein – aber als Schein, der für die Fortsetzung der Kontakte eine tragfähige Grundlage abgibt, sofern jedermann die Spielregeln beachtet und an der Erhaltung der Darstellung vertrauensvoll mitwirkt" (ebd., S. 74). Im Gegensatz zum spontanen Vertrauen geht der Vertrauenshandlung eine Reflexionsphase voraus, die wiederum Ressourcen kostet. Es fordert vom Vertrauenden mehr Umsicht, mehr Überlegungen. Er vertraut nicht direkt dem anderen, sondern er vertraut den Gründen, aus denen das Vertrauen „trotzdem funktioniert" (ebd., S. 75). Durchschauendes Vertrauen reduziert daher Komplexität weniger als spontanes Vertrauen: Es belastet den Handelnden stärker mit Komplexität und ist daher schwieriger (vgl. ebd., S. 75).

Letztlich ist durchschauendes Vertrauen ein Vertrauen in Vertrauen, also reflexives Vertrauen. Weil man sowohl um die Risiken als auch um die Vorteile von Ver-

7.2 Die Möglichkeit von Vertrauen in PR

trauenshandlungen weiß, vertraut man hier in Vertrauen. Mithin dürfte Vertrauen in PR deutlich häufiger in der besonderen Form reflexiven Vertrauens vorliegen als zum Beispiel Vertrauen in Journalismus. Am Ende der Untersuchung wird vom spontanen und durchschauenden Vertrauen noch das skeptische Vertrauen abzugrenzen sein.

All dies ist immer noch deutlich abzugrenzen von Misstrauen in PR. Misstrauen ist funktional äquivalent zu Vertrauen. Beim Misstrauen werden die Erwartungen ins Negative zugespitzt – auch damit reduziert Misstrauen Komplexität (vgl. ebd., S. 78 f.). Der Autofahrer bleibt auf seiner Route, vielleicht gerade weil ein bestimmtes Medium vor einem Stau gewarnt hat. Misstrauen macht sich auch von einer Fremdselektion abhängig, aber in der Weise, dass dann wegen der Risikowahrnehmung die eigene Selektion unterbleibt (vgl. Kohring 2004, S. 134).

Damit können die Überlegungen zur (Un-)Möglichkeit von Vertrauen in PR noch einmal konkretisiert werden. PR wird auch in Zukunft nicht nur auf Misstrauen treffen – *obwohl* viele Rezipienten einen Lügenverdacht hegen. Und *weil* viele Bezugsgruppen den Lügencharakter zu kennen glauben und damit um die eigene Verletzbarkeit wissen, werden auch in Zukunft „ertappte" Lügner mit Vertrauensentzug bestraft werden. Die Plausibilität dieser Vermutung zeigt eindrucksvoll das ambivalente Verhältnis des Journalismus zur PR. Einerseits sprechen große Teile der PR als Ganzes recht offen ihr Misstrauen aus, andererseits wissen sie, dass sie zumindest einem Teil der PR-Beschreibungen im Alltag vertrauen *müssen* (vgl. Weischenberg et al. 2006, S. 127) – so schwer es vielen auch fallen mag.

Bezugsgruppen suchen nach Indizien, warum sie vertrauen können. Wenn sie schon vertrauen müssen, wollen sie dies auch begründen können. Erst wenn Inszenierungen zu offensichtlich werden und sie als inauthentisch bewertet werden, droht der Vertrauensentzug – und dann mit aller Härte. Man könnte die Erwartungshaltung vieler Bezugsgruppen zugespitzt auch so formulieren: *„Lüge, aber bitte vertrauenswürdig!"*

Man könnte dies auch aus einer Wettbewerbsperspektive beschreiben: Neben einem Kampf um Aufmerksamkeit (Hoffjann 2007b, 2008, 2009c) gibt es auch einen Kampf um die Zuschreibung von Vertrauenswürdigkeit. Es geht damit um mehr oder weniger Vertrauenswürdigkeit. Die berühmte Roper-Frage wird PR nur in seltenen Fällen gegenüber dem Journalismus für sich entscheiden können: „If you got conflicting or different reports of the same news story from, radio, television, the magazines and the newspapers, which of the four versions would you be most inclined to believe – the one on radio or television or magazines or newspapiers?" (Roper 1985, S. 5) PR-Beschreibungen werden in der Regel nur dann akzeptiert, wenn „der Öffentlichkeit offensichtlich keine ‚besseren' Informationen zur Verfügung stehen, um das von PR transformierte Wissen zu übertrumpfen"

(Ronneberger und Rühl 1992, S. 244). Dies ist allerdings auch weniger relevant. Viel wichtiger ist es, dass die PR einer Organisation im Vergleich zu einer anderen Organisation als vertrauenswürdiger bewertet wird und ihr mithin vertraut wird – und der anderen nicht. Gerade weil Unternehmen unter vielen Vertrauensproblemen zu leiden haben, ist es wichtig, sich einen „Rest" an Vertrauenswürdigkeit zu „erwerben". Dabei ist Vertrauen eben vor allem auch relativ, weniger absolut zu sehen. Althoff hat diesen kompetitiven Charakter von Vertrauenswürdigkeit für die Auseinandersetzungen von politischen Akteuren in politischen Wahlkämpfen beschrieben: „Sie haben offensichtlich eine klare Beeinflussungsabsicht, sind interessengeleitet und alles andere als unabhängig oder unparteiisch. Allerdings werden die Glaubwürdigkeit und damit das Persuasionspotenzial ihrer Kommunikationsstrategien davon beeinflusst, inwieweit sie von den Wählen als vertrauenswürdig und kompetent wahrgenommen werden. Daraus ergibt sich ein deutlicher Wettbewerbsvorteil für den politischen Akteur, dem es auch auf einem allgemein niedrigen Glaubwürdigkeitsniveau gelingt, relativ glaubwürdiger zu sein als die politische Konkurrenz." (Althoff 2008, S. 113)

PR wird im Gegensatz zur Mediawerbung daher immer ein „unentspanntes" Verhältnis zum eigenen Selbstdarstellungscharakter haben. Es ist eben nicht opportun, wenn ein Pressesprecher seine eigenen Auskünfte mit den Worten von Klaus Kocks kommentieren würde: „Selbstverständlich müssen Sie als aufgeklärter Mensch immer davon ausgehen, dass ich lüge. Sie müssen sogar befürchten, dass ich die Wahrheit sage, ohne dass Sie es merken." (Kocks 2007b). Deshalb ist es selten vertrauensbildend, wenn PR den Inszenierungscharakter thematisiert. Solche Selbstthematisierungsstrategien dürften in der Mediawerbung eher erfolgversprechend sein (vgl. Willems und Kautt 2003, S. 114 f.) – in der PR sind sie es seltener. Und deshalb dürfte sich auch die organisierte PR-Praxis weiterhin schwer damit tun, dieses Problem offen zu diskutieren.

Einleitend sind eine Vielzahl an Gründen benannt worden, warum PR immer unter Vertrauenswürdigkeitsdefiziten leiden dürfte. All dies ändert aber eben nichts daran, dass auch künftig eine PR-Beschreibung als vertrauenswürdiger als eine andere eingestuft wird – und dass man in die Umweltverträglichkeit des einen Unternehmens vertraut und in die eines anderen Unternehmens eben nicht.

7.3 PR als Vertrauensvermittler von PR

Während PR in der Forschung bislang vor allem als Vertrauensvermittler (Bentele 1994a) der gesamten Organisationen beschrieben worden ist, hat sich die Beschreibung von Vertrauen in PR bislang insbesondere auf das Fehlen von Diskrepanzen

7.3 PR als Vertrauensvermittler von PR

und Postulate wie Wahrhaftigkeit beschränkt. Die Konzipierung externen Vertrauens in PR als Vertrauen in die Umweltverträglichkeit hat gezeigt, dass diese Annahmen zu weit reichend und verkürzend zugleich sind.

Auf der Basis des vorgestellten PR-Verständnisses ist es verkürzend, weil die interne Wirkungsrichtung von PR vernachlässigt wird – PR wirkt eben auch in die Organisation. Externes Vertrauen in PR bzw. in die Umweltverträglichkeit von Organisationen umfasst folglich nicht nur Vertrauen in die PR-Beschreibungen, sondern auch in die Umweltverträglichkeit anderer organisationaler Operationen.

Zugleich erscheint die Annahme zu weit reichend, weil Vertrauen auch in anderen Organisationsbereichen relevant ist. Mit dem Vertrauen in die wirtschaftliche Leistungsfähigkeit und dem Vertrauen in die Umweltverträglichkeit von Unternehmen sind zwei Arten externen Vertrauens in Unternehmen benannt worden. Darüber hinaus dürften sich Unternehmen in weiteren Vertrauensbeziehungen befinden. Im Anschluss an die vertrauenstheoretischen Überlegungen wird damit dafür plädiert Vertrauen immer im spezifischen Erwartungskontext zu analysieren. Daraus folgt, dass ein generelles und umfassendes Vertrauen in Organisationen wie Unternehmen nicht plausibel erscheint. So müsste das folgende Zitat von Preisendörfer, der ein solches generelles Vertrauen zu unterstellen scheint, konkretisiert werden durch die konkreten Vertrauenserwartungen: „Wenn einem korporativen Akteur Vertrauen geschenkt wird, dann bedeutet dies, dass ihm Ressourcen zufließen, ihm eine gewisse Handlungsfreiheit für die Nutzung dieser Ressourcen zugestanden wird, und sich daraus neue Handlungsmöglichkeiten für ihn eröffnen" (Preisendörfer 1995, S. 270). Für PR ist mithin „nur" das externe Vertrauen in die Umweltverträglichkeit relevant, um dadurch künftige Handlungsmöglichkeiten des Unternehmens zu sichern.

Damit muss vor dem Hintergrund des erweiterten PR-Verständnisses die Rolle von PR als Vertrauensvermittler neu erörtert werden. In dem vorgestellten Entwurf ist Vertrauen in PR Vertrauen in das Fehlen von als negativ bewerteten Auswirkungen einer Organisation – Vertrauen in die Umweltverträglichkeit ist also Vertrauen in einen spezifischen Aspekt von Organisationen. Die Rolle der PR als Vertrauensvermittler beschränkt sich dann auf zwei Aspekte. Erstens vermittelt PR Vertrauen vor allem in sich selbst, indem sie durch Vertrauen in PR-Selbstbeschreibungen Vertrauen in die Umweltverträglichkeit einer Organisation und damit in die Selbststeuerungen schafft. Zweitens hat Vertrauen in PR auch Auswirkungen auf andere Vertrauensbeziehungen zu einer Bezugsgruppe; eine öffentliche Skandalisierung fehlender Sicherheit technischer Produktionsanlagen kann auch das Vertrauen in die Leistungsfähigkeit eines Unternehmens schwächen. Da ein solches Beeinflussungsverhältnis aber auch vice versa vorhanden sein dürfte, wird deutlich, dass PR eben nur einer von mehreren organisationalen Vertrauensvermittlern ist.

Abschließend soll noch ein anderes Beeinflussungsverhältnis thematisiert werden: der Zusammenhang von internem Vertrauen in PR und externem Vertrauen in PR. Es ist offenkundig, dass sich beide in der Regel einander bedingen. Fehlendes externes Vertrauen in PR führt zu einer fehlenden Legitimation des Unternehmens und dürfte daher unmittelbar auch das interne Vertrauen in PR schwächen, da es der PR offenkundig nicht gelungen ist, das Unternehmen erfolgreich zu legitimieren. Eine Ausnahme dürfte nur sein, wenn sich z. B. die Unternehmensleitung bewusst gegen eine Empfehlung der PR entschieden hat und dies wiederum zur Delegitimation geführt hat – zum Beispiel das Festhalten an einem umstrittenen Produkt oder einer Risikotechnologie. Umgekehrt dürfte sich fehlendes internes Vertrauen in PR eher mittelbar auf externe Vertrauensprobleme auswirken. Wenn PR-Beschreibungen und PR-Empfehlungen intern ignoriert werden, sind Konflikte mit Bezugsgruppen und damit verbunden Vertrauensverluste nurmehr eine Frage der Zeit.

7.4 Gründe für externes Vertrauen in Public Relations

Bislang stand die Frage im Mittelpunkt, worauf sich internes und externes Vertrauen in PR bezieht. Nachfolgend soll die Frage beantwortet werden, wie externes Vertrauen in PR begründet wird. Während damit weiterhin die Perspektive der Vertrauenssubjekte eingenommen wird, wird ab dem folgenden Kapitel im zweiten Teil ein Perspektivenwechsel vollzogen. Dort wird zu fragen sein, wie PR als Vertrauensobjekt die Gründe für Vertrauen bzw. die Indikatoren für Vertrauenswürdigkeit instrumentalisiert, um die Wahrscheinlichkeit von Vertrauenswürdigkeitszuschreibungen zu erhöhen. Im Folgenden werden zunächst noch einmal die allgemeinen Überlegungen zu den Gründen für Vertrauen bzw. zu den Indikatoren zur Vertrauenswürdigkeit zu vertiefen sein, bevor auf dieser Grundlage Gründe für externes Vertrauen bzw. Indikatoren für Vertrauenswürdigkeit für PR entwickelt werden.

Vertrauenshandlungen setzen die bewusste Wahrnehmung eines Risikos voraus. Vertrauen überbrückt damit nicht-kalkulierbare Situationen (vgl. Kohring 2004, S. 116). Vertrauen wird aus der Perspektive des Vertrauenssubjektes nicht grundlos geschenkt. So wird ein Vertrauenssubjekt vor einer Vertrauenshandlung Indikatoren für die Vertrauenswürdigkeit des Vertrauensobjektes sammeln und prüfen – wie rudimentär auch immer dies geschehen mag. Die Vertrauenshandlung besteht dann darin, wenn die vorhandenen Informationen überzogen werden und trotz des Nichtwissens gehandelt wird (vgl. Luhmann 1989, S. 26).

Nur ein scheinbarer Widerspruch ist es, wenn Vertrauen letztlich immer unbegründbar ist (vgl. ebd., S. 26). Denn wenn Vertrauen „auf angebbare Gründe hin entsteht, aber nicht aus ihnen besteht" (Simmel 1977, S. 165), dann können Gründe

7.4 Gründe für externes Vertrauen in Public Relations

Vertrauenshandlungen nicht völlig erklären. Dieser Aspekt ist für die Untersuchung von zentraler Bedeutung: Denn wenn kein direkter Zusammenhang zwischen der von einem Vertrauenssubjekt zugeschriebenen Vertrauenswürdigkeit und Vertrauenshandlungen zu finden ist, schränkt dies die Aussagekraft von identifizierten Indikatoren für Vertrauenswürdigkeit erheblich ein. Mit Zuschreibungen zur Vertrauenswürdigkeit werden Vertrauenshandlungen also lediglich *legitimiert*, völlig *erklären* können sie sie nicht. Kohring betont daher zu Recht den Symbolcharakter von benannten Gründen für Vertrauenshandlungen (vgl. Kohring 2004, S. 182).

Damit ist bereits der Doppelcharakter von Gründen für Vertrauen bzw. Indikatoren für Vertrauenswürdigkeit angedeutet worden. *Ex ante* sucht ein Vertrauenssubjekt – rudimentär und unbewusst oder aufwändig und nach definierten Kriterien – nach Indikatoren für die (fehlende) Vertrauenswürdigkeit eines Vertrauensobjektes – Vertrauenswürdigkeit ist daher immer ein Zuschreibungsprozess. Diese Indikatoren sind die Informationen, die in der Vertrauenshandlung überzogen werden (vgl. Luhmann 1989, S. 26). *Ex post* werden Indikatoren (teilweise) zu Gründen für die Vertrauenshandlung. Ein Vertrauenssubjekt legitimiert damit die Vertrauenshandlung vor sich und gegenüber anderen. Daher werden als negativ bewertete Informationen ex post mitunter ausgeblendet, weil damit die Vertrauensentscheidung in Frage gestellt wird. Die geleistete Begründung geht folglich nicht von vermeintlich objektiven Gründen aus, sondern von einer bereits gewählten Handlung, die dann im Nachhinein begründet wird (vgl. Kohring 2004, S. 178).

Wenn Vertrauenswürdigkeit als Zuschreibung verstanden wird, dann erfährt man etwas über die relevanten Gründe und Indikatoren nur durch eine Befragung der Vertrauenssubjekte – und nicht durch eine Untersuchung der Vertrauensobjekte. So mögen die in der verhaltensorientierten Glaubwürdigkeitsbeurteilung genannten psychophysiologischen Phänomene wie Blutdruck und Herzrate (vgl. Köhnken 1990, S. 9) zwar in einem Zusammenhang mit Lügen stehen, bei der Zuschreibung von Vertrauenswürdigkeit durch Vertrauenssubjekte in Alltagssituationen spielen sie hingegen keine Rolle, weil sie nicht beobachtbar sind.

Die Gründe sollen im Folgenden differenziert werden zwischen Gründen, die auf positiven Erfahrungen gegenüber dem Vertrauensobjekt beruhen, und Gründen ohne Erfahrungen mit zurückliegenden Vertrauenshandlungen mit dem Vertrauensobjekt. Beiden gemeinsam ist, dass hier differenziert werden kann, ob man selbst positive Erfahrungen gemacht hat bzw. etwas beobachtet hat, ob dies Erfahrungen bzw. Beobachtungen Dritter oder der Medien sind. Zudem basieren Vertrauenswürdigkeitszuschreibungen in der Regel auf entsprechenden zurückliegenden Erfahrungen *und* auf der Beobachtung entsprechender Indikatoren. Selbst in den Fällen, in denen zurückliegende Vertrauenshandlungen immer bestätigt wurden, dürfte man die Indikatoren beobachten, um die Vertrauenswürdigkeit zu überprüfen. Allein bei neuen Unternehmen, zu denen noch keine zurückliegenden Erfahrungen vorliegen, werden Vertrauenswürdigkeitszuschreibungen nur auf Grundlage von beobachtbaren Indikatoren getroffen.

Bei *positiv bestätigten Vertrauenserfahrungen* mit einem Vertrauensobjekt werden zurückliegende Erfahrungen in die Zukunft projiziert (vgl. Kohring 2004, S. 179). Typisch für Vertrauensbeziehungen ist in diesem Kontext zudem, dass man mit kleinen Risiken beginnt und die erfolgreiche Bestätigung der Vertrauenserfahrung abwartet, bevor größere Risiken eingegangen werden (vgl. Luhmann 1996a, S. 181). Vertrauen hat damit einen „zirkulären, sich selbst voraussetzenden und bestätigenden Charakter, der allen Strukturen eigen ist, die aus doppelter Kontingenz entstehen" (Luhmann 1996a, S. 181; vgl. Schweer und Thies 2003, S. 60).

Während die Gründe, die auf bestätigten Erfahrungen mit Vertrauenshandlungen mit dem Vertrauensobjekt beruhen, für Vertrauenswürdigkeitszuschreibungen wichtiger sein dürften, nehmen die *Gründe ohne Erfahrungen* in der Literatur einen deutlich größeren Raum ein. So beschäftigt sich nahezu die gesamte Glaubwürdigkeitsforschung mit der Frage nach Indikatoren für die Glaubwürdigkeit bzw. Vertrauenswürdigkeit ohne Vorerfahrungen. Weil Situationen, die als Risiko wahrgenommen werden, durch unvollständige Informationen und damit eine gewisse Unübersichtlichkeit geprägt sind, überprüft ein Vertrauenssubjekt Indikatoren für die Vertrauenswürdigkeit (vgl. Luhmann 1996a, S. 181). Es sucht nach sichtbaren Anzeichen, die für oder gegen eine Vertrauenshandlung sprechen. Diese Indikatoren werden aus den Vertrauenserwartungen abgeleitet, also aus den Dimensionen, die konkretisieren, worauf sich Vertrauen bezieht. Es erscheint lohnenswert, für die oben herausgearbeiteten Dimensionen nach spezifischen Gründen bzw. Indikatoren zu suchen, da man so Hinweise über Vertrauenswürdigkeitszuschreibungen zu spezifischen Dimensionen erhält. Weil aber Indikatoren eher Symbolcharakter für Vertrauenshandlungen haben und der Zusammenhang zwischen Indikatoren bzw. Gründen und Vertrauenshandlungen daher nicht deterministisch zu verstehen ist, sind hier Unschärfen nicht zu vermeiden. Der weitere mittelbare Zusammenhang und die mitunter willkürliche Zuschreibung von Indikatoren soll an einigen Beispielen illustriert werden.

- *Ein Indikator für Vertrauenswürdigkeit in verschiedenen Kontexten*: So dürfte ein Indikator wie die Sauberkeit für Vertrauenswürdigkeitszuschreibungen in ganz unterschiedlichen Bereichen benutzt werden – von sauberen Arztpraxen als Indikator für die Vertrauenswürdigkeit von Ärzten über saubere Friseursalons als Indikator für die Vertrauenswürdigkeit von Friseuren bis hin zu sauberen Autowerkstätten als Indikator für die Vertrauenswürdigkeit von Automechanikern.
- *Ein Indikator für Vertrauenswürdigkeit in verschiedenen Vertrauensdimensionen*: Ein Indikator wie ein als rhetorisch überzeugend bewerteter Auftritt eines Pres-

7.4 Gründe für externes Vertrauen in Public Relations

sesprechers kann zu Vertrauenswürdigkeitszuschreibungen in allen vier Vertrauensdimensionen zu PR-Selbstbeschreibungen führen.
- *Ein Indikator für sich widersprechende Vertrauenswürdigkeitszuschreibungen*: Des weiteren könnte ein als rhetorisch überzeugend bewerteter Auftritt von einer Person als Indikator für die Vertrauenswürdigkeit und von einer anderen Person für fehlende Vertrauenswürdigkeit bewertet werden, weil sie den Auftritt als „zu perfekt" und damit inszeniert interpretiert. So haben Untersuchungen gezeigt, dass Indikatoren, die als Täuschung verstanden werden, nicht identisch sind mit den Merkmalen, die bei eingestandener unehrlicher Darstellung tatsächlich zu beobachten sind (vgl. Laux und Schütz 1996, S. 44; Köhnken 1990).
- *Veränderungen der Relevanz von Indikatoren*: Und schließlich dürfte sich die Relevanz vieler Indikatoren im Zeitverlauf ändern.

Der fehlende direkte Zusammenhang von Indikatoren zu Vertrauenswürdigkeitszuschreibungen als auch zu Vertrauenshandlungen bedeutet jedoch nicht, dass negativ bewertete Informationen nicht enorme Auswirkungen auf Vertrauenswürdigkeitszuschreibungen haben können. Häufig ist das genaue Gegenteil zu beobachten. Gerade weil sich ein Vertrauenssubjekt des eingegangenen Risikos und der damit verbundenen Vagheit der Gründe bewusst ist, reagiert es mitunter umso heftiger, wenn es Informationen als kritisch oder negativ bewertet. „Es reagiert auf kritische Informationen nicht wegen der Fakten, die sie berichten, sondern weil sie als Indikatoren für Vertrauenswürdigkeit fungieren" (Luhmann 1996a, S. 181). Dies dürfte umso mehr für das abstrakte Systemvertrauen als für das Personenvertrauen gelten. Denn die hier beobachteten Symbole reduzieren deutlich mehr Komplexität als im Personenvertrauen.

Zudem erscheint es sinnvoll, zwischen der Beobachtbarkeit von Gründen zu differenzieren. Als besser beobachtbare Indikatoren bzw. Gründe sollen solche bezeichnet werden, deren Beobachtung in der Regel nicht weiter hinterfragt wird. Auch besser beobachtbare Indikatoren bleiben damit im strikten Diesseits – sie sind aber in der Regel konsentiert. Dieser Konsens kann dann enden, wenn ein Restaurant von Gästen als sauber eingeschätzt wird, das Gesundheitsamt nach einer Prüfung aber zu einer gegenteiligen Einschätzung kommt. Als schlechter beobachtbare Indikatoren bzw. Gründe sollen solche verstanden werden, die in der Regel mit anderen Indikatoren begründet werden. Beispiele hierfür sind Aufrichtigkeit und Kompetenz. So haben sich für die Bewertung der Kompetenz z. B. besser beobachtbare Indikatoren wie Meisterbriefe oder Berufsbekleidung wie Arztkittel und Uniformen etabliert.

Kaum beobachtbare Gründe scheinen eine große Rolle für die Begründung von Vertrauen in PR zu spielen. So nehmen z. B. Gewissenhaftigkeit und Ehrlichkeit eine wichtige Rolle im Kontext von Vertrauen in PR ein (vgl. Bentele und Seidenglanz 2004, S. 83). Vertrauen in PR wird hier also mit der unterstellten moralischen Integrität der PR begründet. Man kann aber auch in PR vertrauen, wenn man moralische Integrität in Abrede stellt: Dies sind Gründe, die auf die Selbstregulierungskräfte setzen. So kann man Vertrauen in PR damit begründen, dass Unternehmen weniger aus moralischen Gründen, sondern aus wirtschaftlichen Gründen umweltverträglich operieren, weil die öffentliche Skandalisierung eines möglichen umweltschädigenden Verhaltens wirtschaftliche Folgen haben könnte (vgl. Hardin 2002, S. 186).

Diese allgemeinen Überlegungen sind die Basis, um im Folgenden Indikatoren für Vertrauenswürdigkeitszuschreibungen bzw. Gründe für externes Vertrauen in PR zu entwickeln. Dabei müssen aus den zurückliegenden Überlegungen die folgenden Aspekte im Folgenden berücksichtigt werden:

- Wenn Vertrauen immer von den spezifischen Erwartungen abhängt, dann müssen – jenseits von oben genannten Gemeinsamkeiten – offenbar auch die Gründe hierfür im spezifischen Kontext gesehen werden. Man vertraut folglich einem Pastor aus anderen Gründen als einem Pressesprecher. Daher werden im Folgenden neben unspezifischen bzw. allgemeinen Gründen bzw. Indikatoren auch spezifische Gründe bzw. Indikatoren für Vertrauenswürdigkeit von PR herauszuarbeiten sein (vgl. Kohring 2001, S. 71).
- Wenn zwischen Vertrauen in die externen Kontextsteuerungen und in die internen Selbststeuerungen von PR unterschieden wurde, müssen auch die zu identifizierenden Gründe dieser Differenzierung Rechnung tragen. Und noch konkreter: Wenn sich externes Vertrauen in PR in verschiedenen Dimensionen konkretisiert, dann sind auch die Indikatoren für Vertrauenswürdigkeit entsprechend zu differenzieren.
- Und schließlich ist konstatiert worden, dass Vertrauen in PR beeinflusst wird von anderen organisationalen Vertrauensbeziehungen. (Fehlendes) Vertrauen in die Produkte eines Unternehmens kann das Vertrauen in PR beeinflussen. Auch dies wird bei den zu entwickelnden Gründen zu berücksichtigen sein.

Die für die folgenden Überlegungen systematisierende Differenz ist die zwischen Gründen für Vertrauen in Kontextsteuerungen – und hier insbesondere PR-Beschreibungen – und in Selbststeuerungen. Dabei kann es nicht das Ziel sein, die Indikatoren und Gründe vollständig erfassen zu wollen. Es ist oben aufgezeigt worden, dass die Auswahl von Indikatoren und Gründen nicht nur von den Vertrauenssubjekten und von den spezifischen Vertrauenskontexten abhängen, sondern sich auch noch kontinuierlich verändern dürften. Es geht im Folgenden daher vielmehr darum, eine Systematik als Rahmen für Gründe und Indikatoren für externes Vertrauen in PR vorzustellen.

7.4.1 Gründe für externes Vertrauen in PR-Kontextsteuerungen

Externes Vertrauen in PR-Kontextsteuerungen bzw. in PR-Beschreibungen bezieht sich auf die angemessene Themen- und Faktenselektivität, auf die Richtigkeit der Beschreibungen und auf angemessene Bewertungen. Verkürzt könnte man als Frage der Bezugsgruppen an PR-Selbstbeschreibungen auch formulieren: Ist es wahr, ausgewogen und fehlt etwas Wichtiges? Welche Gründe gibt es entsprechend für Vertrauen bzw. welche Indikatoren lassen sich für Vertrauenswürdigkeitszuschreibungen finden?

Als einer der wichtigsten Gründe für Vertrauenshandlungen sind *positiv bestätigte Vertrauenshandlungen* genannt worden. Im PR-spezifischen Kontext sind dies PR-Beschreibungen, an die ein Vertrauenssubjekt mit Vertrauenshandlungen angeknüpft hat und in denen das Vertrauen „bestätigt" wurde. Dies liegt zum Beispiel vor, wenn eine Regierung mit Blick auf das Versprechen einer Industrie-Branche, die Schadstoffemissionen zu reduzieren, auf gesetzliche Regulierung verzichtet und anschließend geringere Emissionen beobachtet.

Die insbesondere für PR relevante Frage ist hier, wie unmittelbar bzw. mittelbar diese positiv bestätigten Vertrauenshandlungen sind: Müssen es eigene Erfahrungen sein, können es beobachtete oder berichtete Erfahrungen Dritter sein oder können es auch medienvermittelte Erfahrungen sein? Hier wird für ein abgestuftes Verständnis plädiert. So dürften eigene positiv bestätigte Vertrauenshandlungen als Begründung für Vertrauenswürdigkeit die größte Relevanz haben und damit wichtiger sein als positive Erfahrungen Dritter. Hingegen dürfte Vertrauenswürdigkeit häufiger mit positiven Erfahrungen begründet werden, über die Medien berichten. Dies können sowohl die journalistische Berichterstattung über konkret eingelöste Versprechen sein wie das oben genannte als auch allgemeine Beschreibungen wie „ein Unternehmen, das zu seinem Wort steht".

In Teilen ist hier das Konzept der sozialen Reputation von Mark Eisenegger (vgl. 2005) anschlussfähig. Insbesondere bei lange existierenden Unternehmen dürften sich viele vermittelte Prestigeinformationen auf zurückliegende Erfahrungen beziehen. Allerdings ist hier einzuschränken, dass sich vermittelte Prestigeinformationen auch auf Beobachtungen zu Indikatoren der Vertrauenswürdigkeit beziehen können. So dürften insbesondere bei jungen Unternehmen solche Beobachtungen gegenüber positiv bestätigten Vertrauenshandlungen überwiegen. Hierfür steht stellvertretend Karl-Theodor zu Guttenberg zu Beginn seiner Zeit als Minister.

Einerseits wurden wiederholt viele Indikatoren genannt, die für eine erfolgreiche politische Karriere sprachen, andererseits wurde einschränkend darauf hingewiesen, dass die versprochenen politischen Reformen erst noch erfolgreich umgesetzt werden müssten – noch fehlten damals also positiv bestätigte Vertrauenshandlungen (vgl. z. B. Demmer et al. 2010).[1]

Von diesen PR-spezifischen Erfahrungen, bei denen Vertrauenshandlungen des Vertrauenssubjektes an PR-Beschreibungen anschließen, sind *PR-unspezifische Erfahrungen* zu unterscheiden. So dürften auch positive oder negative Erfahrungen z. B. mit Werbeversprechen eines Unternehmens Auswirkungen auf die Einschätzung der Vertrauenswürdigkeit zur PR haben. Bei einem Unternehmen, dessen Produkte die werblichen Versprechen nicht einlösen, wird zwar zunächst vor allem die Vertrauenswürdigkeit der Leistungsfähigkeit betroffen sein. Dies dürfte mittelbar aber auch Auswirkungen auf die Vertrauenswürdigkeit anderer unternehmerischer Beschreibungen – wie z. B. der PR – haben. Auch dies gilt in hohem Maße für bestätigte eigene Vertrauenshandlungen ebenso wie für medial vermittelte Erfahrungen. Entsprechend ist das Konzept der funktionalen Reputation (vgl. Eisenegger 2005) mit den oben genannten Einschränkungen ebenfalls anwendbar.

Von positiv bestätigten Vertrauenshandlungen zu unterscheiden sind *Gründe ohne eigene, beobachtete oder vermittelte Vorerfahrungen*. In Anlehnung an die Diskurse der Glaubwürdigkeitsforschung (vgl. Köhnken 1990) sollen die PR-spezifischen Gründe ohne eigene, beobachtete oder vermittelte Vorerfahrungen wie folgt strukturiert werden: (a) inhaltsorientierte, (b) verhaltensorientierte, (c) quellenorientierte und (d) kontextorientierte Gründe und Indikatoren. Während inhalts- und verhaltensorientierte Gründe und Indikatoren situativ aus dem Akt der Mitteilung abgeleitet werden und hier von Merkmalen der Mitteilung auf die Angemessenheit der mitgeteilten Selektion oder Information geschlossen wird, rechnet man bei quellen-und kontextorientierten Gründen und Indikatoren die mitgeteilte Selektion bzw. Information auf Handeln zu und versucht, deren Güte aus nicht-situativen Beschreibungen des Handelnden abzuleiten (vgl. Kohring 2004, S. 180 f.).

Mit *(a) inhaltsorientierten Gründe und Indikatoren* soll auf inhaltliche Aspekte von PR-Beschreibungen fokussiert werden. Entsprechend der vorgestellten erkenntnistheoretischen Perspektive sind nicht vermeintlich tatsächliche inhaltliche

---

[1] Dass im Falle Guttenbergs als Erfolg bewertete politische Reformen als positiv bestätigte Vertrauenshandlungen bis zuletzt fehlten, dürfte neben den von Pörksen/Detel beschriebenen Evidenzerfahrungen des Publikums und dem kontraproduktiv wirkenden Krisenmanagement als Grenzüberschreitung zweiter Ordnung (vgl. Pörksen und Detel 2011) mit dazu geführt haben, dass die Vertrauenswürdigkeitszuschreibungen so schnell in Vertrauensunwürdigkeitszuschreibungen umschlagen.

7.4 Gründe für externes Vertrauen in Public Relations

Aspekte wie Widersprüche relevant, sondern allein wahrgenommene und mithin konstatierte inhaltliche Aspekte.

Ein in ganz unterschiedlichen Diskursen genannter Grund für die Vertrauenswürdigkeit von Beschreibungen ist die Konsistenz – also fehlende inhaltliche Widersprüche zwischen Beschreibungen (vgl. z. B. Arntzen 1993, S. 55 ff.; Bruhn 2005, S. 84). Im Kontext der vier Dimensionen von Vertrauen in PR-Beschreibungen stützt Konsistenz zunächst einmal das Vertrauen in jede der vier Dimensionen. Wenn die PR eines Unternehmens beispielsweise über einen langen Zeitraum regelmäßig Themen zum Umweltschutz ausgewählt hat, dann kann es als Indikator für fehlende Vertrauenswürdigkeit benutzt werden, wenn plötzlich andere Themen selektiert werden. Ähnliches gilt für die Auswahl von Fakten, bei denen als widersprüchlich wahrgenommene Fakten zu einem Thema als Anzeichen für das Zurückhalten von weiteren Fakten interpretiert werden können, sowie für widersprüchliche Beschreibungen und Bewertungen.

Der Symbolcharakter und damit der nur mittelbare Zusammenhang von Indikatoren und Vertrauenswürdigkeitszuschreibungen zeigt sich einmal mehr darin, dass es Ausnahmen von dieser selten hinterfragten Regel gibt. So hat bereits die Forschung zur Glaubwürdigkeit von Zeugenaussagen dies eingeschränkt und konstatiert, dass eine bestimmte Art der Inkonstanz sogar als Glaubwürdigkeitsmerkmal interpretiert werden kann (vgl. Arntzen 1993, S. 55). Wie plausibel ist dies für die PR? Eine besonders vertrauenswürdige Form inkonsistenter Beschreibungen dürften Beschreibungen von als Gegnern bekannten Quellen sein. Wenn PR bekannten Kontrahenten Platz einräumt, kann dies als Zeichen der Transparenz und Dialogbereitschaft interpretiert werden. Eine besondere Form inkonsistenter Beschreibungen sind zudem als negativ bewertete Themen, Fakten und Bewertungen, die als Indikator für die fehlende Umweltverträglichkeit des Unternehmens interpretiert werden können – also nicht verstanden im Sinne des Negative Campaigning als Skandalisierung eines anderen Unternehmens. Die Auswahl von als negativ bewerteten Themen und Fakten dürfte sich vor allem dann anbieten, wenn zu erwarten ist, dass die Nachteile von Dritten ohnehin angesprochen werden (vgl. Wehner 1996, S. 37 f.; Willems und Kautt 2003, S. 113). Die Auswahl von als negativ bewerteten Themen, Fakten und Bewertungen kann als Indikator für die Vertrauenswürdigkeit in die grundsätzlich angemessene Selektion der PR verstanden werden, weil PR eher die Auswahl von als positiv bewerteten Themen, Fakten und Bewertungen unterstellt wird. „Wenn jemand zugibt, auch gewisse Fehler zu haben, wird der Darstellung bestimmter persönlicher Vorzüge eher Glauben geschenkt." (Laux und Schütz 1996, S. 42) Hier wird deutlich, dass Bezugsgruppen nicht nur andere Vertrauenserwartungen in PR als z. B. in Journalismus haben, sondern dass auch andere Indikatoren bzw. Gründe genutzt werden, um die Vertrauenswürdigkeit zu prüfen bzw. zu begründen.

Ein weiterer Grund für die Vertrauenswürdigkeit von PR-Beschreibungen können schließlich als unabhängig bekannte Experten sein, die andere Beschreibungen der PR stützen (vgl. Willems und Jurga 1998b, S. 213 f.). Bei Bewertungen können zudem zurückhaltende Bewertungen die Vertrauenswürdigkeit unterstützen.

Bei *(b) verhaltensorientierten Gründen und Indikatoren* liegt der Fokus auf Aspekten wie dem nonverbalen Verhalten, dem extralinguistischen oder Sprechverhalten (vgl. Köhnken 1990, S. 7). Es geht also um die Frage, inwieweit verhaltensorientierte Indikatoren in einem möglichen Widerspruch zu inhaltsorientierten Gründen stehen. Verhaltensorientierte Beobachtungen dürften damit u. a. als Indikatoren für kaum beobachtbare Gründe wie Aufrichtigkeit benutzt werden.

Der Diskussion dieser Ebene scheint sowohl in populären wie auch in wissenschaftlichen Diskursen in den vergangenen Jahren mit dem Schlagwort der Authentizität eine wachsende Bedeutung zugekommen zu sein. Und auch in der PR-Forschung erlebt der Authentizitätsdiskurs seit einigen Jahren eine größere Beachtung (vgl. z. B. Kocks 2002, 2007a; Pleil und Rehn 2010; Szyszka 2012; Zowislo-Grünewald und Schulz 2011). Während die Authentizität von Personen vielfach untersucht und beschrieben wurde, steht die Frage nach der Authentizität von Organisationen wie Unternehmen noch am Anfang. Letztlich dürfte aber auch ein authentisches Verhalten von Unternehmen ein relevanter Grund bzw. Indikator für die Vertrauenswürdigkeit sein. Dies ist erstens zu vermuten, weil Personen und mithin z. B. deren nonverbales Verhalten Organisationen zugerechnet werden und mithin Vertrauenswürdigkeitszuschreibungen ihrer Organisation beeinflussen. Zweitens kann der Inszenierungscharakter einer gesamten Unternehmensveranstaltung thematisiert werden und daher das Verhalten als nicht authentisch oder besonders authentisch bewertet werden – dieser vermeintliche Widerspruch wird noch zu erläutern sein.

Authentizität wird gemeinhin als Zuschreibung von Echtheit, Ursprünglichkeit, Unmittelbarkeit und Eigentlichkeit verstanden (vgl. Knaller 2007, S. 7). Da Fragen der Authentizität schnell in einem infiniten Regress enden können, soll hier Authentizität in einem non-dualistischen Verständnis zunächst als Aussage zur Produktionsweise einer Medien- bzw. PR-Beschreibung verstanden werden (vgl. Weber 2005, S. 334). Eine als nicht-authentisch bezeichnete PR-Beschreibung wird dann folglich als inszeniert bewertet. Eine fehlende Authentizitätszuschreibung beinhaltet zwar noch nicht zwangsläufig einen Lügen-Vorwurf – also eine bewusst nicht angemessene Selektion. Aber es untergräbt das Vertrauen in jede der vier Vertrauensdimensionen bzw. -selektionen.

7.4 Gründe für externes Vertrauen in Public Relations

Um (In-)Authentizitätszuschreibungen differenzierter erläutern zu können, soll im Folgenden zwischen drei Modi der (In-)Authentizitätszuschreibung unterschieden werden. Dazu sollen die Überlegungen von Mitterer mit beobachtungstheoretischen Überlegungen von Spencer-Brown (1997) und Luhmann (vgl. 1994) verknüpft werden. Jede Beobachtung ist zugleich eine Beschreibung – Beobachtungen unterliegen damit den erläuterten diesseitigen Einschränkungen.

Ein erster Modus ist „mitlaufende" Authentizität, die auf einer Beobachtung erster Ordnung beruht (vgl. ähnlich Weber 2005, S. 334). In diesen Fällen wird der Inszenierungscharakter nicht thematisiert, die „Echtheit" wird also nicht in Frage gestellt, sondern unhinterfragt angenommen. Davon unterschieden werden können (In-)Authentizitätszuschreibungen, die immer das Ergebnis einer Beobachtung zweiter Ordnung sind, weil sie die Beobachtung z. B. einer PR-Beschreibung beobachten.

Hier kann zwischen „naiven" und „aufgeklärten" (In-)Authentizitätszuschreibungen differenziert werden. „Naive" (In-)Authentizitätszuschreibungen als zweiter Modus gehen davon aus, dass nicht jeder Auftritt zwangsläufig inszeniert sein muss. Sie beobachten folglich mit der Unterscheidung authentisch/inszeniert (vgl. ebd., S. 334). „Naive" (In-)Authentizitätszuschreibungen fragen demnach zunächst, *ob* inszeniert wurde. (In-)Authentizitätszuschreibungen sind dann die oben skizzierten Aussagen zur Produktionsweise einer Medien- bzw. PR-Beschreibung.

„Aufgeklärte" (In-)Authentizitätszuschreibungen als dritter Modus gehen davon aus, dass entweder die konkrete beobachtete PR-Beschreibung oder sogar jeder öffentliche Auftritt inszeniert ist, weil nur durch eine Inszenierung etwas gegenwärtig werden kann (vgl. Fischer-Lichte 2007, S. 23). „Aufgeklärte" (In)Authentizitätszuschreibungen fragen dann, *wie* inszeniert wird und welche Folgen dies für die Authentizität hat. Hier kann zwischen einer Vielzahl von (In-)Authentizitätserklärungen differenziert werden. Dazu einige wenige Beispiele.

- *Authentizität durch die Offenlegung der Inszenierung*: So machte die SPD beim Leipziger Nominierungs-Parteitag im März 1998 den Inszenierungscharakter zum Medienthema, indem sie das „Drehbuch" zur Veranstaltung an Journalisten verteilte. Authentizitätszuschreibungen könnten in diesen Fällen darauf basieren, dass jemand das einräumt, was man ohnehin schon lange zu wissen glaubte (vgl. Dörner 2001, S. 123 ff.).
- *Authentizität durch die Inszenierung der Inauthentizität*: Ein Medienstar wie *Lady Gaga* könnte gerade deshalb als authentisch beschrieben werden, weil sie alles Echte zu leugnen scheint und die Künstlichkeit inszeniert.

- *Authentizität durch eine missglückte Inszenierung*: Ein ungelenk auftretender Vorstandsvorsitzender könnte als authentisch bezeichnet werden, gerade weil sein als misslungen beschriebener Inszenierungsversuch seine Verletzbarkeit zeigt und den „wahren" Mensch zu zeigen scheint – der möglicherweise aber auch wieder nur inszeniert ist.

Für alle Authentizitätsmodi gilt selbstredend, dass sie sich immer nur auf diesseitige Beschreibungen beschränken. Mit anderen Worten: Die aufgeklärten (In-)Authentizitätszuschreibungen, die um den Inszenierungscharakter zu wissen glauben, sind nicht wahrer als die naiven. Letztlich wird die Frage nach der „wahren" *Lady Gaga* unentscheidbar bleiben. Ob eine Person daher von den Medien mehrheitlich als authentisch oder nicht-authentisch beschrieben wird, hat mithin nichts mit mehr oder weniger Wahrheit im ontologischen Sinne zu tun. Im Gegenteil: Die Beispiele zeigen, wie willkürlich solche Zuschreibungen mitunter sind. Sie zeigen damit eindrucksvoll, warum Mitterer im Non-Dualismus dem Streben nach Wahrheit ein Streben nach Wechsel entgegensetzt (vgl. Mitterer 1992, S. 110). Das Streben nach Wahrheit dualistischer Positionen resultiert daraus, dass man mit jeder neuen Beobachtung einem beschreibungsverschiedenen Objekt näher kommt. Die Plausibilität eines Strebens nach Wechsel wird deutlich, wenn man journalistische sowie Alltagskommunikationen zur Authentizität beobachtet. So werden zum Beispiel als „steif" und „ungelenk" beschriebene Auftritte von Politikern oder Unternehmern heute als Zeichen von Authentizität interpretiert, um dieselben Auftritte morgen als Beleg einer fehlgeschlagenen Inszenierung und mithin als inauthentisch und wenig später aus demselben Grund als authentisch anzuführen. Die non-dualistische Perspektive kann plausibel erklären, wie willkürlich solche (In-)Authentizitätszuschreibungen zustande kommen – was letztlich nichts an der Relevanz von Authentizität ändert.

Ähnlich wie großen Teilen der Glaubwürdigkeitsforschung (vgl. Wirth 1999, S. 48 ff.) wird auch der Authentizitätsforschung zu Recht vorgeworfen, dass sie es nicht vermag zu klären, worin Authentizität besteht und aus welchen Faktoren es sich zusammensetzt (vgl. z. B. Zielmann und Preusse 2010, S. 14). Und in der Tat steht die Suche nach Indikatoren bzw. Gründen für Authentizität noch am Anfang. Erste Hinweise hierfür hat die verhaltensorientierte Glaubwürdigkeitsforschung – wenn auch weitgehend theorielos – gesammelt. Sie hat z. B. nichtsprachliche und extralinguistische Begleiterscheinungen wie z. B. das Sprechverhalten (z. B. Sprechgeschwindigkeit, Sprechfehler) und nonverbales Verhalten (z. B. Mimik, Blickkontakt, Gestik) als Indikatoren identifiziert (vgl. Köhnken 1990, S. 9).

7.4 Gründe für externes Vertrauen in Public Relations

Eine dritte Ebene sind die *(c) quellenorientierten Gründe und Indikatoren*. Hier wird die Zuverlässigkeit der Beschreibungen aus allgemeinen Beschreibungen des Handelnden abgeleitet (vgl. Kohring 2004, S. 180). Damit hat sich insbesondere die quellenorientierte Glaubwürdigkeitsforschung beschäftigt (vgl. Hovland et al. 1953). PR ist bei quellenorientierten Gründen und Indikatoren in diesem Kontext gewissermaßen die unabhängige Variable: Hier geht es also nicht um die Frage der Vertrauenswürdigkeit von PR im Vergleich zu journalistischen Quellen, sondern um die Frage, ob die PR der Organisation A vertrauenswürdiger ist als die der Organisation B. Daher scheint insbesondere die Branche ein relevanter Indikator zu sein. So dürfte die Vertrauenswürdigkeit von PR-Beschreibungen von Naturschutzorganisationen von vielen höher eingeschätzt werden als die von Industrie-Unternehmen. Zudem sollen zu den quellenorientierten Gründen und Indikatoren all die eigenen Beobachtungen bzw. (medien-)vermittelten Beobachtungen gezählt werden, die in der Vergangenheit gemacht wurden und nicht auf konkreten Vertrauenserfahrungen beruhen. Dies können z. B. Medienberichte zur Authentizität von Personen sein. Die vermittelten Prestigeinformationen zu Beobachtungen jenseits von positiv bestätigten Vertrauenshandlungen vervollständigen damit die soziale Reputation, wie sie oben skizziert wurde.

Und schließlich beeinflussen *(d) kontextorientierte Gründe und Indikatoren* die Vertrauenswürdigkeitszuschreibungen. Hier kann zum Beispiel unterschieden werden, ob es sich um Routine- oder Krisensituationen handelt. So haben Barth und Donsbach (1992) gezeigt, dass Journalisten in Krisensituationen in höherem Maße PR-Botschaften hinterfragen und selbstständig recherchieren. Dies dürfte einerseits auf den größeren Nachrichtenwert einer Krise zurückzuführen sein, andererseits aber auch darauf, dass PR-Botschaften in solchen Krisensituationen als weniger vertrauenswürdig eingeschätzt werden. Als weniger vertrauenswürdig dürften dann insbesondere die Themen- und Faktenselektion bewertet werden. Ein anderer relevanter Aspekt im Kommunikationskontext ist die Einschätzung anderer und insbesondere konkurrierender Akteure und Organisationen. Es ist bereits oben konstatiert worden, dass Fragen der Legitimation und der Vertrauenswürdigkeit immer unter Wettbewerbsgesichtspunkten und damit relativ zu sehen sind.

Zu diesen PR-spezifischen Indikatoren und Gründen kommt ein *PR-unspezifischer Indikator und Grund*, der ebenfalls nicht auf positiv bestätigten Vertrauenserfahrungen beruht. So werden inhalts-, verhaltens-, quellen- und kontextorientierte Beobachtungen auch in anderen funktionalen Bereichen wie der Absatzkommunikation bewertet und können Folgen für Vertrauenswürdigkeitszuschreibungen von PR haben.

7.4.2 Gründe für externes Vertrauen in interne Selbststeuerungen der PR

Externes Vertrauen in unternehmerische Selbststeuerungen umfasst die Berücksichtigung einerseits von für die spezifische Bezugsgruppe relevanten Interessen und andererseits von allgemein als relevant eingeschätzten Interessen. Konkret: Das Vertrauen einer Umweltschutzorganisation bezieht sich spezifisch auf ein ökologisch nachhaltiges Wirtschaften und generell z. B. auf die Berücksichtigung von Arbeitnehmerrechten oder auf den fairen Umgang mit den Anwohnern. Verkürzt könnte man als Frage der Bezugsgruppen an Selbststeuerungen auch formulieren: Berücksichtigt das Unternehmen Interessen jenseits des Gewinnstrebens? Welche Gründe gibt es entsprechend für Vertrauen bzw. welche Indikatoren lassen sich für Vertrauenswürdigkeitszuschreibungen finden?

Besonders relevant dürften hier erneut *positiv bestätigte Vertrauenserfahrungen* im Sinne von früheren Vertrauenshandlungen sein. So sehen sich z. B. einstmals kritische Anwohner eines Chemie-Unternehmens in ihrem Vertrauen in die unternehmerischen Selbststeuerungen bestätigt, wenn sie über eine längere Zeit keine Zwischenfälle beobachtet haben. Die Politik sähe sich in ihrem Vertrauen in die Tabak-Branche und deren Selbstregulierungskräfte bestätigt, wenn die Zahl der jugendlichen Raucher über einen langen Zeitraum kontinuierlich zurückgegangen wäre – und würde die Tabak-Branche vermutlich als vertrauenswürdigen Verhandlungspartner einschätzen. Wie im Falle von PR-Beschreibungen sind auch hier Gradualisierungen vorstellbar – von eigenen bis hin zu medienvermittelten Erfahrungen. Ebenfalls analog zu sehen sind „Abstrahleffekte" von bestätigten Erfahrungen in anderen unternehmerischen Bereichen. Ein Unternehmen, das für die Zuverlässigkeit und Qualität seiner Produkte bekannt ist, dürfte davon auch durch Vertrauenswürdigkeitszuschreibungen gegenüber der PR profitieren.

Bei den *Gründen ohne Vorerfahrungen* soll bei den *PR-spezifischen Gründen* zwischen a) individualinteressenorientierten, b) allgemeinwohlorientierten und c) kontextorientierten Gründen differenziert werden.

Die *(a) individualinteressenorientierten Gründe* beziehen sich darauf, in welchem Ausmaß sich ein Unternehmen für die spezifischen Interessen einer Bezugsgruppe einsetzt. Eine Naturschutzorganisation wird sich dafür interessieren, wie sehr ein Unternehmen bei der Produktion die Natur schont bzw. ausbeutet. Das Themenfeld Naturschutz zeigt beispielhaft, wie vage die Indikatoren für umweltverträgliche Selbststeuerungen oft sind. Während sich die Vertrauenswürdigkeit von vielen Produkten in der alltäglichen Verwendung und die Vertrauenswürdigkeit von Dienstleistungen in den beobachtbaren Ergebnissen zeigen, sind viele PR-relevante Aspekte nur sehr vage zu überprüfen. Konsentierte Prüfkriterien haben sich hier

7.4 Gründe für externes Vertrauen in Public Relations

noch lange nicht auf breiter Front durchgesetzt. Wegen der fehlenden „Fassbarkeit" dürften Vertrauenswürdigkeitszuschreibungen z. B. im Kontext des Naturschutzes einerseits auf das Fehlen öffentlich thematisierter Skandale und andererseits auf symbolhafte Aktionen eines Unternehmens zurückzuführen sein – die dann wiederum in PR-Beschreibungen thematisiert werden. Dieser Vagheit der Indikatoren dürften sich viele Bezugsgruppen bewusst sein. Mit anderen Worten: Bezugsgruppen sind sich der eigenen Verletzbarkeit bewusst. Daher dürften sie in öffentlich thematisierten Zwischenfällen umso heftiger mit einem Vertrauensentzug und der Delegitimation reagieren als z. B. bei öffentlich thematisierten Produktfehlern.

Indikatoren für die Vertrauens(un)würdigkeit von Selbststeuerungen sind so vielfältig wie die Branchen, aus denen die Unternehmen stammen, die Bezugsgruppen und deren Interessen. Dies beginnt bei Stellen bzw. Positionen, die in Unternehmen Interessen von Bezugsgruppen vertreten. Dazu zählen Gleichstellungsbeauftragte, Behindertenvertreter, Ombudsfrauen und -männer oder CSR-Abteilungen. Dies setzt sich fort in anerkannten Zertifizierungen, die durch die unabhängige Prüfung zu Vertrauenswürdigkeitszuschreibungen führen können. Und dies endet noch nicht in symbolischen Selbststeuerungsentscheidungen wie zum Beispiel „Corporate Social Responsibility"-Aktivitäten von Unternehmen (vgl. Schranz 2007).

Diese Indikatoren werden auch hinzugezogen für *(b) allgemeinwohlorientierte Gründe*, die berücksichtigen, in welchem Ausmaß ein Unternehmen die Interessen anderer Bezugsgruppen im PR-Kontext berücksichtigt. So dürfte eine Umweltschutzgruppe die Vertrauenswürdigkeit eines Chemie-Werkes möglicherweise gering einschätzen, wenn das Unternehmen das Ruhebedürfnis der Anwohner ignoriert, indem Nachts ruhestörende Transporte durchgeführt werden. Welche Gründe als relevant für das Allgemeinwohl bewertet werden, hängt sowohl von der spezifischen Bezugsgruppe als auch von situativen Aspekten ab. So können Interessen von Bezugsgruppen, die lange Zeit weitgehend irrelevant blieben, durch eine öffentliche Skandalisierung für Vertrauenswürdigkeitszuschreibungen vieler Bezugsgruppen an Relevanz gewinnen. Ein Beispiel hierfür dürfte die Kinderarbeit von Sportartikelherstellern sein, die lange Zeit weitgehend unbekannt geblieben ist.

Und schließlich sind *(c) kontextorientierte Gründe* bei Vertrauenswürdigkeitszuschreibungen von Selbststeuerungen relevant. Ein in der Vergangenheit von vielen als vertrauenswürdig bewertetes Unternehmen dürfte in die Defensive geraten, wenn viele Unternehmen seiner Branche mit einer Ombudsstelle oder aufwändigen CSR-Aktionen aufwarten.

Jenseits dieser PR-spezifischen Gründe ist als *PR-unspezifischer Indikator und Grund* schließlich relevant, wie ein Unternehmen Interessen in anderen Bereichen

Tab. 7.1 Systematik von Gründen für Vertrauen in bzw. Indikatoren für Vertrauenswürdigkeit von PR-Beschreibungen und internen Selbststeuerungen

Gründe für Vertrauen in bzw. Indikatoren für die Vertrauenswürdigkeit von		
	PR-Beschreibungen	Internen Selbststeuerungen
Positiv bestätigte Vertrauenserfahrungen		
PR-spezifisch	Vertrauenshandlungen, die an PR-Beschreibungen angeknüpft haben, wurden positiv bestätigt.	Vertrauenshandlungen, die an Selbststeuerungen angeknüpft haben, wurden positiv bestätigt.
PR-unspezifisch	Vertrauenshandlungen, die an andere unternehmerische Beschreibungen (z. B. Absatzkommunikation) angeknüpft haben, wurden positiv bestätigt.	Vertrauenshandlungen, die an Selbststeuerungen in anderen unternehmerischen Bereichen (z. B. Produkte) angeknüpft haben, wurden positiv bestätigt.
Gründe und Indikatoren ohne Vorerfahrungen		
PR-spezifisch	• Inhaltsorientierte Gründe und Indikatoren • Verhaltensorientierte Gründe und Indikatoren • Quellenorientierte Gründe und Indikatoren • Kontextorientierte Gründe und Indikatoren	• Individualinteressenorientierte Gründe und Indikatoren • Allgemeinwohlorientierte Gründe und Indikatoren • Kontextorientierte Gründe und Indikatoren
PR-unspezifisch	Selbstbeschreibungen des Unternehmens werden auch in anderen Bereichen jenseits von bestätigten Erfahrungen als vertrauenswürdig bewertet.	Die Berücksichtigung von Interessen anderer Bezugsgruppen (z. B. Kunden, Investoren) wird jenseits von bestätigten Erfahrungen als vertrauenswürdig bewertet.

berücksichtigt – ob also z. B. die Produkte jenseits eigener Erfahrungen als vertrauenswürdig eingeschätzt werden (Tab. 7.1).

7.4.3 Die Beziehungen von vertrauens(un)würdigen PR-Beschreibungen und vertrauens(un)würdigen Selbststeuerungen

Abschließend soll eine, wenn nicht die entscheidende Frage untersucht werden: Wie hängen vertrauens(un)würdige PR-Beschreibungen und vertrauens(un)würdige Selbststeuerungen zusammen?

7.4 Gründe für externes Vertrauen in Public Relations

Grundsätzlich ist zunächst zu konstatieren: Wenn es um die externe Vertrauenswürdigkeit von PR geht, braucht es die Zuschreibung von Vertrauenswürdigkeit *sowohl* von Kontextsteuerungen *als auch* von Selbststeuerungen. Dies ergibt sich daraus, dass sich externes Vertrauen in PR auf die Umweltverträglichkeit beider Steuerungsarten bezieht. So unterschiedlich viele PR-Praktiker und PR-Kritiker die Vertrauenswürdigkeit von PR grundsätzlich bewerten, so sehr teilen sie diese Einschätzung. Wenn PR-Praktiker aus einer normativen Perspektive fordern, dass Wort und Tat in Einklang gebracht werden müssen (vgl. Oeckl 1964, S. 47), steht dahinter die Annahme, dass Beschreibungen und Selbststeuerungen gleichermaßen der Vertrauenswürdigkeit bedürfen. Und wenn Kritiker der PR vorwerfen, sie sei als „Greenwasher" nur für das beschönigende Reden zuständig (vgl. Müller 2007), steht dahinter ebenfalls die Annahme, dass PR auf Vertrauenswürdigkeitszuschreibungen in beiden Kontexten angewiesen ist. Wie ist der Zusammenhang jenseits dieser mitunter polemischen Positionen zu beschreiben? Und konkreter: Welchen Einfluss haben die beide Seiten für die Zuschreibung von Vertrauenswürdigkeit?

Einerseits sind vertrauenswürdige PR-Beschreibungen durchaus ohne vertrauenswürdige Selbststeuerungen vorstellbar. So wird ein größerer Störfall in einem Chemie-Unternehmen die Vertrauenswürdigkeit der Selbststeuerungen nicht fördern. Wenn es der PR allerdings gelingt, als „offen" und „ehrlich" wahrgenommen zu werden, wird sie zumindest als vertrauenswürdiger Gesprächspartner auch weiterhin akzeptiert werden, während das Vertrauen in umweltverträgliche technische Anlagen unwahrscheinlicher wird. Dieser Zusammenhang kann auch allgemein beschrieben werden: Es ist zu vermuten, dass PR mit der Thematisierung negativer Themen die Vertrauenswürdigkeitzuschreibungen zu PR-Beschreibungen stärkt, aber zugleich Vertrauenswürdigkeitszuschreibungen zu Selbststeuerungen schwächt. Mit anderen Worten: PR stärkt hier momenthaft das Vertrauen in die eigenen Beschreibungen, indem es das Vertrauen in die Selbststeuerungen erschüttert – ähnlich hat Kohring es für den Journalismus beschrieben (vgl. Kohring 2008).

Andererseits setzen vertrauenswürdige Selbststeuerungen in der Regel vertrauenswürdige PR-Beschreibungen voraus. Mit anderen Worten: Wenn PR als Lügner bezeichnet wird, dürfte man auch die internen Selbregulierungsmechanismen meist als vertrauensunwürdig bewerten. Hier wird die dominante Rolle von PR-Beschreibungen deutlich. Da viele Selbststeuerungen – jenseits von deutlich sichtbaren Störfällen – von externen Bezugsgruppen nur schwer wahrnehmbar bzw. zu bewerten sind, sind externe Bezugsgruppen bei der Bewertung von Selbststeuerungen auf PR-Beschreibungen angewiesen. So können durch vertrauenswürdige PR-Beschreibungen auch solche Selbststeuerungen als positiv und vertrauenswürdig bewertet werden, die das Unternehmen intern selbst als unzureichend bezeichnen würde. Vertrauenswürdige PR-Beschreibungen sind mithin für vertrauenswürdige Selbststeuerungen und damit schließlich für vertrauenswürdige PR in der Regel eine zentrale Voraussetzung.

Nur in seltenen Fällen dürften hier Ausnahmen zu beobachten sein. Wenn die Selbststeuerungen eines Unternehmens über einen langen Zeitraum hinweg nicht als umweltunverträglich aufgefallen sind, während das Unternehmen in seinen Erklärungen hingegen als aggressiv und „aufschneidend" wahrgenommen wird, können vertrauensunwürdigen Beschreibungen vertrauenswürdige Selbstbeschreibungen gegenüberstehen. Diese Fälle mögen aber äußerst selten zu beobachten sein – z. B. wenn Vertrauenssubjekte davon überzeugt sind, dass ein Unternehmen eine Normverletzung nicht begehen würde, weil es die Sanktionen befürchtet. Während man bei Hunden, die bellen, davon ausgeht – aber nie sicher sein kann –, dass sie nicht beißen, dürfte es bei Unternehmen eher umgekehrt sein: Nur in Ausnahmefällen wird man Unternehmen, denen man eine Lüge unterstellt, eine vertrauenswürdige Politik gegenüber Anwohnern oder Mitarbeitern unterstellen.

Teil II
PR als Vertrauenswürdigkeitsmanager

Das Management vertrauenswürdiger PR

8

Nachdem die Gründe für Vertrauen bzw. die Indikatoren für Vertrauenswürdigkeitszuschreibungen herausgearbeitet wurden, soll die Perspektive gewechselt werden. Nach der Perspektive der Bezugsgruppen bzw. der Vertrauenssubjekte wird in diesem Kapitel die PR-Perspektive eingenommen: Wie bearbeitet Public Relations das Problem der Vertrauenswürdigkeit? Und in Anknüpfung an das vergangene Kapitel könnte man formulieren: Wie könnte PR die vermuteten Gründe für Vertrauen bzw. die Indikatoren für Vertrauenswürdigkeitszuschreibungen instrumentalisieren?

Diese Fragestellung bedarf der Erläuterung. Wenn in den bisherigen Überlegungen als ein Kernmerkmal von Vertrauen die Reziprozität herausgestellt wurde (vgl. Schweer und Thies 2005, S. 55), dann kann PR entsprechend keine Vertrauenswürdigkeit *schaffen* bzw. *sicherstellen*. Daher sind die Gründe für Vertrauen nicht bei den Vertrauensobjekten, sondern immer bei den Vertrauenssubjekten zu messen (vgl. Kohring 2001, S. 74). Zudem ist im zurückliegenden Kapitel herausgearbeitet worden, dass Gründe für Vertrauen bzw. Indikatoren für Vertrauenswürdigkeit nur schwer zu generalisieren sind.

Warum soll im Folgenden dennoch untersucht werden, wie PR das Problem der Vertrauenswürdigkeit bearbeitet? Die Antwort ist ebenso einfach, wie sie vielleicht unbefriedigend erscheinen vermag: Wenn erstens Vertrauen eine zentrale Voraussetzung für die Legitimation von Unternehmen ist, wenn zweitens Vertrauenswürdigkeitszuschreibungen ebenso wie Vertrauenshandlungen immer auch unter kompetitiven Gesichtspunkten stattfinden, wird das Problem (fehlender) Vertrauenswürdigkeit trotz all der genannten Einschränkungen bearbeitet, um die Chancen von Vertrauenswürdigkeitszuschreibungen und mithin von Vertrauenshandlungen zu erhöhen. Nicht mehr und nicht weniger.

Es geht mithin in diesem Kapitel nicht darum, was Bezugsgruppen als besonders vertrauens(un)würdig bezeichnen, sondern um das Management dieses Problems durch PR: Welche Strategien lassen sich unterscheiden, wie PR versucht, die

Wahrscheinlichkeit von Vertrauenswürdigkeitszuschreibungen – und damit die Wahrscheinlichkeit von Vertrauenshandlungen – zu erhöhen? Damit wird die gerne geäußerte These an dieser Stelle nicht weiter verfolgt, dass der beobachtete bzw. unterstellte Versuch, vertrauenswürdig erscheinen zu wollen, erst Recht zum Misstrauen führen würde (vgl. Hellmann 2003, S. 267). Das mag in Einzelfällen richtig sein. Aber schafft die Nicht-Berücksichtigung des Vertrauenswürdigkeitsproblems Vertrauenswürdigkeit?

In diesem Kapitel sollen verschiedene Strategien[1] analysiert und beschrieben werden, wie PR die Wahrscheinlichkeit von Vertrauenswürdigkeitszuschreibungen zu erhöhen versucht. Diese Strategien setzen im Wesentlichen an den *vermuteten* Gründen bzw. Indikatoren an, wie sie im vergangenen Kapitel herausgearbeitet worden sind. Wie relevant und weit verbreitet diese vermuteten Gründe bzw. Indikatoren tatsächlich sind, darüber wissen PR-Systeme mal weniger und – in den seltenen Fälle entsprechender empirischer Untersuchungen – mal mehr. In letzter Konsequenz wird aber gerade bei den *vermuteten* Gründen bzw. Indikatoren deutlich, wie sehr Systeme füreinander eine *Black Box* bleiben.[2]

Public Relations ist in Kap. 5 als Vertrauenswürdigkeits-Gatekeeper beschrieben worden. Vertrauenswürdigkeit, so ist ausgeführt worden, ist in einer non-dualistischen Perspektive der zentrale erkenntnistheoretische Bezugspunkt von PR. In einer solchen Perspektive problematisiert PR statt Wahrheit nur die – vermutete bzw. unterstellte – Vertrauenswürdigkeit von Beschreibungen. PR wählt als Vertrauenswürdigkeits-Gatekeeper mithin die PR-Beschreibungen danach aus, welche Chancen sie ihrer Einschätzung nach haben, von den relevanten Bezugsgruppen als vertrauenswürdig bezeichnet zu werden. Vertrauenswürdigkeit wurde entsprechend des vorgestellten PR-Verständnisses unterhalb der Leit-Unterscheidung legitimierende vs. nicht-legitimierend auf der Programm-Ebene verortet.

Von diesem Vertrauenswürdigkeits-Gatekeeping soll vor dem Hintergrund weiterer Überlegungen das umfassendere Vertrauenswürdigkeitsmanagement abgegrenzt werden. So ist im Kontext der Gründe für Vertrauen bzw. der Indikatoren für Vertrauenswürdigkeitszuschreibungen zu PR-Beschreibungen ausgeführt worden, dass es neben inhaltsorientierten weitere Gründe bzw. Indikatoren wie z. B. die verhaltensorientierten gibt. Mit anderen Worten: Ob eine PR-Beschreibung als vertrauenswürdig bezeichnet wird, hängt nicht nur von inhaltsorientierten Gründen ab, sondern z. B. auch davon, wie sie mitgeteilt wird und welche Beschreibungen

---

[1] Als Strategien sollen solche Entscheidungen verstanden werden, die in hohem Maße andere organisationale Entscheidungen beeinflussen (vgl. ausführlich Raupp und Hoffjann 2012).
[2] Mit Blick auf die Lesbarkeit des Textes soll im Folgenden die verkürzte Formulierung vertrauenswürdiger PR-Strategien benutzt werden. Damit ist gemeint, dass PR erwartet, dass Vertrauenssubjekte Vertrauenswürdigkeit zuschreiben.

von Wettbewerbern veröffentlicht werden. Zudem sind vertrauenswürdige PR-Beschreibungen neben vertrauenswürdigen Selbststeuerungen nur die eine Hälfte vertrauenswürdiger PR. Vertrauenswürdige PR ist damit umfassender: Mit ihr soll in letzter Konsequenz bezeichnet werden, *wie Vertrauen in PR begründet wird bzw. welche Indikatoren für Vertrauenswürdigkeitszuschreibungen von Bezugsgruppen benutzt werden*. PR als Vertrauenswürdigkeitsmanager bearbeitet mithin das übergeordnete Problem der Vertrauenswürdigkeit der PR bzw. der Umweltverträglichkeit von Organisationen, um damit die Wahrscheinlichkeit von Vertrauenshandlungen zu erhöhen.

Wie Vertrauen in PR begründet wird bzw. welche Indikatoren für Vertrauenswürdigkeitszuschreibungen benutzt werden, ist im vergangenen Kapitel herausgearbeitet worden. *Erstens* ist konstatiert worden, dass eine als vertrauenswürdig beschriebene PR in der Regel auf die Zuschreibung von Vertrauenswürdigkeit *sowohl* von Kontextsteuerungen *als auch* von Selbststeuerungen zurückgeht. Daher werden im Folgenden Strategien der Vertrauenswürdigkeit in beiden Wirkungsrichtungen analysiert. *Zweitens* ist aber die dominierende Rolle von PR-Beschreibungen herausgestellt worden. Da viele Selbststeuerungen von externen Bezugsgruppen nur schwer beobachtbar bzw. zu bewerten sind, sind PR-Beschreibungen bei der Bewertung von Selbststeuerungen durch externe Bezugsgruppen häufig so relevant. So können durch vertrauenswürdige PR-Beschreibungen auch solche Selbststeuerungen als positiv und vertrauenswürdig bewertet werden, die das Unternehmen intern selbst als unzureichend bezeichnen würde. Für die folgenden Ausführungen folgt daraus, dass PR-Beschreibungen und Selbststeuerungen nicht völlig losgelöst voneinander dargestellt werden können. Insbesondere bei der Erläuterung von vertrauenswürdigen PR-Beschreibungen werden daher zumindest am Rande auch Selbststeuerungen berücksichtigt werden.

Wer Vertrauenswürdigkeitsstrategien der PR beschreibt, steht schnell unter Motivverdacht. Auf der einen Seite stehen PR-Kritiker, die dies misstrauisch beobachten, weil sie ein *Whitewashing* der PR befürchten, wie es mitunter in Praktikerbüchern zu beobachten ist (z. B. Baker 1993; Drosdek 1996). Auf der anderen Seite stehen gleichermaßen misstrauische PR-Praktiker, die eine *Schmutzkampagne* gegen PR befürchten, wie sie in Büchern mit Titeln wie „Giftmüll macht schlank" zu beobachten ist (Stauber und Rampton 2006; z. B. auch MacArthur 1993). PR soll im Folgenden weder auf die Rolle als *penetranter Lügner* noch als *selbstloser Vermittler* festgelegt werden. Vielmehr soll eine deskriptive Perspektive eingenommen werden, in der Vertrauenswürdigkeitsstrategien in der externen und internen Wirkungsrichtung jeweils anhand einer Unterscheidung beschrieben werden:

- Als *Wirklichkeitsstrategien* sollen Vertrauenswürdigkeitsstrategien zu externen Kontextsteuerungen bzw. PR-Beschreibungen bezeichnet werden. Sie sollen anhand der Unterscheidung von extern veröffentlichten PR-Beschreibungen vs. der PR-internen Einschätzung zu ihrer Angemessenheit erläutert werden. Dahinter steht die klassische Frage, ob PR die extern veröffentlichten PR-Beschreibungen – im Rahmen der vier erläuterten Dimensionen externen Vertrauens in PR-Beschreibungen – intern selbst als angemessen und wahr bezeichnen würde. Es wird also beispielsweise zu fragen sein, wie PR mit wahrhaftigen bzw. nichtwahrhaftigen PR-Beschreibungen die Wahrscheinlichkeit von Vertrauenswürdigkeitzuschreibungen zu erhöhen versucht. Dabei werden Angemessenheit und fehlende Angemessenheit wie z. B. Wahrhaftigkeit und Lüge kontingent gesetzt.
- Als *Anspruchsstrategien* werden Vertrauenswürdigkeitsstrategien zu Selbststeuerungen bezeichnet. Sie sollen anhand der Unterscheidung von beobachteten Ansprüchen bzw. Interessen relevanter Bezugsgruppen vs. berücksichtigter Interessen relevanter Bezugsgruppen beschrieben werden. Auch hier wird also nicht normativ „gesetzt", dass Unternehmen nur egoistisch oder selbstlos handeln würden. Die Unterscheidung ermöglicht damit einen neuen, weil normativ unbelasteten Blick auf die klassische Fragestellung.

Bei beiden Unterscheidungen soll zwischen dualisierenden und entdualisierenden Strategien unterschieden werden: Während dualisierende Strategien auf eine Vergrößerung der Differenz der beiden Seiten zielen, zielen entdualisierende Strategien auf eine Angleichung der beiden Seiten. Wenn in diesem Kapitel die *Bearbeitung des Problems* der Vertrauenswürdigkeit untersucht wird, steht gewissermaßen die Managementperspektive der PR im Mittelpunkt. Für dualisierende bzw. entdualisierende Strategien bedeutet dies, dass diese nicht zwangsläufig absolut zu sehen sind – z. B. völlige Vergesellschaftung –, sondern dass aus der PR-Perspektive eine Entscheidung zur Vergrößerung oder zur Verringerung der Differenz getroffen werden soll. Daraus folgt, dass neben Idealtypen – also z. B. auf völlige Wahrhaftigkeit bzw. Lüge setzende PR – vor allem Gradualisierungen zu unterscheiden sein werden. Um die Unterschiede deutlich herausarbeiten zu können, soll der Fokus im Folgenden allerdings eher auf den Idealtypen liegen (Abb. 8.1).

Bei der Bearbeitung des Problems vertrauenswürdiger PR-Beschreibungen ebenso wie vertrauenswürdiger Selbststeuerungen steht PR gleichermaßen vor der Bearbeitung von drei Fragen bzw. Risiken. Sie sollen im Folgenden allgemein eingeführt werden und in den nachfolgenden Kapiteln an den entsprechenden Stellen eingehender ausgearbeitet werden.

8 Das Management vertrauenswürdiger PR

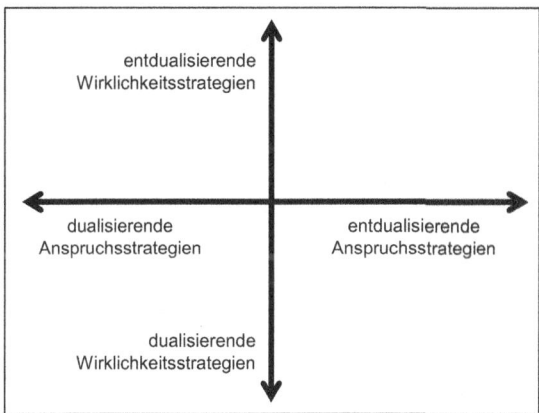

Abb. 8.1 Dualisierende und entdualisierende Wirklichkeits- und Anspruchsstrategien

Erstens ist dies die grundsätzliche Frage nach dem Wissen zu Bezugsgruppen sowie deren Wirklichkeitsmodellen, Ansprüchen bzw. Interessen. PR bearbeitet das Vertrauenswürdigkeitsproblem nur gegenüber den Bezugsgruppen, die sie vorab als relevante Bezugsgruppen beobachtet hat. PR macht sich „aus entscheidungs- und kommunikationstechnischen Gründen ein vereinfachtes Umweltmodell" (Luhmann 1964, S. 222). Solche „Umweltmodelle sind nicht falsch, sondern zweckmäßig, setzen aber zusätzliche Einrichtungen der Ausbalancierung mit der Wirklichkeit voraus" (ebd., S. 222). Die entwickelten Umweltmodelle dienen der PR als operative Fiktion. Daraus folgt, dass PR Vertrauenserwartungen nicht beobachteter Bezugsgruppen nicht bearbeiten kann. Diese Beobachtungs- und erste Selektionsleistung ist hochriskant, weil ihre Auswahl in der PR-Planung eine der ersten Operationen und damit beobachtungsleitend ist. Wenn eine Zeitungsredaktion zum Beispiel ein Thema „übersehen" hat, über das ein Wettbewerber berichtet, kann sie dies einen Tag später nachholen. Daher scheint PR mehr als andere Unternehmensbereiche auf eine ausdifferenzierte Informationssammlung angewiesen zu sein (vgl. Hoffjann 2007a, S. 114 ff.). Die Vielzahl an gesellschaftlichen Umweltsystemen führt aber auch dazu, dass diese enorme Komplexität extrem reduziert werden muss.

Daran anknüpfend stellt sich zweitens die Frage, wie PR mit der Vielzahl an – sich teilweise widersprechenden – Ansprüchen, Interessen und Wirklichkeitsmodellen umgeht. Es ist bereits verschiedentlich konstatiert worden, dass sowohl zwischen verschiedenen Unternehmensbereichen als auch zwischen der Vielzahl von Bezugsgruppen zahlreiche Widersprüche zu beobachten sind. Eine Entscheidung zu

Gunsten eines Unternehmensbereiches bzw. einer Bezugsgruppe ist damit immer zugleich eine Entscheidung gegen einen anderen Unternehmensbereich bzw. eine andere Bezugsgruppe. Unternehmen im Allgemeinen und PR im Besonderen werden daher Bezugsgruppen hierarchisieren. Die einer Bezugsgruppe beigemessene Relevanz ergibt sich aus dem Sanktionspotenzial, das ihr im Falle eines Konfliktes zuerkannt wird. Bezugsgruppen ohne ein relevantes Sanktionspotenzial bleiben weitgehend unberücksichtigt – allerdings mit dem Risiko, dass dies auf einer Fehleinschätzung beruht und diese Bezugsgruppe die Organisation zu schaden in der Lage ist.

Neben dieser notwendigen Hierarchisierung werden Vertrauenswürdigkeitszuschreibungen zudem in hohem Maße davon abhängen, wie es Unternehmen gelingt, dass sich verschiedene Unternehmensbereiche miteinander abstimmen. Es geht also sowohl in der internen als auch in der externen Wirkungsrichtung, mithin bei Wirklichkeits- wie bei Anspruchsstrategien um einen doppelten bzw. dreifachen Abstimmungsbedarf: Erstens ist dies die Abstimmung zwischen PR und externen Bezugsgruppen, zweitens ist dies die Abstimmung zwischen PR und anderen Unternehmensbereichen und drittens ist dies die Abstimmung zwischen PR und den Mitgliedern des Unternehmens. Abstimmungs- bzw. Integrationsprozesse zwischen diesen Umwelten und der PR sind doppelt bzw. dreifach und damit in hohem Maße reflexiv. Für das Problem vertrauenswürdiger Beschreibungen heißt dies, dass PR die Vertrauenswürdigkeit von Beschreibungen in der Regel sowohl gegenüber externen Bezugsgruppen als auch intern gegenüber anderen Unternehmensbereichen und Mitarbeitern prüft. Wegen dieser doppelten bzw. dreifachen Abstimmung ist reflexive Abstimmung nur als Optimierungsstrategie möglich (vgl. Willke 1978, S. 249). Reflexive Abstimmung meint damit, dass ein fokales System wie PR sich gegenüber verschiedenen Umwelten selbst als mögliche Umwelt beobachtet und die daraus folgenden Restriktionen in die eigene Handlungssteuerung einbaut. Von solchen Optimierungsstrategien werden im Folgenden Maximierungsstrategien zu unterscheiden sein, die sich einseitig an einer Umwelt orientieren. Es wird in den folgenden Kapiteln zu zeigen sein, welche Risiken solche Maximierungsstrategien gerade für Vertrauenswürdigkeitszuschreibungen beinhalten (vgl. ebd., S. 237). Abstimmung bzw. Integration werden hier nicht verstanden als Konformität, Konsens oder gar als völlige Isomorphie. Im Gegenteil: Abstimmung lässt inkongruente Perspektiven, Dissens und Asymmetrien zu (vgl. ebd., S. 232). Einschätzungen zu Dissens und Konsens sind dabei stets systemrelativ – in unserem Falle also aus Perspektive der PR. PR entscheidet, wie und mit wem sie sich abstimmen will und wie sie das Verhältnis zur jeweiligen Umwelt einschätzt.

Drittens stellt sich schließlich der PR die Frage, welche Gründe für Vertrauen bzw. Indikatoren für vertrauenswürdige Beschreibungen und Selbststeuerungen akzep-

tiert sind. Erwarten Anwohner eines Chemie-Werkes die Installierung eines Anwohner-Beauftragten, regelmäßige Anwohner-Versammlungen, ein Verzicht auf Nachtarbeit oder auf die Produktion bestimmter Produkte? Welchen Auftritt eines Vorstandsvorsitzenden bewerten Journalisten als authentisch? PR kann hier nur an unterstellten Gründen bzw. Indikatoren ansetzen. Wie relevant und weit verbreitet diese vermuteten Gründe bzw. Indikatoren tatsächlich sind, darüber weiß PR mal weniger und in den seltenen Fälle entsprechender empirischer Untersuchungen etwas mehr. Es ist bereits konstatiert worden, dass viele PR-relevante Themen ihre „Vagheit" kennzeichnet. Es wird zu zeigen sein, dass dieses Defizit für Vertrauenswürdigkeitsstrategien Risiko und Chance zugleich ist.

Im Folgenden werden jetzt dualisierende und entdualisierende Wirklichkeits- und Anspruchsstrategien zu beschreiben sein. Es wird zu erläutern sein, welche Vor- und Nachteile sie haben und welche Voraussetzungen geschaffen sein sollten, damit sie erfolgversprechend erscheinen. Dabei wird der Fokus auf den Gründen jenseits von positiv bestätigten Vertrauenserfahrungen liegen, da diese Gründe bzw. Indikatoren im Mittelpunkt der Bearbeitung des Problems der Vertrauenswürdigkeit stehen dürften. Positiv bestätigte Vertrauenserfahrungen werden nur in dem Maße berücksichtigt, indem sie bewusst in die Bearbeitung des Problems der Vertrauenswürdigkeit einbezogen werden.

8.1 Wirklichkeitsstrategien der PR

Die Glaubwürdigkeit bzw. Vertrauenswürdigkeit von PR-Beschreibungen ist gleichermaßen in der PR-Praktiker- und wissenschaftlichen Literatur ein zentrales Thema. Stellvertretend für viele sei hier Westerbarkey zitiert: „Public Relations bemüht sich vor allem um den Ruf der Glaubwürdigkeit, beansprucht also Wahrhaftigkeit (Authentizität)" (Westerbarkey 2001, S. 444). Wie bereits die Diskussion des Forschungsstandes gezeigt hat, so beschränkt sich auch Westerbarkey mit der Glaubwürdigkeitskategorie auf die Richtigkeit von Beschreibungen und Bezeichnungen, während die Angemessenheit der Selektionen von Themen und Fakten sowie von Bewertungen nicht berücksichtigt werden. Zwar kann auch mit fehlender Glaubwürdigkeit – also mit einer konstatierten falschen Bezeichnung – fehlendes Vertrauen begründet werden, allerdings dürfen die Gründe für Vertrauen in PR bzw. die Indikatoren für die Vertrauenswürdigkeit von PR nicht auf diese Dimension reduziert werden. Daher soll hier die erweiterte Perspektive der vergangenen Kapitel fortgeführt werden und gefragt werden, wie PR das Problem der Vertrauenswürdigkeit von PR-Beschreibungen bearbeitet.

Als Gründe für Vertrauen in bzw. als Indikatoren für die Vertrauenswürdigkeit von PR-Beschreibungen wurden jenseits von positiv bestätigten Vertrauenserfahrungen inhalts-, verhaltens-, quellen- und kontextorientierte Gründe und Indikatoren herausgearbeitet. Zudem wurden als PR-unspezifische Gründe, die nicht auf positiv bestätigten Vertrauenserfahrungen beruhen, Selbstbeschreibungen des Unternehmens aus anderen Bereichen genannt, die als vertrauenswürdig bewertet wurden. Welche Anforderungen ergeben sich daraus für die folgenden Überlegungen? Wenn PR das Problem der Vertrauenswürdigkeit von PR-Beschreibungen bearbeitet, sind insbesondere die inhalts- und verhaltensorientierten Gründe und Indikatoren zu berücksichtigen. Weniger Einfluss hat PR auf quellen- und kontextorientierte Gründe bzw. Indikatoren, da hier insbesondere zurückliegende Beobachtungen, die entsprechende Branche und kontextuelle Aspekte über Vertrauenswürdigkeitszuschreibungen entscheiden. Für diese beiden Aspekte gilt mithin, dass sie im Management des Problems der Vertrauenswürdigkeit berücksichtigt werden müssen, der Einfluss darauf jedoch begrenzt ist. Ebenfalls nur einen mittelbaren Einfluss hat PR auf den Einfluss von Selbstbeschreibungen des Unternehmens in anderen Bereichen wie dem Absatzmarketing oder der Investor Relations, da diese in anderen unternehmerischen Bereichen angefertigt werden, gleichwohl aber relevant sind für Vertrauenswürdigkeitszuschreibungen zur PR.

Wenn in einer non-dualistischen Perspektive Vertrauenshandlungen und Vertrauenswürdigkeitszuschreibungen von der Möglichkeit des Erkennens einer ontischen Realität losgelöst wurden, folgt daraus, dass Lügen als vertrauenswürdig und inszenierte Auftritte als authentisch bewertet werden können. Mit anderen Worten: Vertrauens(un)würdigkeitszuschreibungen durch externe Bezugsgruppen können zwar mit Kategorien wie Lüge vs. Wahrhaftigkeit und inszeniert vs. nicht-inszeniert begründet werden, stehen aber in keinem unmittelbaren Zusammenhang mit der PR-internen Einschätzung zur Lüge vs. Wahrhaftigkeit und inszeniert vs. nicht-inszeniert. Für die PR folgt daraus ein größerer Handlungsspielraum. Man könnte auch formulieren: Erst die fehlende Möglichkeit des Menschen, die Realität zu erkennen, eröffnet PR überhaupt einen Handlungsspielraum. Daraus folgt, dass Benteles eingeforderte Repräsentations- oder Isomorphiebeziehung zwischen PR-Informationen und zugrunde liegenden Sachverhalten bzw. Ereignissen (vgl. Bentele 1992a, S. 164) nicht alternativlos ist.

Im Wesentlichen können alternative Wirklichkeitsstrategien der PR mit der *Unterscheidung von extern veröffentlichten PR-Beschreibungen vs. der PR-internen Einschätzung zu ihrer Angemessenheit* erläutert werden. Daraus lassen sich zwei Idealtypen ableiten, die als dualisierende und entdualisierende Wirklichkeitsstra-

8.1 Wirklichkeitsstrategien der PR

tegie[3] bezeichnet und die in den folgenden Kapiteln ausführlich erläutert werden sollen:

- Als *dualisierende Wirklichkeitsstrategien* sollen solche Strategien bezeichnet werden, in denen PR *bewusst* PR-Beschreibungen veröffentlicht, die sie selbst als nicht angemessen bezeichnen würde. Die fehlende Angemessenheit kann eine oder mehrere Dimensionen externen Vertrauens in PR-Beschreibungen beinhalten – in einer PR-Beschreibung fehlen also relevante Themen und Fakten, sie beinhaltet falsche Beschreibungen und/ oder übertriebene Bewertungen. Solche Strategien entkoppeln also *bewusst* die veröffentlichte Wirklichkeit von der selbst beobachteten Unternehmenswirklichkeit jenseits von unbewussten Selektionen im Sinne Webers (vgl. Weber 1999, S. 21 ff.). Dualisierende Wirklichkeitsstrategien können auch als Lügenstrategie bezeichnet werden, weil sie eine Lüge im weiteren Sinne einer angemessenen Selektion vorziehen. Solche Strategien können als Allmachtsthese der PR interpretiert werden, weil dahinter die Überzeugung steckt, Vertrauenswürdigkeit mit Lügen zu erlangen.
- Als *entdualisierende Wirklichkeitsstrategien* sollen solche Strategien bezeichnet werden, in denen PR Beschreibungen veröffentlicht, die sie selbst als angemessen bezeichnen würde. Solche Strategien können auch als Ohnmachtsthese der PR verstanden werden, da dahinter wie bei Bentele die Überzeugung steht, nur mit PR-Beschreibungen, die PR selbst als angemessen und wahr bezeichnen würde, Vertrauenswürdigkeit zu erlangen. Sie können daher auch als Wahrheitsstrategie bezeichnet werden. Aus einer normativen Perspektive können entdualisierende Strategien als moralischer im Vergleich zu dualisierenden Strategien bewertet werden.

Während bei beiden Strategie-Idealtypen mithin das Ziel vertrauenswürdiger PR-Beschreibungen im Mittelpunkt steht, unterscheiden sie sich hinsichtlich der Einschätzung zur Angemessenheit der Beschreibungen. Neben diesen Idealtypen sollen insbesondere Gradualisierungen herausgearbeitet werden.

Wie ist die Unterscheidung von extern veröffentlichten PR-Beschreibungen vs. der PR-internen Einschätzung zu ihrer Angemessenheit non-dualistisch zu erklä-

---

[3] Eine ähnliche Unterscheidung – wenn auch basierend auf anderen erkenntnis- und vertrauenstheoretischen Überlegungen – haben Hubig/Simoneit getroffen. Sie differenzieren zwischen a) vertrauens- und glaubwürdig zu *scheinen* (aus strategischen-taktischen Interessen inszenierte Vertrauenswürdigkeit, um die eigenen Ziele besser durchsetzen zu können) und b) vertrauens- und glaubwürdig zu *sein* (Vertrauen als Anfang einer Beziehung überhaupt und als Baustein einer funktionierenden sozialen Gemeinschaft und zuletzt einer menschlichen Welt) (vgl. Hubig und Simoneit 2007, S. 179).

ren? Beide Seiten beziehen sich auf diskursdiesseitige Objekte – also zurückliegende Beschreibungen. Letztlich steht dahinter die Frage, ob PR die veröffentlichten PR-Beschreibungen auch in einer internen Einschätzung als angemessen und damit z. B. als wahr bezeichnen würde. Wenn diese Frage bejaht wird, sind dies angemessene Strategien, für die gilt: „Ich rede so, wie ich denke." (Mitterer 2001, S. 66) Wird dies verneint, sind es Lügen-Strategien, für die in Anlehnung an Mitterer formuliert werden kann: Ich rede anders, als ich denke (vgl. ebd., S. 66). Entdualisierende bzw. dualisierende Wirklichkeitsstrategien beziehen sich im Sinne von Weber (2005) damit nicht auf eine Annäherung bzw. eine wachsende Differenz von diskursjenseitiger und diskursdiesseitiger Welt, sondern allein auf unterschiedliche Modi von Beschreibungen.

Mit dieser Konzipierung soll ein „Spagat" zwischen zwei Polen versucht werden:

- Einerseits berücksichtigt sie, dass wir hinter unsere Beobachtungen nicht zurücktreten können, also keinen Zugriff auf diskursjenseitige Objekte haben. Aus einer systemtheoretischen Perspektive argumentiert zeigt sich hier die spezifische Selektivität von sozialen Systemen. Dies äußert sich u. a. darin, dass PR-Beschreibungen, die PR selbst als angemessen bezeichnen würde, von Bezugsgruppen mitunter als Lüge bzw. als unangemessen bezeichnet werden. Daher ist für PR im Hinblick auf die Bezugsgruppen die Unterscheidung vertrauenswürdig vs. nicht-vertrauenswürdig wichtiger als die Unterscheidung angemessen vs. nicht-angemessen. PR kann PR-Beschreibungen, die sie selbst als unangemessen bezeichnen würde, ggf. deshalb veröffentlichen, weil sie ihre Chance auf Vertrauenswürdigkeitszuschreibungen als höher einschätzt als von Beschreibungen, die PR als angemessen einschätzt. Pointierter formuliert: Manchmal sind Lügen vertrauenswürdiger als die Wahrheit.
- Andererseits trägt die Konzipierung dem Umstand Rechnung, dass PR bei PR-Beschreibungen, die sie selbst als Lüge bezeichnet, in der Regel zumindest mittel- und langfristig höhere Vertrauenswürdigkeitsrisiken wahrnimmt, weil auch Bezugsgruppen zu diesem Ergebnis kommen könnten. PR dürfte also genau prüfen, wie weit sie sich von einem Wirklichkeitsmodell, dass sie selbst als angemessen bezeichnen würde, entfernen kann, ohne als vertrauensunwürdig bezeichnet zu werden.

Diese vorgeschlagene Konzipierung berücksichtigt damit beide Pole des PR-Diskurses: sowohl die Unterstellung bzw. das Geständnis, dass PR (mitunter) lügt, als auch die Hoffnung bzw. die Selbstauskunft, dass PR (mitunter) wahrhaftig ist. Ob PR eine dualisierende oder eine entdualisierende Wirklichkeitsstrategie verfolgt, kann letztlich nur die entsprechende PR selbst beurteilen. Denn im Außenverhältnis geht es letztlich selbstredend immer um die Inszenierung von Wahrhaftigkeit, Zuverlässigkeit etc., um Vertrauenswürdigkeitszuschreibungen zu erlangen. Dabei ist noch einmal der Zusammenhang zwischen Vertrauenshandlungen und Vertrauenswürdigkeitszuschreibungen zu betonen: Externes Vertrauen in PR-Beschreibungen bezieht sich zwar nicht auf die beobachtete (Un-)Ehrlichkeit der PR, sondern allein auf die bewertete Angemessenheit ihrer PR-Beschreibungen – also ob sie von den Vertrauenssubjekten bei ihrer sozialen Orientierung als positive Folie benutzt werden. Gleichwohl dürfte ein Unternehmen, das von vielen als unehrlich eingeschätzt wird, kaum als vertrauenswürdig bewertet werden und daher nur schwerlich auf Vertrauenshandlungen bei Bezugsgruppen hoffen. Indikatoren für Vertrauenswürdigkeitszuschreibungen *determinieren* also Vertrauenshandlungen nicht, ihr *Einfluss* auf Vertrauenshandlungen ist aber nicht zu unterschätzen.

Wie können dualisierende als auch entdualisierende Wirklichkeitsstrategien organisationstheoretisch verortet werden? Beide Idealtypen bedürfen in der Regel einer Abstimmung zwischen den oben genannten drei Umwelten von PR. Wenn erstens vertrauenswürdige PR-Beschreibungen solche sind, die von externen Bezugsgruppen als vertrauenswürdig bezeichnet werden, dann sind PR-Beschreibungen zunächst im Hinblick auf die Erwartungen der Bezugsgruppen abzustimmen. Wenn zweitens mögliche Widersprüche zwischen veröffentlichten PR-Beschreibungen und anderen Unternehmensbereichen bzw. Mitgliedern zugeschriebene Mitteilungen als Risiko für Vertrauenswürdigkeitszuschreibungen eingeschätzt werden, dann ergibt sich daraus ein enormer Abstimmungsbedarf mit anderen Organisationsbereichen und mit den Mitgliedern sowohl bei dualisierenden als auch bei entdualisierenden Wirklichkeitsstrategien. Dieser Abstimmungsbedarf wird in den folgenden Kapiteln detailliert herauszuarbeiten sein.

Vorab sind jedoch noch einmal die Beziehungen der PR bzw. des gesamten Unternehmens zu ihren Mitgliedern bzw. Mitarbeitern zu erörtern. Denn während die Beziehungen der PR zu externen Bezugsgruppen und zu anderen Unternehmensbereichen bereits ausführlich erläutert wurden, sind die Beziehungen der PR zu den Mitgliedern der Organisation, also den Mitarbeitern des Unternehmens bislang weitgehend unberücksichtigt geblieben. Die Beziehungen der PR bzw. der Organisationen zu den Mitgliedern sind als Umweltbeziehungen zu konzipieren, da Personen nie in Gänze Teil der Organisation sind, sondern außersystemische Bedürfnisse, Interessen, Loyalitäten etc. haben (vgl. Willke 1978, S. 234): „We view members of an organization as an integral part of the organization with respect to their organizational role-defining and role-carrying activities, but as part of the environment of the organization with respect to their abilities, motives, their memberships, and other characteristics that are potentially useful but not utilized by the organization in role performance." (Yuchtman und Seahore 1967, S. 900)

Daraus folgt insbesondere für Wirklichkeitsstrategien das Risiko zugeschriebener Widersprüche und damit fehlender Vertrauenswürdigkeit. Denn wenn einem Mitglied in anderen sozialen Kontexten wie z. B. im Freundeskreis Mitteilungen mit kritischen Aussagen über sein Unternehmen als Handlungen zugerechnet werden und zugleich reflektiert wird, dass diese Person Mitglied des Unternehmens ist, kann dies Folgen für die Vertrauenswürdigkeit von PR-Beschreibungen und damit des gesamten Unternehmens haben. Hier wird deutlich, dass die integrierte Kommunikation eben mehr umfasst als die Abstimmung der Kommunikationen in und von einer Organisation (vgl. Theis-Berglmair 2003, S. 347), sondern auch mitgeteilte Informationen von Mitgliedern, die ihnen in anderen Rollen zugeschrieben werden.

Diese anderen sozialen Kontexte, in denen Mitarbeiter aktiv sind, können letztlich auch relevante Bezugsgruppen des jeweiligen Unternehmens sein: Eine Managerin ist in einer Partei aktiv, ein Produktionsmitarbeiter engagiert sich in einer Naturschutzorganisation und eine Auszubildende ist zugleich Anwohnerin des Chemie-Werkes. Die Beispiele lassen in einer ersten Annäherung bereits erahnen, dass die Risiken für die Vertrauenswürdigkeit umso geringer (und umgekehrt: größer) sind, je geringer (und umgekehrt: größer) die Differenzen zwischen der jeweils wahrgenommenen unternehmerischen Wirklichkeit und externen Wirklichkeiten sind.

Damit sind die Grundlagen gelegt, um in den folgenden Kapiteln dualisierende und entdualisierende Wirklichkeitsstrategien detailliert erläutern zu können. Dabei stehen insbesondere die folgenden Fragen im Mittelpunkt: Was sind die Chancen und Risiken dualisierender und entdualisierender Strategien? Zu welchen spezifischen Problemen führen dualisierende und entdualisierende Wirklichkeitsstrategien und welche Lösungsstrategien hat PR hierfür entwickelt? Zuvor werden aber kurz ausgewählte Strategien zu skizzieren sein, wie PR jenseits der Frage der Angemessenheit Vertrauenswürdigkeit zu erlangen sucht.

8.1.1 Strategien vertrauenswürdiger PR-Beschreibungen

Bevor die Unterschiede zwischen dualisierenden und entdualisierenden Wirklichkeitsstrategien herausgearbeitet werden, sollen vorab die Gemeinsamkeiten zwischen Lügen- und Wahrheitsstrategien erläutert werden. Mit anderen Worten: Wie bearbeitet PR das Problem vertrauenswürdiger PR-Beschreibungen jenseits der Frage ihrer Angemessenheit? Ganz allgemein kann diese Frage mit einem Verweis auf die herausgearbeiteten Gründe für Vertrauen bzw. Indikatoren für Vertrauenswürdigkeit beantwortet werden. PR instrumentalisiert die beobachteten Gründe bzw. Indikatoren. Konkreter sollen hier beispielhaft ausgewählte Strategien herausgearbeitet werden.

Schweigen vs. Reden

Ob und in welcher Häufigkeit sich PR externen Bezugsgruppen durch veröffentlichte Beschreibungen mitteilt, ist eine Entscheidung, die großen Einfluss auf Vertrauenswürdigkeitszuschreibungen haben kann. Dies zeigt der Preis *Die verschlossene Auster*, die die Journalistenvereinigung Netzwerk Recherche e. V. seit 2002 an Organisationen verleiht, die sich durch Auskunftsverweigerung hervorgetan haben (vgl. Netzwerk Recherche 2010). Im Folgenden soll die ganz grundsätzliche Entscheidung kontingent gesetzt werden, ob PR Beschreibungen veröffentlicht. Ist es vertrauenswürdiger, wenn PR sehr mitteilsam ist und Beschreibungen über die Umweltverträglichkeit des Unternehmens kontinuierlich veröffentlicht? Oder ist es nicht – der „verschlossenen Auster" zum Trotz – vielversprechender, wenn PR völlig schweigt?

Welche Vorteile und Chancen bieten sich, wenn PR eine Vielzahl an selbst initiierten PR-Beschreibungen veröffentlicht? Es ist oben erläutert worden, dass man Vertrauensbeziehungen oft mit kleineren Risiken beginnt, bevor man nach einer positiven Bestätigung auch zu größeren Risiken bereit ist (vgl. Luhmann 1996a, S. 181). Regelmäßig veröffentlichte PR-Beschreibungen können Anlässe für solch kleinere Risiken bieten. Es spricht viel dafür, dass in einem öffentlichen Konflikt zwischen zwei Unternehmen das Unternehmen, deren PR-Beschreibungen sich bei Vertrauenshandlungen anderer bestätigt haben, eher auf Vertrauenswürdigkeitszuschreibungen hoffen darf als ein Unternehmen, das bislang noch gar nicht in Erscheinung getreten ist. Barth und Donsbach (1992) haben allerdings gezeigt, wie zerbrechlich in Routinesituationen funktionierende Arbeits- und Vertrauensbeziehungen in Krisensituationen wie z. B. bei einem technischen Zwischenfall sein können.

Damit hängt zusammen, dass PR mit solchen aktiven Veröffentlichungsstrategien ihren Bezugsgruppen signalisiert, dass sie sich für deren Ansprüche interessiert. Mit einer solchen Hinwendung kann PR mithin etwas ähnliches gelingen, wie es Baudrillard für die Werbung beobachtet hat:

> Worauf der Kunde anspricht, ist das unterschwellige Thema seiner Betreuung und Beschenkung, ist die Sorgfalt, mit der er umworben und überzeugt wird. Es ist der ihm nicht deutlich zum Bewusstsein kommende Wunsch, dass es irgendwo eine soziale und zugleich mütterliche Instanz gäbe, welche die Aufgabe übernimmt, ihn über seine eigenen Bedürfnisse zu informieren, seine Wünsche auszusprechen und ihn auch gegebenenfalls vor diesen Wünschen zu warnen. Er glaubt folglich ebensowenig an die Werbung wie das Kind an den Weihnachtsmann, was ihn aber ebenso wenig daran hindert, an einem verinnerlichten, kindlichen Verhältnis festzuhalten und sich dementsprechend zu benehmen. (Baudrillard 2007, S. 207)

Diesen Chancen steht das grundsätzliche Vertrauenswürdigkeitsproblem jeglicher PR entgegen, das sich durch eine zu offensive Kommunikationspolitik eher zu vergrößern scheint. Je häufiger und offensiver Unternehmen als gewinnorientierte Organisationen ihren freiwilligen Verzicht auf Gewinn thematisieren, desto mehr dürfte das Misstrauen und gleichzeitig das Interesse dafür wachsen, welche Interessen sich hinter diesen Erklärungen verbergen könnten. Pöttker konstatiert diese kontraproduktive Wirkung für die Politik: „Es könnte daher sein, dass die Politiker nicht jenen verheerenden Autoritätsverlust erlitten hätten, mit dem sie seit einiger Zeit kämpfen und sich dabei immer tiefer in Legitimationsprobleme verstricken, wenn die Parteien von vornherein darauf verzichtet hätten, die öffentlichen Medien als Vehikel der Selbstdarstellung zu betrachten. Um kurzfristig Imagevorteile zu erlangen, wurde langfristig die Erosion der politischen Legitimität in Kauf genommen. Ein Vorgang, der nicht ohne Ironie ist." (Pöttker 1992, S. 27) Und als weitere Ernüchterung kommt hinzu, dass Unternehmen wenig Einfluss auf die journalistische Berichterstattung haben. So konnte Schranz belegen, dass nur rund ein Viertel der Beiträge zur Sozialreputation auf die Initiative des Unternehmens zurückgeht (vgl. Schranz 2007, S. 166).

Wie ist dann die entgegengesetzte Strategie zu bewerten? Mit einem weitgehenden Verzicht auf selbst initiierte Beschreibungen kann es der PR gelingen, sich dem öffentlichen Interesse zu entziehen. Wie schwierig hier generalisierende Aussagen sind, zeigt folgende Einschätzung, die der oben geäußerten auf den ersten Blick diametral zu widersprechen scheint. Ein technischer Zwischenfall in einem weitgehend unbekannten Unternehmen könnte geringere negative Folgen für die Vertrauenswürdigkeit der Beschreibungen haben als für das oben beschriebene Unternehmen, weil es schlicht und einfach einen geringeren Nachrichtenwert hat und damit weniger Beachtung findet. So scheinen in „Problem-Branchen" wie der Waffen-Industrie Unternehmen ganz bewusst eine zurückhaltende Kommunikationspolitik zu wählen, um erst gar nicht das Interesse möglicher Bezugsgruppen zu wecken. Gestützt wird diese Vermutung auch durch die bisherigen Preisträger der *verschlossenen Auster*: Vom *IOC* über die *HypoVereinsbank* bis hin zur katholischen Kirche finden sich dort ausschließlich prominente Personen und Organisationen, die ohnehin regelmäßig im öffentlichen Fokus stehen. Der Preisträger des Jahres 2003 – *Aldi* – zeigt (vgl. Netzwerk Recherche 2010), dass eine zurückhaltende PR vor allem dann schwierig ist, wenn es als eines der größten werbetreibenden Unternehmen Deutschlands mit anderen Unternehmensbotschaften quasi dauerpräsent ist.

Unternehmen, die keine aktive PR betreiben, geraten mithin schnell in den Verdacht, sich aus ihrer gesellschaftlichen Verantwortung stehlen bzw. etwas verbergen zu wollen. „Wer sich von vornherein als unansprechbar darstellt – und das kann in sehr verschiedenen Formen geschehen: durch abweisende Reaktion, durch wirklich eiliges Vorbeilaufen, durch Verstöße gegen das Übliche in Aussehen oder Betragen, die zeigen, dass man darauf keinen Wert legt –, wer sich auf diese Weise distanziert, erwirbt kein Vertrauen, weil er keine Lern- und Prüfungsmöglichkeiten offeriert." (Luhmann 1989a, S. 68) Diese Risiken dürften umso größer sein, wenn PR sogar auf Anfragen nicht reagiert – sei es mit einem abwehrenden „Kein Kommentar!" oder gar durch die Nicht-Erreichbarkeit. Solche Reaktionen sind idealtypische Beispiele für Watzlawicks ‚Man kann nicht nicht kommunizieren' (vgl. Watzlawick et al. 1996, S. 51). Ein solches Schweigen von einer PR-Branche, deren Wachstum und Professionalisierung auch Journalisten verfolgen, dürfte immer häufiger als kalkuliert bewertet werden und durch eine entsprechende Berichterstattung zu Vertrauenswürdigkeitsverlusten führen – oder zu einem Preis wie der *verschlossenen Auster*.

Ob eine „schweigende" oder eine mitteilsame Veröffentlichungspolitik bessere Chancen auf Vertrauenswürdigkeitszuschreibungen hat, kann mithin nicht eindeutig beantwortet werden. Damit zeigt sich hier einmal mehr, wie zerbrechlich Vertrauensbeziehungen sein können.

Konsistenz- vs. Kontingenz-Strategien

Als ein Grund bzw. Indikator für Vertrauenswürdigkeitszuschreibungen ist einerseits die Konsistenz des Auftritts bzw. der Beschreibung genannt worden. PR kann daher bestrebt sein, Widersprüche zu vermeiden. Dies wird in den beiden nachfolgenden Kapiteln im Zentrum der Überlegungen stehen. Andererseits ist konstatiert worden, dass eine bestimmte Art der Inkonsistenz sogar als Vertrauenswürdigkeitsmerkmal interpretiert werden kann (vgl. Arntzen 1993, S. 55). Damit zeigt sich auch hier einmal mehr der widersprüchliche Charakter von vielen Gründen für Vertrauenshandlungen.

Dieses Paradoxon dürfte viele Ursachen haben – einige werden später im Kontext insbesondere der dualisierenden Wirklichkeitsstrategie ausführlich zu erläutern sein. Ein wichtiger Grund hierfür scheint die Frage zu sein, wie PR in ihren Beschreibungen den paradoxen Charakter von Entscheidungen thematisiert. Wenn wir letztlich nur die Fragen, die prinzipiell unentscheidbar sind, entscheiden können, zeigt dies die Kontingenz von Entscheidungen auf (vgl. von Foerster 1993, S. 153). Die Entscheidungen einer Bundeskanzlerin, die angeblich alternativlos sein sollen, sind damit keine Entscheidungen. Aber genau eine solche Thematisierung von Entscheidungen dürfte in der PR immer noch dominant sein: Die getroffene Entscheidung wird als zwangsläufig dargestellt, entsprechend werden nur die Vorteile veröffentlicht – und die intern vermutlich viel diskutierten Nachteile und Risiken verschwiegen. Die Kontingenz wird hier also gerade geleugnet oder zumindest nicht thematisiert. Beispiele für eine solche Konsistenzstrategie sind in der Unternehmenskommunikation Konzepte wie das der Corporate Identity, der Integrierten Kommunikation und des Impression Management (vgl. Theis-Berglmair 2008, S. 118). Ihnen ist gemeinsam, dass Beschreibungen geglättet und Widersprüche vermieden werden, um die Vertrauenswürdigkeit von Beschreibungen und – dies sei als Vorgriff hier gestattet – von Selbststeuerungen nicht zu gefährden.

Allerdings wächst in modernen Gesellschaften die Einsicht in die Kontingenz künftiger Entwicklungen (vgl. Schmidt 2002, S. 28 f.). Dies könnte dazu führen, dass künftig Kontingenzstrategien zunehmend als vertrauenswürdig bezeichnet werden. Kontingenzstrategien machen die Kontingenz von Entscheidungen sichtbar. Sie schaffen damit Raum für entgegengesetzte Meinungen, für Lernprozesse oder für Entschuldigungen für Entscheidungen, die sich *ex post* als „falsch" erwiesen haben. Manager werden dann nicht mehr als unfehlbare Helden beschrieben, sondern als Menschen, die sich irren können (vgl. Baecker 1994). Internet-Anwendungen wie Weblogs, Social Communities oder Wikis machen diese Kontingenz sichtbar. Genau deshalb dürften sich viele Unternehmen mit diesen Formen so schwer tun. Sie fürchten – nicht immer zu Unrecht –, dass die Thematisierung von Gegenargumenten die Vertrauenswürdigkeit und mithin die Legitimation gefährden (vgl. Theis-Berglmair 2008, S. 118 f.).

Im Gegensatz zu Konsistenz-Strategien sind Kontingenz-Strategien unabhängig von Fragen dualisierender oder entdualisierender Wirklichkeitsstrategien zu sehen. So kann die Kontingenz einer Entscheidungsfindung auch bewusst thematisiert werden. Eine besonders vertrauenswürdige Form inkonsistenter Beschreibungen dürften Zitate von bekannten Gegnern sein. Zudem könnte PR negative Themen, die sie selbst als weniger relevant bewertet, mit dem Kalkül veröffentlichen, die Vertrauenswürdigkeit von PR-Selektionen zu stärken.

Transparenz-Strategien
Als eine Spielart von Konsistenz- und Kontingenz-Strategien können Transparenz-Strategien verstanden werden. Es wird zu zeigen sein, dass Wirklichkeitsstrategien neben erwünschten Effekten auch zu unerwünschten Nebeneffekten führen können. Ein unerwünschter Nebeneffekt von Wirklichkeitsstrategien ist, dass bereits Anzeichen einer grundsätzlich rigiden Geheimhaltungspolitik – jenseits von aktuellen Anlässen und Themen – als Zeichen fehlender Vertrauenswürdigkeit interpretiert werden können (vgl. Westerbarkey 2000, S. 172). Um dies zu verhindern, können Unternehmen versuchen, sich als offenes und zugängliches Unternehmen darzustellen. Diese Strategie wird im PR-Diskurs momentan intensiv als Transparenz diskutiert (vgl. z. B. Klenk und Hanke 2009). Während Bentele und Seiffert

(vgl. 2009, S. 51) die Relevanz der Transparenzerwartungen der Bezugsgruppen betonen, weil sie den Grad an Offenheit mitbestimmen, stellt Szyszka mit dem Begriff der funktionalen Transparenz die PR-Perspektive in den Mittelpunkt. Demnach lässt PR Transparenz zu, wie dies Zugewinn verspricht, drohenden Schaden abwendet oder eingetretenen Schaden eingrenzen oder bewältigen soll (vgl. Szyszka 2004, S. 157). Hier sind in Anlehnung an die bisherige Argumentation zwei Aspekte zu ergänzen. Erstens bedarf Transparenz selbst der Thematisierung und Inszenierung, damit sie überhaupt sichtbar wird. Ein Tag der offenen Tür oder eine Offenlegung von internen Vorgängen passieren nicht einfach, sondern sind Ergebnis eines geplanten Prozesses. Und ob die „transparent gemachten" Themen, Fakten, Beschreibungen, Bewertungen etc. angemessen sind oder eine Lüge darstellen, das können intern nur PR und extern die Bezugsgruppen entscheiden. Entsprechend können Transparenzstrategien sowohl bei dualisierenden als auch bei entdualisierenden Wirklichkeitsstrategien eingesetzt werden – sie sind mithin wie Vertrauenswürdigkeit immun gegen Wahrhaftigkeit und Lüge. Und: Transparenzstrategien haben Folgekosten, weil auch das ‚transparenteste' Unternehmen am Tag der offenen Tür irgendwo geschlossene Türen haben wird. Ob daher mit dieser Strategie tatsächlich Transparenz oder Intransparenz geschaffen wird (vgl. Luhmann 2000, S. 285), wird schließlich nur die PR entscheiden können. Transparenz-Strategien zeigen eindrucksvoll, dass PR als Disziplin der Gegenaufklärung bezeichnet werden kann (vgl. Kocks 2007a, S. 66). PR sollte zwar den Eindruck der Offenheit erfolgreich erwecken können – aber idealerweise werden dahinter stehende PR-Aktivitäten nicht sichtbar. Der Gipfel des Erfolgs dürfte dann erreicht sein, wenn dies selbst von anderen Praktikern nicht mehr erkannt wird (vgl. ebd., S. 15).

Diskursjenseitige vs. diskursdiesseitige Wahrheitsmarker
Weil PR unter Motivverdacht steht und weil sich PR dieses Vertrauenswürdigkeitsproblems bewusst ist, ist es in der PR eine vielgenutzte Strategie, sich auf unabhängige Instanzen zu berufen, um so die Angemessenheit der eigenen Beschreibung zu belegen. Hier können in Anlehnung an Weber diskursjenseitige und diskursdiesseitige „Wahrheitsmarker" (Weber 2005, S. 266) unterschieden werden.

Insbesondere in Konflikten neigt man dazu, die Wahrheit zu depersonalisieren und den Irrtum zu personalisieren: „‚Du glaubst nur, dass… so ist, tatsächlich ist jedoch…'" (Mitterer 1999, S. 60). Mit diesen Wahrheitsmarkern wird in Diskussionen auf einen Diskursjenseits verwiesen – eine größere Erweiterung der Reichweite ist kaum denkbar. Solche diskursjenseitigen Wahrheitsmarker lassen sich vielfach in der PR-Praxis finden:

Kosten für ‚Lkw-Straßen' *in Wahrheit* nicht so hoch.
Obwohl Folter vom chinesischen Gesetz verboten ist, verhindert die chinesische Regierung *in Wahrheit* die Folter nicht.
Der Blick für die *Realitäten* kommt spätestens, wenn klar wird, dass eine gefühlte Konjunktur keine Arbeitsplätze schafft.
Er ist ein *dreister Lügner und Schwindler*, der in den letzten Stunden des Wahlkampfes das Chaos in der Union durch *falsche Anschuldigungen* gegenüber der SPD überdecken möchte.

Diskursjenseitige Wahrheitsmarker sollen die eigene Position unangreifbar machen und damit die Diskussion zu einem Ende führen. Davon unterschieden werden können diskursdiesseitige Wahrheitsmarker, in denen die Wahrheitsbehauptung auf nachprüfbare und in der Regel anerkannte Prüfverfahren beruhen. So können Umfragen den diskursjenseitigen Wahrheitsmarker „In Wahrheit wollen die Deutschen…" durch den diskursdiesseitigen Wahrheitsmarker „69 % der Deutschen wollen…" ersetzen. Solche diskursdiesseitigen Wahrheitsmarker können auch als unabhängig bekannte Experten sein, die andere Beschreibungen der PR stützen (vgl. Willems und Jurga 1998b, S. 213 f.).

Inszenierungsstrategien

Wenn sich dualisierende und entdualisierende Wirklichkeitsstrategien darin unterscheiden, ob PR-Beschreibungen intern als angemessen oder nicht angemessen bewertet werden, beziehen sie sich damit wie die bislang diskutierten Strategien insbesondere auf inhaltsorientierte Gründe und Indikatoren. Hiervon soll unterschieden werden, *wie* PR-Beschreibungen öffentlich dargestellt und präsentiert werden. Letztlich geht es also darum, wie PR-Beschreibungen inszeniert werden, also „mit einer bestimmten Wirkungsabsicht zur Erscheinung gebracht werden" (Ontrup und Schicha 1999, S. 7). PR bemüht sich dabei um ein „kalkuliertes Auswählen, Organisieren und Strukturieren von Darstellungsmitteln, das in besonderer Weise strategisch auf Publikumswirkung berechnet ist" (ebd., S. 7).

Im Theatralitätsdiskurs werden Inszenierungen als schöpferische Prozesse verstanden, in denen etwas entworfen und zur Erscheinung gebracht wird (vgl. Fischer-Lichte 2007, S. 21). „Als Teil der Inszenierung gilt dabei nur, was in/mit ihr zur Erscheinung gebracht und von anderen wahrgenommen wird, sowie das Ensemble von Techniken und Praktiken, das eingesetzt wurde, um es zur Erscheinung zu bringen." (Theatralitätsprogramm 1995, S. 3) Inszenierungen umfassen nicht nur das Festlegen von Strategien *vor* dem Auftritt, sondern vor allem die handelnde, performative Tätigkeit *in* der jeweiligen Situation vor dem Publikum (vgl. Biehl 2007, S. 15). Wie im Theater ist die Inszenierung letztlich in jeder Alltagssituation allgegenwärtig – das wird spätestens seit Goffmans Klassiker „Wir alle spielen Theater" (1998) kaum mehr hinterfragt. So werden Inszenierungen als anthropologische Konstante bewertet, nach der ein Mensch in sozialen Interaktionen immer eine Rolle spielt und die Reaktionen seiner Umwelt reflektiert (vgl. Meyer 2003, S. 13). Entsprechend ist die Inszenierung eine Voraussetzung dafür, damit ein Mensch überhaupt in Erscheinung treten könne (vgl. Iser 1991). Und Saxer formuliert schließlich pointiert: „sobald Interaktionen öffentlich stattfinden, werden sie bis zu einem gewissen Grade auch inszeniert, vollziehen sich nicht wie Tsunamis gemäß Naturgesetzen" (Saxer 2008, S. 364). So sind letztlich jeder öffentliche Auftritt bzw. jede PR-Veröffentlichung eine Inszenierung – dies ist aus der Rezipientenperspektive oben als „aufgeklärte" (In)Authentizitätszuschreibung bezeichnet worden. In Inszenierungen setzen sich eine Person oder eben eine Organisation zu sich selbst in eine exzentrische Position, in der sie den eigenen öffentlichen Auftritt mit den Augen eines anderen reflektieren (vgl. Fischer-Lichte 2007, S. 19). Mithin wird letztlich jede veröffentlichte PR-Beschreibung unweigerlich inszeniert. Dies ist allerdings in zweifacher Hinsicht zu differenzieren.

Erstens können sowohl aus einer internen als auch aus einer externen Perspektive verschiedene *Inszenierungsgrade* unterschieden werden. So kann PR in der Vorbereitung der Inszenierung Techniken und Mittel der Inszenierungen in unterschiedlichem Ausmaß einsetzen – von der Auswahl und dem Briefing der präsentierenden Person über die Auswahl und Gestaltung der Bühne bis hin zur Auswahl und Anordnung der Publikumsdarsteller, die ggf. nur die Kulisse für das eigentliche Publikum, die Journalisten, sind. PR wird hier in unterschiedlichem Ausmaß und mit verschiedenen Ressourcen Inszenierungen planen. Wie oben bereits skizziert wurde, können aus einer externen Perspektive ebenfalls Inszenierungsgrade untersucht und beschrieben werden. Man wird empirisch zuverlässig insbesondere generelle Trends von Inszenierungen beobachten können, indem leichter beobachtbare Indikatoren für Inszenierungen bzw. Inszenierungsgrade definiert und untersucht werden – dazu könnten u. a. die Festlegung eines Ablaufes, der Aufbau eines Bühnenbildes etc. gezählt werden. Dies schließt natürlich nicht aus, dass PR durch einen entsprechenden Einsatz von Inszenierungsmitteln auch die Nicht-Inszenierung inszenieren kann.

Zweitens kann ein Publikum bei einem Blick hinter die Kulissen Nicht-Inszeniertes beobachten. Da jede soziale Interaktion eine Inszenierung ist, ist zwar auch dies eine Inszenierung, allerdings eine interne Inszenierung. Dieser Blick auf die Goffmansche Hinterbühne wird in aller Regel als Realität bezeichnet und auf mögliche Widersprüche zu den veröffentlichten PR-Beschreibungen hin untersucht. Dies sind dann allerdings stets Zuschreibungen durch das Publikum. Ob dieser Blick hinter die Kulissen tatsächlich etwas enthüllt hat, oder ob auch der Blick hinter die Kulissen von der PR bewusst zugelassen wurde, dies weiß letztlich nur die PR. So können solche Blicke auf die vermeintlichen Hinterbühnen oder zweiten

Vorderbühnen eben auch bewusst zugelassen werden, um die Vertrauenswürdigkeit von veröffentlichten PR-Beschreibungen zu unterstützen (vgl. Laux und Schütz 1996, S. 43; Dörner und Vogt 2011, S. 187). Ein Beispiel für einen solchen arrangierten Blick auf die Hinterbühne sind in der Autobranche die bewusst lancierten Fotos von so genannten *Erlkönigen*. Ähnlich zu bewerten sind die Auftritte von Politikern in ihrer Rolle als Privatmensch in Personality-Talkshows (vgl. ebd.) und viele so genannte *Paparazzi-Bilder*, die nicht selten auf einer Absprache zwischen Fotograf und Prominenten beruhen.

Damit sind bereits die *Funktionen von Inszenierungen* für die PR deutlich geworden. Eine grundsätzlich zentrale Funktion von Inszenierungen dürfte die Signalfunktion zur Schaffung von Aufmerksamkeit sein (vgl. Sarcinelli 1999, S. 370). Mit dem Einsatz von verschiedenen Mitteln und Techniken und z. T. mit dem Bau aufwändiger Bühnen – im wörtlichen wie im übertragenen Sinne – kann jenseits der inhaltlichen Ebene die Wahrscheinlichkeit erhöht werden, zum Thema der Berichterstattung zu werden. Damit hängt zusammen, dass Inszenierungen es ermöglichen, komplexe Themen verständlich darzustellen, um damit auch die Chancen intendierter Wirkungen zu erhöhen. Für das Problem der Vertrauenswürdigkeit hingegen ist der wichtigste Aspekt, dass mittels Inszenierungen die verhaltensorientierten Gründe und Indikatoren so instrumentalisiert werden können, dass sie den inhaltsorientierten nicht widersprechen, sondern sie unterstützen.

Wie ist der Trend zur Inszenierung zu erklären? Auf der einen Seite sind Organisationen einem Inszenierungs- und Medialisierungsdruck ausgesetzt, der von ganz unterschiedlichen Seiten kommt. Auf einer Makroebene sind hier zunächst die Anforderungen der Medien zu nennen. Wenn Medien beispielsweise Erfolg oder Misserfolg eines Unternehmens an der Person des Vorstandsvorsitzenden konkretisieren wollen, dann kommt hier der Nachrichtenfaktor Personalisierung zum Tragen (vgl. Bentele und Fähnrich 2010, S. 53 ff.). Ein Unternehmen und mit ihm sein Vorstandsvorsitzender sind also in gewisser Weise dazu gezwungen, sich um die Medialisierungs- bzw. Inszenierungsqualitäten ihres Chefs Gedanken zu machen. Es wäre naiv und anmaßend, so Meyer für politische Organisation, von der Politik zu verlangen, dass sie sich dem Inszenierungsdruck der Medien prinzipiell widersetzen würden (vgl. Meyer 1998, S. 128). Auf einer Mesoebene sind Unternehmen gewissermaßen dazu „gezwungen", wenn immer mehr konkurrierende Unternehmen Inszenierungstechniken verwenden.

Auf der anderen Seite ermöglichen Inszenierungen Innovationsgewinne und verschaffen Unternehmen damit einen kleinen Vorsprung im Wettbewerb um Aufmerksamkeit und Vertrauenswürdigkeit. Ein Unternehmen, das als erstes seinen Vorstandsvorsitzenden auch als Privatmenschen inszeniert, kann sich damit von Konkurrenten abgrenzen.

8.1 Wirklichkeitsstrategien der PR

Die genannten Vorteile der Inszenierungen zeigen, dass auch von PR als angemessen bezeichnete Beschreibungen der Inszenierung bedürfen. Dennoch scheinen Inszenierungen immer noch ein Imageproblem zu haben (vgl. Dörner 2002, S. 19); Begriffe wie „Blender" zeigen dies exemplarisch (vgl. Biehl 2007, S. 17). Hingegen wird aus einer als aufgeklärt zu bezeichnenden Perspektive immer häufiger konstatiert, dass Inszenierungen auch in einer internen Perspektive letztlich in keinem Zusammenhang mehr zu Fragen von Lüge und Wahrhaftigkeit stehen (vgl. z. B. Meyer 2003, S. 13). „Denn einerseits lässt sich Inszenierung durchaus als Schein, Simulation und Simulakrum begreifen. Es handelt sich dabei jedoch um einen Schein, eine Simulation, ein Simulakrum, die allein fähig sind, Sein, Wahrheit, Authentizität zur Erscheinung zu bringen. Nur in und durch Inszenierung vermögen sie uns gegenwärtig zu werden." (Fischer-Lichte 2007, S. 23) Auch ein „gutes" und „wahres" Unternehmen bedarf also der Inszenierung. Einerseits folgt daraus: Inszenierungen sind offensichtlich legitim (vgl. Biehl 2007, S. 17). Andererseits folgt daraus, dass eben auch eine PR, die nach eigener Einschätzung angemessen selektiert, mit ihren Inszenierungen scheitern kann: „Wie schon angedeutet, kann sich der Darsteller darauf verlassen, dass sein Publikum kleine Hinweise als Zeichen für wichtige Momente der Vorstellung annimmt. Diese bequeme Tatsache hat eine unbequeme Folge. Auf Grund eben dieser Neigung des Publikums, Zeichen zu deuten, kann es die Hinweise missverstehen oder zufällige beziehungsweise versehentliche Gesten und Ereignisse, die nach dem Willen des Darstellers keinerlei Bedeutung übermitteln sollten, falsch interpretieren." (Goffman 1998, S. 48) Es wird zu zeigen sein, dass dualisierende Wirklichkeitsstrategien in der Regel einen größeren Inszenierungsaufwand benötigen, um die Angemessenheit ihrer Selektionen – der veröffentlichten Themen, Fakten, Bewertungen und der Richtigkeit der Beschreibungen – zu unterstützen.

Zur Planung erfolgversprechender Inszenierungen – also Inszenierungen, die als vertrauenswürdig bzw. authentisch – bezeichnet werden, benötigt PR Informationen über Authentizitätserwartungen bzw. zum jeweiligen Modus der (In-)Authentizitätszuschreibung. Relevant ist hier insbesondere, ob im Publikum die oben ausgeführten naiven oder aufgeklärten (In-)Authentizitätszuschreibungen überwiegen. Fischer-Lichte erläutert den für die Planung der Inszenierung relevanten Unterschied am Beispiel eines Theaters und einer Landschaft: „Während für Theaterinszenierungen gilt, dass sie eben unter der Bedingung zu wirken vermögen, dass sie stets auch als Inszenierung wahrgenommen werden, gilt diese Prämisse keineswegs für andere Arten von Inszenierungen. Wenn ein Spaziergänger einen englischen Garten oder ein Gesprächspartner ein sorgfältig inszeniertes Verhalten als ‚natürlich' empfinden, so haben sie Landschaft und Verhalten wohl den Inszenierungsstrategien entsprechend wahrgenommen, jedoch nicht als Inszenierung.

D.h. die Inszenierung vermag hier gerade deshalb zu wirken, weil sie nicht als solche wahrgenommen wird." (Fischer-Lichte 2007, S. 19) Wenn im Publikum der naive Modus der (In-)Authentizitätszuschreibung überwiegt, sollten Inszenierungen entsprechend nicht sichtbar werden. Hingegen gibt es bei einem Publikum mit einer aufgeklärten Haltung gegenüber Inszenierungen größere Freiheitsgrade. Hier kann beinahe schon mit der Thematisierung der Inszenierung gespielt werden.

Es ist zu vermuten, dass für PR in der Politik und in der Wirtschaft immer noch der naive Modus überwiegt. Ein Politiker bzw. Vorstandsvorsitzender müssen sich und ihre Inhalte zwar inszenieren, aber ihre Darstellung darf nicht inszeniert erscheinen, da sie in der alltäglichen Wirkwelt handeln. Sie stehen bei ihren Auftritten vor der schwierigen Aufgabe, ein unverwechselbares Profil nicht nur darstellen, sondern von Auftritt zu Auftritt auch durchhalten zu können (vgl. Kugler und Kurt 2007, S. 153). Eine Thematisierung von Inszenierungsstrategien ist daher nur in Ausnahmefällen bzw. dosiert erfolgversprechend – so wie es die SPD mit dem Leipziger Nominierungs-Parteitag 1998 gemacht hat. Die Grenzen einer zu offenkundigen Inszenierung zeigt das Beispiel Norbert Blüm: „Die Häufigkeit und die Dosis seiner Inszenierungen, seine Neigung, nach erzieltem Erfolg zuzulegen, stehen ihm im Wege. Überinszenierung, das Sichtbarwerden des Regisseurs auf der Bühne gefährden den Erfolg. Grenzen werden sichtbar. Nicht Grenzen der Möglichkeit der Inszenierung des Scheins, sondern Grenzen von Personen, die Gesetze zu erkennen und zu wahren, die es einzuhalten gilt, wenn der Schein als Wirklichkeit wirken soll." (Meyer 1992, S. 92)

Bei der öffentlichen Darstellung von Film- und Musikstars scheint hingegen der aufgeklärte Authentizitätsmodus zunehmend akzeptiert zu sein. Diese größere „Narrenfreiheit" mag einerseits mit dem Unterhaltungscharakter zusammenhängen, vor allem aber auch damit, dass man Schauspieler ohnehin in verschiedenen Rollen kennt. Beim aufgeklärten Authentizitäts-Modus kann dann selbst die Inszenierung inszeniert werden – mithin von einer Inszenierung zweiter Ordnung gesprochen werden.

Obwohl der naive Authentizitätsmodus in einigen Bereichen noch zu dominieren scheint, dürften Publika zunehmend häufiger um die zunehmende Professionalisierung von PR wissen bzw. diese zunehmend häufiger unterstellen. Das führt dazu, dass hier immer öfter „Inszenierungsspiele" zu beobachten sind, in denen Organisationen sich mit immer neuen Strategien authentisch zu inszenieren versuchen – und Rezipienten zunehmend ihre Beobachtungen beobachten und damit Vertrauen reflektieren. Eine völlig neue Dimension solcher Inszenierungsspiele dürfte die Rezeption einer Hauptversammlung als Theater-Inszenierung sein, zu der die Gruppe „Rimini Protokoll" 2009 eingeladen hat:

8.1 Wirklichkeitsstrategien der PR

Am 8. April 2009 laden Rimini Protokoll zu einer der aufwändigsten Inszenierungen der Spielzeit: Zur Hauptversammlung der Daimler AG im ICC Berlin. Die eigentliche Regie führen diesmal nicht Rimini Protokoll sondern die Abteilung Investors Relations der Stuttgarter Aktiengesellschaft. Vor ca. 8000 Aktionären wird eine riesige, blaue Leinwand aufgebaut, davor, leicht erhöht sitzt der eine Teil des Ensemble: 6 Vorstandsmitglieder und 20 Aufsichtsräte. Hinter der Leinwand arbeiten dutzende von Bühnenarbeitern als Back-Office-Souffleure, um für jede Frage an die Darsteller eine Antwort einflüstern zu können. Der andere Ensembleteil besteht aus den Teilhabern des Konzerns: stolzen Aktionären, dividende-hungrigen Aktionären, räuberischen Aktionären, touristischen Aktionären, kritischen Aktionären (...). Die Presse spielt mit und auch die Mitarbeiter des Aktionärsservice. Das Stück beginnt morgens um 9h und endet erst am späten Abend mit der Entlastung des Vorstandes. ‚Wir schaffen Wert' schwor der Aufsichtsratsvorsitzende 2008 seine Aktionäre ein – dann gingen die Kurse in den Keller ... Rimini Protokoll haben Aktien gekauft und Aktionäre gesucht, die ihre Einladung abtreten, um möglichst vielen Theaterzuschauern Zugang zu dieser Aufführung zu gewähren. (Rimini Protokoll 2009)

Erweitert man die Zweierbeziehung von Vertrauenssubjekt und -objekt um den Journalismus, wird deutlich, dass Vertrauensobjekte mit ihren Inszenierungsstrategien auf Inszenierungsstrategien der Medien treffen – es kommt mithin zu einer doppelten Kontingenz der Inszenierung (vgl. ausführlich dazu Dörner und Vogt 2011; Dörner et al. 2011). Ein Beispiel: Der sich humorvoll und kompetent gebende Ministerpräsident wird bei seinem Talkshow-Auftritt mehrfach von hinten gezeigt – mit Blick auf sein Hörgerät (vgl. ebd., S. 227 f.). Aus den Inszenierungsspielen wird in solchen Fällen ein „Kampf um Inszenierungsdominanz" (Kurt 1998).

Die erläuterten Strategien haben insbesondere Besonderheiten vertrauenswürdiger PR-Beschreibungen gezeigt. Zum einen bedarf jede PR-Beschreibung verschiedener Strategien zur Stärkung der Vertrauenswürdigkeit – unabhängig ob sie sich selbst als angemessen oder unangemessen einschätzt. Dies wird in den beiden folgenden Kapiteln zu zeigen sein. Daraus folgt zum anderen, dass jede Strategie zu Vertrauenswürdigkeitszuschreibungen führen kann – oder eben nicht.

8.1.2 Dualisierende Wirklichkeitsstrategien

Als dualisierende Wirklichkeitsstrategien sind solche Strategien bezeichnet worden, bei denen extern veröffentlichte PR-Beschreibungen PR-intern als unangemessen und unwahr bewertet werden. Dualisierende Wirklichkeitsstrategien kommen damit den Allmachtsphantasien nahe, wie sie Formulierungen wie von Merten nahe legen, bei dem PR Images „vorsätzlich, kontingent, das heißt je nach Bedarf, kurzfristig und ökonomisch am Reißbrett" entwerfen kann (Merten 1992, S. 43). Bei erfolgreichen dualisierenden Wirklichkeitsstrategien, so könnte man pointiert formulieren, werden damit das Handeln und das Reden darüber entkoppelt. *Talk* und *decision* müssen hier im Idealfall nur noch lose gekoppelt sein, ohne negative Konsequenzen für die Vertrauenswürdigkeit und mithin für die Legitimation zu befürchten (vgl. Ortmann 2010, S. 192). Hier setzen dann auch PR-Kritiker an, die PR als Bollwerk und „Whitewasher" von Unternehmen sehen (vgl. Müller 2007).

Dualisierende Wirklichkeitsstrategien werden im Folgenden zunächst in dem vorgestellten organisations- und vertrauenstheoretischen Kontext verortet und ausführlich erläutert. Anschließend werden auf der Grundlage der vorgestellten Risiken für die Vertrauenswürdigkeit die Lösungsstrategien für vertrauenswürdige dualisierende Wirklichkeitsstrategien diskutiert. Dazu zählen insbesondere die klassischen Fragen der Geheimniskontrolle und der Abstimmung veröffentlichter Beschreibungen. Abschließend werden die Kosten dualisierender Wirklichkeitsstrategien sowie die Risiken für das Unternehmen diskutiert.

Dualisierende Wirklichkeitsstrategien entkoppeln *bewusst* die veröffentlichten PR-Beschreibungen von der selbst beobachteten Unternehmenswirklichkeit. Von dualisierenden Wirklichkeitsstrategien soll folglich nur dann gesprochen werden, wenn sich PR der fehlenden Angemessenheit bewusst ist und sich mit Blick auf die vermuteten Vertrauenswürdigkeitszuschreibungen und auf andere organisationale Zwänge gegen eine angemessene PR-Beschreibung entscheidet. Daher sollen unbewusste Selektionen hier nicht zu dualisierenden Wirklichkeitsstrategien gezählt werden. Darunter versteht Weber die Konstruktivität, die jeder Beschreibung notwendigerweise zugrunde liegt (vgl. Weber 1999, S. 25). Beobachtungstheoretisch zählt dazu z. B. der blinde Fleck einer Beobachtung. Im systemtheoretischen Kontext entspricht dies der spezifischen Selektivität der PR. Damit hängt auch zusammen, dass es in Unternehmen aufgrund der Ausdifferenzierungsprozesse eine Vielzahl spezifischer Selektivitäten und damit eine Vielzahl von sich widersprechenden Beschreibungen gibt. Daher werden extern veröffentlichte PR-Beschreibungen vermutlich nahezu immer zumindest einer unternehmensinternen Beschreibung widersprechen. Von einer dualisierenden Wirklichkeitsstrategie soll daher nur dann gesprochen, wenn PR sich für eine Beschreibung entscheidet, die sie *selbst* nicht für angemessen hält.

Dualisierende Wirklichkeitsstrategien können damit auch als Lügenstrategie bezeichnet werden, weil sie eine unangemessene Beschreibung bewusst einer angemessenen vorziehen und damit eine absichtliche Täuschungsbotschaft (vgl. Bok 1978, S. 6 ff.) sind. Dabei soll das erweiterte Lügenverständnis als Grundlage dienen, das oben bereits skizziert wurde: Als Lüge soll demnach bezeichnet werden, wenn PR Themen, Fakten, Beschreibungen oder Bewertungen bewusst nicht veröffentlicht, die sie als negativ, relevant bzw. richtig bewertet, während sie *gleichzeitig*

8.1 Wirklichkeitsstrategien der PR

Tab. 8.1 Lügenverständnis in den vier Dimensionen des externen Vertrauens in PR-Beschreibungen

1. Dimension: Vertrauen in die Themenselektivität	PR lügt, wenn PR Themen veröffentlicht, die sie selbst als positiv und weniger relevant bewertet, während sie gleichzeitig Themen bewusst nicht veröffentlicht, die sie als negativ und relevant bewertet.
2. Dimension: Vertrauen in die Faktenselektivität	PR lügt, wenn PR Fakten veröffentlicht, die sie selbst als positiv und weniger relevant bewertet, während sie gleichzeitig Fakten bewusst nicht veröffentlicht, die sie als negativ und relevant bewertet.
3. Dimensionen: Vertrauen in die Richtigkeit von Beschreibungen bzw. Bezeichnungen	PR lügt, wenn sie Beschreibungen bzw. Bezeichnungen veröffentlicht, die sie selbst als nicht richtig bewertet.
4. Dimension: Vertrauen in explizite Bewertung	PR lügt, wenn sie Bewertungen veröffentlicht, die sie selbst als unangemessen bewertet.

Themen, Fakten, Beschreibungen oder Bewertungen veröffentlicht, die sie selbst als positiver, irrelevanter bzw. nicht richtig bewertet. Demnach kann eine Lüge in jeder der vier Vertrauensdimensionen vorliegen. Eine dualisierende Wirklichkeitsstrategie liegt also vor, wenn PR in einer der vier Dimensionen bewusst nicht angemessen selektiert (vgl. Tab. 8.1).

Von solchen einfachen Lügen können *reflexive PR-Lügen* abgegrenzt werden. Als reflexive Lügen sollen Lügen bezeichnet werden, die als sogenannte Stützlügen (vgl. Sievers 1974, S. 90) frühere Lügen schützen. Zudem können verschiedene Lügengrade unterschieden werden. Als „klassische" PR-Lüge kann (a) die *freiwillige PR-Lüge* bezeichnet werden. Hier entscheidet sich PR autonom gegen eine angemessene Selektion. Davon zu unterscheiden ist (b) eine *erzwungene PR-Lüge*, bei der die Organisationsleitung eine Sprachregelung „anordnet". In einem solchen Fall ist PR zum Sprachrohr der Organisationsleitung degeneriert. Ein Sonderfall einer Lüge kann (c) als *organisationale PR-Lüge* bezeichnet werden. Hier wird nicht nur auf eine Abstimmung zwischen verschiedenen Unternehmensbereichen verzichtet, sondern letztlich werden organisationale Ausdifferenzierungsprozesse bewusst genutzt, um *talk* und *action* zu entkoppeln. Von einer organisationalen Lüge soll jedoch nur dann gesprochen werden, wenn solche Ausdifferenzierungen *bewusst* genutzt werden, um nicht über andere gegenteilige Entwicklungen informiert zu sein. Wie groß der graue Bereich zwischen einer bewussten und unbewussten Förderung solcher Entkopplungsprozesse, die man mit Neuhäuser (2011) auch als Verantwortungslücken bezeichnen kann, ist und wie schwierig moralische Bewertungen daher bei organisationalen Lügen sind, hat Ortmann aufgezeigt:

Die Automobilindustrie kann umso ungestörter weiter Automobile bauen, je mehr Wirbel um Katalysatoren, Recycling und Hybrid-Motoren oder auch Airbags und Flankenschutzsicherheit sie macht. Man beachte, dass dies nicht Resultat einer abgefeimten Strategie sein muss, sondern dadurch zustande kommen kann, dass in Organisationen für talk (etwa: Öffentlichkeitsdarstellung durch Sprecher und Public-Relations-Leute), decision und action unterschiedliche Personen und Abteilungen zuständig sind, dass sie zeitlich und räumlich auseinanderfallen usf. Darin liegt eine beträchtliche Schwierigkeit moralischer Zurechnung – und aus Sicht der Organisation natürlich auch eine große Chance für ‚moralische Arbeitsteilung' und eben doch strategische Heuchelei. (Ortmann 2010, S. 192)

Zentraler Vorteil und Chance von dualisierenden Wirklichkeitsstrategien ist, dass ein Unternehmen Handlungsfreiheit gewinnt bzw. bewahrt. Hinter den Fassaden der potemkinschen Dörfer können sie frei von Legitimationszwängen operieren. Dualisierende Wirklichkeitsstrategien ermöglichen es mithin, sich von als überzogen empfundenen Anspruchshaltungen relevanter Bezugsgruppen zu entziehen. Dass dualisierende Wirklichkeitsstrategien so große Chancen auf Vertrauenswürdigkeitszuschreibungen besitzen, ist letztlich auf die Vagheit vieler PR-relevanter Themen zurückzuführen – und ist zugleich ein zentrales Risiko von PR. Weil sich für viele PR-relevante Aspekte ähnlich wie z. B. beim Naturschutz keine konsentierten Prüfkriterien durchgesetzt haben, kann PR mit der Durchführung symbolischer Maßnahmen und mit begleitenden PR-Beschreibungen „suggerieren", dass sie umweltverträglich agiert. Aber aus demselben Grund dürfte es Unternehmen auch schwerer fallen, aus einer Situation der Delegitimation herauszukommen.

Welche Risiken für Vertrauenswürdigkeitszuschreibungen ergeben sich aus dualisierenden Wirklichkeitsstrategien? Wenn PR Themen, Fakten, Beschreibungen und Bewertungen auswählt, die sie selbst nicht als angemessen bezeichnen würde, muss sie zunächst damit rechnen, dass externe Bezugsgruppen von diesen zurückgehaltenen Beschreibungen erfahren – sei es durch Medienberichte, eigene Beobachtungen oder Berichte von Mitarbeitern. Die Risiken für die Vertrauenswürdigkeit ergeben sich, wenn diese widersprechenden Beschreibungen als angemessener und damit vertrauenswürdiger bewertet werden. In solchen Fällen dürfte das Vertrauen in PR-Selektionen nachhaltig geschwächt werden: Die Kenntnis von widersprüchlichen Beschreibungen dürfte Bezugsgruppen in ihren Vorbehalten gegenüber PR bestärken und mithin nicht selten zum Vertrauensentzug führen. Wie oben bereits dargelegt wurde, geht es in solchen Fällen nicht um einen Realitätscheck im Sinne Benteles zwischen PR-Beschreibungen und einer ontischen Realität. Vielmehr geht es hier allein zunächst um einen Vergleich zwischen PR-Beschreibungen und anderen Beschreibungen und anschließend um die Frage, welche Beschreibung als Grundlage für Beschreibungen *from now on* gewählt werden – also als wahr ausgeflaggt werden. Daher können auch PR-Beschreibungen, die

8.1 Wirklichkeitsstrategien der PR

die PR als angemessen und wahr bewertet, von externen Bezugsgruppen als unangemessen bewertet werden und zu einem Vertrauensentzug führen.

Welche Konsequenzen ergeben sich aus diesen Risiken für dualisierende Wirklichkeitsstrategien? Wenn Vertrauenssubjekte nach Indikatoren für die Vertrauenswürdigkeit insbesondere auf einer inhalts- und verhaltensorientierten Ebene suchen, erfordern dualisierende Wirklichkeitsstrategien in hohem Maße eine Kontrolle über inhalts- und verhaltensorientierte Aspekte. Einerseits müssen Geheimnisse – also die zurückgehaltenen Themen, Fakten, Beschreibungen und Bewertungen – zurückgehalten werden, um das Vertrauen in die PR-Selektionen nicht zu schwächen. Andererseits wird PR versuchen, die Vertrauenswürdigkeit der veröffentlichten PR-Beschreibungen z. B. dadurch zu erhöhen, indem es versucht, dass sich veröffentlichte PR-Beschreibungen nicht widersprechen, so dass möglicherweise Geheimnisse doch noch öffentlich werden.

Daher wird im Folgenden einerseits zu fragen sein, wie Unternehmen die nicht veröffentlichten Beschreibungen geheim zu halten versuchen, und welche Anforderungen sich andererseits an die zu veröffentlichenden Beschreibungen ergeben, um trotz einer Lüge die Vertrauenswürdigkeit nicht zu gefährden. Da Vertrauenssubjekte auch Beschreibungen anderer Unternehmensbereiche wie zum Beispiel dem Absatzmarketing als Gründe für Vertrauen berücksichtigen bzw. als Indikatoren für Vertrauenswürdigkeitszuschreibungen nutzen, muss im Folgenden eine erweiterte Perspektive verfolgt werden: Neben der PR müssen die Überlegungen letztlich in den gesamtorganisationalen Kontext eingebettet werden.

Als *Geheimhaltung* soll die Nichtmitteilung beziehungsrelevanten Wissens wider Erwarten verstanden werden (vgl. Westerbarkey 2000, S. 15). Die Merkmale eines Geheimnisses sind entsprechend die Nichtmitteilung, die Beziehungsrelevanz des Inhaltes, die Mitteilungserwartung sowie die Veränderung des jeweiligen Handlungszusammenhangs durch die Tatsache der Geheimhaltung (vgl. Sievers 1974, S. 18). Im oben vorgestellten Verständnis wird aus einem Geheimnis dann eine Lüge, wenn ein solches beziehungsrelevantes Wissen nicht mitgeteilt wird, während andere als weniger relevant bewertete Themen, Fakten, Beschreibungen und Bewertungen veröffentlicht werden. Jede vertrauenswürdige Lüge ist mithin auf eine erfolgreich durchgehaltene Geheimhaltung angewiesen. Die Relevanz von Geheimnissen für die PR ist eine der klassischen Fragestellungen der PR-Praxis und der PR-Forschung. Letztlich beruhen alle Strategien der Außendarstellung auf dem Prinzip organisierter Nicht-Öffentlichkeit. Die Inszenierung des Außenauftritts macht eben nur Sinn, wenn der dahinter liegende Arkanbereich geschützt wird (vgl. Westerbarkey 2000, S. 176). Daher kann PR auch als Geheimdienst eines Unternehmens interpretiert werden. Wenn Geheimdienste Nachrichten über Gegner sammeln, Gegner am Nachrichtensammeln hindern und sie durch Zuspielen falscher Angaben täuschen sollen (vgl. Watzlawick und Beavin 1972), so können diese Tätigkeiten auch dualisierenden Wirklichkeitsstrategien der PR zugeordnet werden.

Um die besonderen Probleme von und die Anforderungen an Geheimhaltungen und damit für dualisierende Wirklichkeitsstrategien zu erläutern, soll zwischen einfachen und reflexiven Geheimnissen unterschieden werden (vgl. Sievers 1974). Bei einfachen Geheimnissen kann es bekannt sein, dass ein Geheimnis vorliegt. Entsprechend können einfache Geheimnisse sprachlich durch Ablehnung gesichert werden. So gehört das Rezept von *Coca Cola* zu den am Besten gehüteten und zugleich bekanntesten Geheimnissen, ein Unternehmen dürfte kaum Auskunft geben über Design und technische Details eines neuen Automodells, das sich noch in der Entwicklung befindet. In den genannten Beispielen dürfte die Geheimhaltung weithin, in der Politik hingegen nur in Teilen akzeptiert sein – auch wenn dort die Geheimhaltung neben anderen als eine Erfolgsbedingung angesehen wird (vgl. Reinhard 2006, S. 51; Sarcinelli 2003, S. 219 f., 2009, S. 71). Die Beispiele zeigen, dass Geheimnisse als soziologische Technik, eine "Form des Handelns [sind], ohne die angesichts unseres sozialen Umgebenseins gewisse Zwecke überhaupt nicht erreichbar sind" (Simmel 1908, S. 359). Der von Bezugsgruppen akzeptierte Anspruch auf Privatsphäre bzw. Nicht-Öffentlichkeit unternehmerischen Handelns wird dabei ständig neu verhandelt – und dies nicht erst seit den Veröffentlichungen von *Wikileaks*. Ist die ernsthafte Erkrankung des erfolgreichen Vorstandsvorsitzenden dessen Privatangelegenheit, oder haben Anleger einen Anspruch auf dieses Wissen? Für Unternehmen ist die Einschätzung von zentraler Bedeutung, ob die Existenz eines Geheimnisses von relevanten Bezugsgruppen akzeptiert wird oder nicht. Denn wenn die Existenz eines Geheimnisses akzeptiert wird, reicht eine einfache Geheimhaltung, um Vertrauenswürdigkeitszuschreibungen nicht zu gefährden. Eine solche einfache Geheimhaltung ist in dem hier vorgestellten Konzept noch keine dualisierende Wirklichkeitsstrategie, da Bezugsgruppen um die Existenz eines Geheimnisses wissen und es akzeptieren. Vielfach nutzen Unternehmen sogar die Thematisierung der Existenz eines Geheimnisses, um das Unternehmen interessanter zu machen und somit einen Mythos zu schaffen – Beispiele hierfür sind besondere Rezepturen von Lebensmitteln oder Methoden bei Dienstleistern.

Während in den bislang beschriebenen Fällen Geheimnisse die Vertrauenswürdigkeit nicht gefährden bzw. sogar erhöhen, ist sie bedroht, wenn die Existenz eines Geheimnisses von Bezugsgruppen als illegitim bewertet wird oder wenn die Verweigerung einer Antwort als Eingeständnis verstanden wird. Ein Beispiel hierfür ist ein Vorstandsvorsitzender, der sich Journalisten regelmäßig zu allen – auch privaten Fragen – stellt, aber zur Frage nach Gerüchten zu geplanten Entlassungen einen Kommentar verweigert. In solchen Fällen kann ein Geheimnis zunächst durch eine einfache verbale Lüge bewahrt werden. Eine solche Lüge bedarf darüber hinaus häufig weiterer reflexiver Lügen – also Lügen, die die Lüge stützen. So dürfte die Lüge, dass der Vorstandsvorsitzende sich bester Gesundheit erfreue, wenig vertrauenswürdig sein, wenn er plötzlich eine längere Zeit nicht mehr öffentlich auftritt. Wenn allerdings bereits Spekulationen über die mögliche Existenz von Geheimnissen das Vertrauen gefährden, ist statt einer einfachen Geheimhaltung eine reflexive Geheimhaltung zur Sicherung der Vertrauenswürdigkeit notwendig. Eine solche reflexive Geheimhaltung erscheint für dualisierende Wirklichkeitsstrategien von zentraler Bedeutung, da zu vermuten ist, dass Geheimnisse in der PR zunehmend seltener akzeptiert werden, da die moralischen Ansprüche an Unternehmen zunehmend größer werden. Daher dürfte die Zahl reflexiver PR-Geheimnisse eher steigen.

Eine reflexive Geheimhaltung ist wesentlich anspruchsvoller, weil nicht nur der Inhalt eines Geheimnisses, sondern auch die Tatsache verborgen werden muss, dass überhaupt ein Geheimnis existiert (vgl. Sievers 1974, S. 31). Reflexive Geheimhaltung kann also definiert werden als die Geheimhaltung der Existenz der Nichtmitteilung einer beziehungsrelevanten Information. Wenn zum Beispiel ein technischer Störfall eines Chemie-Werkes geheim gehalten werden soll, darf nicht einmal der Verdacht eines Störfalls entstehen. Während einfache Geheimnisse verbal geschützt werden können, stellt eine reflexive Geheimhaltung hohe Anforderungen u. a. an öffentliche Auftritte von Unternehmensvertretern, da bereits ein als nicht authentisch bewerteter Auftritt als Anzeichen für die Existenz eines Geheimnisses bewertet werden kann und damit die Vertrauenswürdigkeit schwächen kann (vgl. Goffman 1998, S. 55; Luhmann 1989, S. 70). So sind Gestik, Mimik oder Stimmklang, wie sie im Kontext verhaltensorientierter Gründe und Indikatoren ausgeführt wurden, weniger kontrollierbar als Worte (vgl. Westerbarkey 2000, S. 66). Damit hängt eng zusammen, dass bei einer reflexiven Geheimhaltung von zentraler Bedeutung ist, dass von existierenden Geheimnissen dadurch abgelenkt wird, indem andere Themen und Fakten etc. veröffentlicht werden (vgl. Sievers 1974, S. 84; Westerbarkey 2000, S. 180 f.). Mit anderen Worten: PR veröffentlicht vertrauenswürdige Beschreibungen zu anderen unternehmerischen Themen oder zu kreierten Anlässen, die sie als positiver und weniger relevant bezeichnet als die geheim gehaltenen Beschreibungen. Das ist in dem erweiterten Lügenverständnis nichts anderes als eine Lüge: Während relevantere Themen nicht veröffentlicht werden, werden gleichzeitig positivere und weniger relevante Themen veröffentlicht. Reflexive Geheimhaltung bedarf folglich fast immer der Lüge. Hier zeigt sich zudem, dass bei einer reflexiven Geheimhaltung die Erwartungen des Vertrauenssubjektes in der Regel deutlich stärker mit einbezogen werden müssen als bei einer einfachen (vgl. Sievers 1974, S. 32). Kurzum: Der Auftritt muss auf die Erwartungen abgestimmt werden, um beim Vertrauenssubjekt kein Misstrauen zu wecken. Die reflexiven Mechanismen gehen hier so weit, dass PR im Rahmen einer reflexiven Kontrolle das Vertrauenssubjekt beobachtet, wie es wiederum das Unternehmen zu kontrollieren versucht (vgl. Westerbarkey 2000, S. 98).

Bei der reflexiven Geheimhaltung kann zudem differenziert werden, ob es gelingt, dass die Existenz eines konkreten Geheimnisses verborgen bleibt, oder ob die Bezugsgruppen sogar davon ausgehen, dass ein Unternehmen keinerlei Geheimnisse habe. Letzteres dürfte allenfalls in Ausnahmesituationen zu beobachten sein.

Welche besonderen Anforderungen ergeben sich hier an die veröffentlichten Beschreibungen im Falle dualisierender Strategien? Zunächst ist zu konstatieren, dass für die zu veröffentlichenden Beschreibungen dieselben Anforderungen bei dualisierenden wie bei entdualisierenden Wirklichkeitsstrategien gelten. Beide Wirklichkeitsstrategien instrumentalisieren die vermuteten Gründe für Vertrauenshandlungen bzw. die Indikatoren für Vertrauenswürdigkeitszuschreibungen. Wie bereits gezeigt wurde, bedarf die „Wahrheit" ebenso der Inszenierung wie die Lüge. Dennoch scheinen für dualisierende Beschreibungen zwei Besonderheiten zu gelten, die nachfolgend erläutert werden sollen.

Grundsätzlich folgen alle veröffentlichten Beschreibungen, die relevanteren vorgezogen werden, dem Prinzip der Ablenkung durch Hinlenkung (vgl. ebd., S. 180 f.). Eine solche Ablenkung von Geheimnissen kann z. B. durch eine Hinlenkung zu Themengebieten erfolgen, in denen sich das Unternehmen als sehr positiv wahrnimmt. Um von den mäßigen Arbeitsbedingungen abzulenken könnte ein Unternehmen die positive Umweltbilanz in der Öffentlichkeit offensiv thematisieren. Vielfach ist der Zusammenhang aber auch nur ein sehr mittelbarer. So stellen Organisationen mitunter ihren Mann oder ihre Frau an der Spitze offensiv in den Mittelpunkt der Veröffentlichungen, um von inhaltlichen Schwächen abzulenken (vgl. ebd., S. 181). Alternativ kann ein Unternehmen PR-Beschreibungen zu symbolischen Selbststeuerungen veröffentlichen, die als Beleg für die Relevanz eines Bezugsgruppeninteresses interpretiert werden sollen. Dieses Kalkül dürfte für viele CSR-Maßnahmen gelten, bei denen die Aufmerksamkeit auf Einzelprojekte gelenkt werden soll, um von selbst wahrgenommenen grundsätzlichen Defiziten abzulenken. Für jede Ablenkung durch Hinlenkung gilt, dass sie ihre Vertrauenswürdigkeit zu verlieren droht, wenn sie als zu positiv wahrgenommen wird – wenn sie sich also zu weit von den Erwartungen entfernt. Dies dürfte ein Grund dafür sein, dass sich viele Kommunikationskampagnen großer Konzerne, die Nachhaltigkeitsthemen wie Umweltschutz in ihren Mittelpunkt stellen, massiver Kritik ausgesetzt sehen. Gleichwohl zeigen alle Beispiele, dass eine erfolgreiche reflexive Geheimhaltung voraussetzt, dass man die Wünsche und Erwartungen des Vertrauenssubjektes kennt (vgl. Pfaller 2005, S. 220).

8.1 Wirklichkeitsstrategien der PR

Eine weitere spezifische Anforderung an die veröffentlichten Lügen dürfte das oben genannte Erfordernis fehlender Widersprüche bzw. weitgehender Konsistenz sein. Zwar ist auch das Fehlen zu großer Widersprüche zunächst eine Anforderung an jegliche PR-Beschreibung – mithin für dualisierende und entdualisierende PR-Beschreibungen gleichermaßen. Allerdings ist das Risiko bei Lügen ungleich größer, dass man bei Wiederholungen von der einmal festgelegten Version abweicht. Da man Lügen selbst nicht als wahr bezeichnen würde, ist der Aufwand wesentlich größer, von der einmal veröffentlichen Lüge zumindest nicht erkennbar abzuweichen (vgl. Arntzen 1993, S. 53). Gelingt dies nicht, besteht das Risiko, dass Vertrauenssubjekte Zweifel an der PR-Beschreibung hegen oder gar quasi zufällig Geheimnisse preisgegeben werden.

Die zu verarbeitende Komplexität von Lügen erhöht sich weiter, da solche Widersprüche nicht nur in der Zeitdimension auftreten können – also eine dualisierende Beschreibung einer früheren widerspricht. In der Sozialdimension sind zudem Widersprüche zwischen der Beschreibung und dem verhaltensorientierten Indikatoren zu vermeiden. So kann ein als nicht authentisch bewerteter Auftritt als Grund für fehlendes Vertrauen genannt werden. Gerade daher ist der Inszenierungsaufwand bei dualisierenden Wirklichkeitsstrategien als höher einzuschätzen. Und in der Sachdimension sind Widersprüche von PR-Beschreibungen zu veröffentlichten Beschreibungen anderer Unternehmensbereiche wie dem Absatzmarketing oder der Investor Relations zu vermeiden. Noch einmal: All dies gilt auch für entdualisierende Wirklichkeitsstrategien, allerdings sind geringere Ressourcen notwendig – dies gilt im personalen und im organisationalen Kontext gleichermaßen –, wenn man wahrhaftig ist.

Eine Geheimhaltung zurückgehaltener als angemessen bewerteter Beschreibungen macht nur Sinn, wenn auch andere Unternehmensbereiche und die Mitarbeiter in Rollen jenseits der Mitgliederrolle diese nicht – bewusst oder unbewusst – veröffentlichen. Erfolgreiche dualisierende Wirklichkeitsstrategien sind mithin in hohem Maße einerseits von anderen Unternehmensbereichen und andererseits von den Mitarbeitern abhängig.

Einfacher erscheint zunächst die Abstimmung mit anderen unternehmerischen Bereichen. Letztlich finden sich hier die Anforderungen wieder, wie sie im Kontext des Diskurses der Integrierten Kommunikation vielfach formuliert wurden. So ist es das Ziel, „aus den differenzierten Quellen der internen und externen Kommunikation von Unternehmen eine Einheit herzustellen, um ein für die Zielgruppen der Kommunikation konsistentes Erscheinungsbild über das Unternehmen bzw. ein Bezugsobjekt des Unternehmens zu vermitteln" (Bruhn 2005, S. 84). Da bei dualisierenden Wirklichkeitsstrategien zum Abstimmungs- auch noch der Kontrollaufwand kommt, deuten sich allerdings hier einmal mehr die enormen Kosten solcher Lügenstrategien an. Zudem sind letztlich auch bei dualisierenden Wirklichkeitsstrategien Widersprüche zwischen den spezifischen Selektionskriterien und mithin den Beschreibungen der verschiedenen Unternehmensbereiche kaum vermeidbar. Einen Aktionär interessieren andere Themen und andere Argumente als einen Mitarbeiter oder einen Anwohner. Wenn hier unterschiedliche Themen und Argumente herausgestellt werden, ist dies aus der spezifischen Perspektive in höchstem Maße angemessen. Die daraus resultierenden Probleme werden im Kontext entdualisierender Wirklichkeitsstrategien noch ausführlicher zu diskutieren sein.

Der Kontrollaufwand dualisierender Wirklichkeitsstrategien ist im Kontext der Mitglieder noch höher und soll daher hier näher erläutert werden. Wenn Geheimnisse als Nichtmitteilung gegenüber externen Bezugsgruppen verstanden werden, stellt sich hier insbesondere das Problem, wie die Geheimhaltung durch alle Mitglieder realisiert werden kann. Geheimhaltung ist in vielen Unternehmen eine formale Mitgliedschaftsbedingung, die das Management zunächst von besonderen Motivationsanstrengungen befreit (vgl. Westerbarkey 2000, S. 171). Die Chancen, dass sich Mitglieder an diese Regel halten, steigen mit der Attraktivität der Mitgliedschaft (vgl. Sievers 1974, S. 61). Neben diesen formalen Sanktionen, die Verrätern angedroht werden, sind informale Sanktionen wie kollegialer Druck möglicherweise sogar noch wichtiger. Denn Verrat entlarvt nicht nur den falsch Handelnden, sondern alle Beteiligten: „Ihrer bisherigen Rollenauffassung wird der Boden entzogen, ihre Glaubwürdigkeit wird diskreditiert. Gegen solche Missgriffe ist man empfindlich, weil sie auch persönlich treffen. Sie werden daher nicht nur mit den Mitteln formaler Organisation, sondern in aller Regel auch durch die feineren gesellschaftlichen Mittel der informalen Missbilligung, der wortlosen Entrüstung, der Lächerlichkeit oder des Achtungsverlustes scharf sanktioniert." (Luhmann 1964, S. 316)

Wenn überzogene Geheimhaltung allerdings nicht mehr akzeptiert wird, kann sie schnell ihren Normcharakter verlieren und damit kann der Verbindlichkeitsgrad formaler Geheimhaltungserwartungen sinken. Hier hilft dann nur noch eine weitere Verschärfung von Kontroll- und Sanktionsmaßnahmen. Insbesondere in Krisen-Situationen wie z. B. bei Massenentlassungen dürfte jedoch die Informationskontrolle kaum mehr durchzuhalten sein. Wenn sich unzufriedene Mitarbeiter diesen Kontrollen durch Kündigung entziehen und anschließend das Unternehmen diffamieren, ist die Geheimhaltung noch weniger zu wahren (vgl. Sievers 1974, S. 79). In solchen Fällen besteht die letzte Chance darin, den Wahrheitscharakter verrateneter Informationen zu dementieren oder den vermeintlichen Verräter als Lügner darzustellen und so sozial zu isolieren (vgl. Sievers 1974, S. 61; Schneider 2010, S. 73). Dies dürfte die Erfolgschancen einer reflexiven Geheimhaltung allerdings erheblich verringern.

Die Erläuterungen haben gezeigt, wie hoch bei dualisierenden Wirklichkeitsstrategien die Geheimhaltungs- und Kontrollkosten sind. Die hier entstehende Komplexität ist u. a. umso größer, je mehr Mitglieder die Geheimnisse kennen, je mehr Geheimnisse existieren, je intensiver die Kontakte zu Bezugsgruppen sind und je größer der Aufwand ist, eine vertrauenswürdige Ablenkung durch weitere reflexive Lügen zu inszenieren. So verlockend der Vorteil dualisierender Wirklichkeitsstrategien sein mag, sich einen größeren Handlungsspielraum zu verschaffen, so vielfältig und mitunter so groß sind die unerwünschten Nebeneffekte, die weiterer Maßnahmen wie Stützlügen bedürfen. So kann beispielsweise ein unerwünschter Nebeneffekt dualisierender Wirklichkeitsstrategien sein, dass bereits Anzeichen einer grundsätzlich rigiden Geheimhaltungspolitik – jenseits von aktuellen Anlässen und Themen – als Zeichen fehlender Vertrauenswürdigkeit interpretiert werden können (vgl. Westerbarkey 2000, S. 172). Um dies zu verhindern, könnte ein Unternehmen versuchen, sich als offenes, zugängliches und mithin transparentes Unternehmen zu inszenieren – z. B. durch einen Tag der offenen Tür. Aber auch eine solche Maßnahme bedarf wieder der aufwändigen Inszenierung ebenso wie neuer Geheimhaltungsmaßnahmen, damit die Besucher die Geheimnisse nicht entdecken. Gerade wegen dieser Komplexität sind viele betrügerische Akte wie Heiratsschwindel oder Scheckbetrug daraufhin angelegt, ihre Inszenierung zeitlich zu begrenzen, um dann aus der Situation flüchten zu können (vgl. Hubig und Simoneit 2007, S. 179).

Lügen und mithin Geheimnisse und zumal reflexive Geheimnisse auf Dauer zu verbergen, erfordert Konzentration und Aufwand. Dualisierende Wirklichkeitsstrategien können innerhalb eines Unternehmens schließlich einen Großteil der intern insgesamt verfügbaren Eigenkomplexität in Anspruch nehmen und dadurch einen zunehmenden Teil der Ressourcen für die Geheimhaltung oder auch deren Kontrolle beanspruchen, die damit für die Verarbeitung und Lösung anderer Probleme nicht mehr verfügbar sind (vgl. Sievers 1974, S. 74). Der Staatssicherheitsapparat der DDR ist hierfür ein zugleich eindrucksvolles und beängstigendes Beispiel. Hubig und Simoneit schließen daraus sehr optimistisch: „An der Option, vertrauenswürdig zu sein, statt nur zu scheinen, führt auch nach ökonomischen Gesichtspunkten kein Weg vorbei." (Hubig und Simoneit 2007, S.179)

Es ist aufgezeigt worden, dass dualisierende Wirklichkeitsstrategien Organisationen die enorme Chance bieten, Nicht-Öffentlichkeit und damit Freiräume zu wahren, ohne negative Folgen für die Vertrauenswürdigkeit der PR und mithin für die Legitimation der Organisation befürchten zu müssen. In diesem Sinne sind dualisierende Wirklichkeitsstrategien funktional, weil Unternehmensbereiche freier von anderen Ansprüchen externer Bezugsgruppen agieren können. Kieserling konstatiert für solche Entwicklungen eine fehlende Rückverbindung von Selbstbeschreibungen an organisationale Operationen (vgl. Kieserling 2005).

Wie können dualisierende Wirklichkeitsstrategie Unternehmen verändern? Einerseits ist zu konzidieren, dass dualisierende Wirklichkeitsstrategien mittelfristig entdualisierend wirken können: Denn idealisierende PR-Beschreibungen verpflichten das Unternehmen nach außen und führen mithin zu neuen strukturellen Kopplungen, die das Unternehmen verändern können. So kann ein Unternehmen, das mit PR-Beschreibungen zu symbolischen CSR-Aktionen von ökologischen Problemen ablenken will, zwecks vertrauenswürdiger Inszenierung hierbei mit Naturschutzorganisationen zusammenarbeiten. Um die Zusammenarbeit mit dem kritischen Partner zu ermöglichen und später nicht mit entsprechenden Konsequenzen für die Vertrauenswürdigkeit und Legitimation zu gefährden, kann das Unternehmen nach und nach Zugeständnisse in Fragen des Naturschutzes machen. Mithin kann auch diese Spielart der Selbstdarstellung dazu führen, dass man das zu sein hat, als was man sich in den Veröffentlichungen dargestellt hat (vgl. Luhmann 1996a, S. 215).

Andererseits können dualisierende Wirklichkeitsstrategien aber auch zur Abschottung eines Unternehmens führen. Wenn es der PR gelingt, sich mit einer dualisierenden Wirklichkeitsstrategie der Öffentlichkeit quasi zu entziehen, wird damit die „kurzatmige Selbstreferenz eines Wirtschaftsunternehmens [gefördert], das weitgehend exklusiv den eigenen Umsatz und Gewinn im Auge hat, allenfalls noch die Bedrohung durch Konkurrenten, nicht aber das gesellschaftliche Ganze" (Faulstich 1992, S. 24 f.). Ein solches Unternehmen läuft Gefahr, durch ein Defizit an Umweltorientierung an Lernfähigkeit zu verlieren. Das mag eine gewisse Zeit sogar äußerst erfolgreich sein, weil solche Organisation Ansprüche von Bezugsgruppen ignorieren können. Wenn aber die Varianz der Irritationsroutinen zu gering wird, was Görke als Pachydermisierung bezeichnet (vgl. Görke 1999, S. 295 f.), droht das Risiko, dass Bezugsgruppeninteressen erst dann berücksichtigt werden, wenn es bereits zu spät ist – sie vielleicht sogar die Existenz des Unternehmens gefährden.

Die dualisierenden Wirklichkeitsstrategien sind als Lügenstrategie der PR vorgestellt worden. Es ist gezeigt worden, dass dualisierende Wirklichkeitsstrategien einer Organisation Handlungsspielräume sichern bzw. neue eröffnen und gleichermaßen einschränken, weil sie mit enormen Kosten verbunden sind. Daher rät Sievers zu Recht: „Der aus einer Geheimhaltung resultierende Gewinn muss meist mit Kosten erkauft werden. Grundlage für eine rationale Entscheidung zur Geheimhaltung müsste es deshalb sein, diese Kosten nicht außer acht zu lassen. Sie vielmehr mit in Rechnung zu stellen." (Sievers 1974, S. 79)

8.1.3 Entdualisierende Wirklichkeitsstrategien

Als entdualisierende Wirklichkeitsstrategien sind solche Strategien bezeichnet worden, bei denen extern veröffentlichte PR-Beschreibungen PR-intern als angemessen und wahr bewertet werden. Mit anderen Worten: Während dualisierende Wirklichkeitsstrategien Vertrauenswürdigkeit durch unangemessene Beschreibungen zu erlangen suchen, wird hier der Weg angemessener Beschreibungen gewählt. Reden und Handeln werden also stärker aneinander gekoppelt. Solche Strategien können somit auch als Wahrheitsstrategie bezeichnet werden, weil PR in diesen Fällen von der – non-dualistisch zu verstehenden – Wahrheit bzw. Angemessenheit überzeugt ist. Der Idealtyp entdualisierender Wirklichkeitsstrategien entspricht den normativen Erklärungen der PR-Berufsverbände. So heißt es in den Selbstverpflichtungen eines Mitgliedes der Deutschen Public Relations Gesellschaft: „Ich informiere nach bestem Wissen und Gewissen." (DPRG 1991) Im Code d'Athènes wird von den Mitgliedern eines PR-Verbandes erwartet, dass sie es unterlassen, „die Wahrheit anderen Ansprüchen unterzuordnen" (CERP 1968). Entdualisierende Wirklichkeitsstrategien können daher zunächst als moralischer bewertet werden als dualisierende Wirklichkeitsstrategien.

Im Folgenden sollen auf der Basis der Risiken entdualisierender Wirklichkeitsstrategien die spezifischen Probleme und die Lösungsstrategien solcher Wirklichkeitsstrategien zu diskutieren sein. Mit anderen Worten: Wie versucht PR, mit „wahren" und angemessenen Beschreibungen Vertrauenswürdigkeitszuschreibungen von externen Bezugsgruppen zu sichern? Abschließend werden die Vor- und Nachteile sowie die Wirkungen entdualisierender Wirklichkeitsstrategien für Unternehmen zu erläutern sein.

Entdualisierende Wirklichkeitsstrategien werden hier allein im Kontext der Vertrauenswürdigkeit von PR-Beschreibungen diskutiert. Es geht mithin nur um die Frage, ob externe Bezugsgruppen PR-Beschreibungen als vertrauenswürdig bewerten. Da oben konstatiert wurde, dass Vertrauen in PR und mithin Vertrauenswürdigkeit von PR immer auf vertrauenswürdige PR-Beschreibungen *und* auf vertrauenswürdige Selbststeuerungen zurückzuführen sind, wird hier nur die eine Hälfte vertrauenswürdiger PR diskutiert. In den meisten Fällen reichen daher vertrauenswürdige PR-Beschreibungen nicht aus. Es gibt aber auch Situationen, in denen die Vertrauenswürdigkeit von PR-Beschreibungen die erste Voraussetzung dafür zu sein scheint, dass externe Bezugsgruppen künftig wieder in die Umweltverträglichkeit der Organisation vertrauen. So dürfte eine zurückliegende Verfehlung eines Unternehmens wie Schmiergeldzahlungen insbesondere das Vertrauen in die Selbststeuerungen eines Unternehmens schwächen – und zunächst sicherlich auch nicht folgenlos bleiben für die Vertrauenswürdigkeit von PR-Beschreibungen.

Wenn es PR in einer solchen Situation gelingt, zunächst das Vertrauen in die Angemessenheit der veröffentlichten Beschreibungen wiederherzustellen, dürfte dies ein erster Schritt zurück zur Vertrauenswürdigkeit sein.

Es ist bereits konstatiert worden, dass dualisierende und entdualisierende Wirklichkeitsstrategien gleichermaßen um die Zuschreibung von Vertrauenswürdigkeit konkurrieren. Während diese Frage im folgenden Kapitel ausführlich diskutiert werden soll, wird hier zu fragen sein, welche *spezifischen* Risiken im Kontext der Vertrauenswürdigkeit entdualisierende Wirklichkeitsstrategien beinhalten.

Das zentrale Problem und mithin Risiko entdualisierender Wirklichkeitsstrategien scheint wie bei dualisierenden Wirklichkeitsstrategien darin zu liegen, wenn sich PR-Beschreibungen und Beschreibungen von Mitgliedern bzw. anderen Unternehmensbereichen widersprechen. Das kann darauf zurückzuführen sein, dass andere Unternehmensbereiche eine Lüge einer angemessenen Beschreibung vorziehen. Vor allem aber dürften widersprechende Beschreibungen auf die unterschiedlichen Perspektiven unternehmerischer Bereiche zurückzuführen sein – diese Folge organisationaler Ausdifferenzierungen ist bereits bei der Erläuterung dualisierender Wirklichkeitsstrategien aufgezeigt worden. Investor Relations, Absatzkommunikation, die Mitarbeiterkommunikation und Public Relations haben einen spezifischen Blick mit eigenen Selektionskriterien und dürften so zu unterschiedlichen Selbstbeschreibungen gelangen – von deren Angemessenheit sie möglicherweise jeweils alle überzeugt sind. Während beispielsweise eine Mitteilung der Investor Relations insbesondere die Vor- und Nachteile für Investoren einer unternehmerischen Entscheidung thematisieren wird, wird eine Mitteilung der Mitarbeiterkommunikation eher die Folgen für die Mitarbeiter in den Mittelpunkt stellen.

Entdualisierende Wirklichkeitsstrategien stehen also – wie dualisierende Wirklichkeitsstrategien – vor dem Problem, Widersprüche zu verhindern. Im Gegensatz zu dualisierenden Wirklichkeitsstrategien sind es hier allerdings insbesondere Widersprüche zwischen verschiedenen Unternehmensbereichen. Die Chancen auf Vertrauenswürdigkeit hängen hier also in hohem Maße davon ab, inwieweit es gelingt, Widersprüche zwischen Beschreibungen verschiedener Unternehmensbereiche zu vermeiden. Die folgenden Überlegungen basieren auf der Annahme, dass nicht nur PR eine entdualisierende Wirklichkeitsstrategie verfolgt, sondern alle Unternehmensbereiche.

Die Lösung dieses Problems erfordert nicht mehr und nicht weniger als die weitgehende Integration von spezifischen Wirklichkeiten und Selektionskriterien der PR, anderen Unternehmensbereichen und ihren Mitgliedern mit Blick auf die Erwartungen der externen Bezugsgruppen. Es wäre mithin notwendig, dass jede Beschreibung eines Unternehmensbereichs oder eines Mitarbeiters jenseits seiner unternehmerischen Mitgliedsrolle von externen Bezugsgruppen als vertrauenswürdig bewertet wird. Ob dieses Idealbild überhaupt erreichbar ist, soll im Folgenden diskutiert werden.

Damit sich externe Beschreibungen verschiedener Unternehmensbereiche nicht widersprechen, erscheint eine Abstimmung auf mindestens zwei Ebenen notwendig:

Erstens ist dies der Bezug zur Wahrheit. Mit einem solchen Wahrheitsbezug soll nicht quasi durch die Hintertür eine diskursjenseitige Realität eingeführt werden, sondern auf Mitterers Wahrheitsbegriff zurückgegriffen werden. Wenn Beschreibungen weitgehend konsensuell sind – also nicht mehr oder kaum noch ernsthaft hinterfragt werden –, wird aus ihnen so etwas wie eine neutralistische Ausgangsbasis bzw. ein Basiskonsens für weitere Beschreibungen (vgl. Mitterer 1992, S. 71 ff.). Dies bezeichnet Mitterer als *Wahrheit* und zählt dazu Auffassungen, „die wir vertreten müssen, um in unserer Gesellschaft überleben zu können" (ders. 2001, S. 106). Offenkundig scheint diese Ebene – die im Wesentlichen die dritte externe Vertrauensdimension in PR-Beschreibungen darstellt – noch relativ einfach unternehmensweit zu berücksichtigen zu sein.

Zweitens ist dies der Bezug auf die spezifischen Erwartungen von ganz unterschiedlichen Bezugsgruppen wie Aktionären, Nachbarn, Kunden und potenziellen Mitarbeitern. Mit diesem bereits oben eingeführten Problem befindet man sich mitten im Diskurs der Integrierten Kommunikation – oder genauer: bei einem zentralen Problem der Integrierten Kommunikation, das häufig von den Protagonisten verschwiegen wird. Denn wenn es das Ziel Integrierter Kommunikation ist, aus den verschiedenen Quellen der Kommunikation eine Einheit herzustellen (vgl. Bruhn 2005, S. 84), dann zielt dies letztlich auf die Entdifferenzierung der Unternehmenskommunikation. Denn je mehr die veröffentlichten Beschreibungen aus den verschiedenen Bereichen der Unternehmenskommunikation eine Einheit darstellen, desto weniger vermögen sie es, die spezifischen Bezugsgruppen überzeugend anzusprechen. Integriertes Kommunikationsmanagement ist also nicht die „Gleichschaltung" der gesamten Unternehmenskommunikation, sondern das Management der Differenz von Entdifferenzierung vs. Differenzierung. Und wie bei jedem Differenzmanagement gibt es hier keine perfekten Lösungen, sondern als reflexive Abstimmung nur Optimierungen (vgl. Willke 1978, S. 249). Konkret: Wie sehr zeigt man in einer Veröffentlichung für Aktionäre zu einer geplanten Standortschließung Verständnis für die betroffenen Mitarbeiter? Zudem werden hier Bezugsgruppen entsprechend ihrer Relevanz hierarchisiert. Um Vertrauenswürdigkeitszuschreibungen relevanter Bezugsgruppen zu erreichen werden dann Einbußen bei als weniger wichtig eingeschätzten Bezugsgruppen in Kauf genommen – dies wird im Kontext entdualisierender Anspruchsstrategien noch ausführlicher zu diskutieren sein.

Welche Konsequenzen ergeben sich aus diesen Überlegungen für die Vertrauenswürdigkeit entdualisierender Wirklichkeitsstrategien? In letzter Konsequenz zeigen sie die Unmöglichkeit einer entdualisierenden Wirklichkeitsstrategie, in deren Mittelpunkt Vertrauenswürdigkeitszuschreibungen stehen. Denn wenn einerseits Gründe für Vertrauen und Indikatoren für Vertrauenswürdigkeitszuschreibungen immer bezugsgruppenspezifisch zu sehen sind, wie oben ausführlich dargestellt wurde, wird jede Beschreibung von einer spezifischen Bezugsgruppe als vertrauenswürdiger eingeschätzt als von einer anderen.

Wenn man hier vertrauenswürdige Integrierte Kommunikation als Management der Differenz von Entdifferenzierung vs. Differenzierung versteht, so können Widersprüche zumindest dadurch minimiert werden, dass Unternehmensbereiche voneinander wissen, was die spezifischen Erwartungen der anderen Bezugsgruppen sind. So sollten andere Unternehmensbereiche über die PR wissen und nach Möglichkeit berücksichtigen, was z. B. in der PR als eine angemessene Selektion von Themen und Fakten oder als angemessene und nicht übertriebene Bewertung eingeschätzt wird. Ebenso zählt dazu das Wissen zu akzeptierten bzw. gesetzlich vorgeschriebenen Geheimnissen – z. B. börsenrelevante Informationen.

Das Problem kaum zu vermeidender Widersprüche zwischen den Veröffentlichungen verschiedener Unternehmensbereiche gilt ähnlich für dualisierende Wirklichkeitsstrategien – und ist daher oben bereits kurz skizziert worden. Allerdings dürfte es bei entdualisierenden Wirklichkeitsstrategien in einem höheren Maße vorliegen, da hier mögliche Widersprüche nicht durch Lügen zumindest teilweise „geglättet" werden.

Entdualisierende Strategien legen den zentralen Fokus auf die Befriedigung der Ansprüche von Bezugsgruppen: Was *wollen* Bezugsgruppen wissen? Im Gegensatz dazu steht bei dualisierenden Wirklichkeitsstrategien die Frage im Mittelpunkt: Was *sollen* Bezugsgruppen wissen? Der vernachlässigten Umweltorientierung dualisierender Strategien setzen entdualisierende Strategien die Dominanz der Umweltorientierung entgegen. Wenn oben konstatiert wurde, dass sich PR in der Regel mit der Wahl der zu veröffentlichenden Themen *primär* an den organisationalen Interessen, *sekundär* an den eigenen Interessen, *tertiär* an den Interessen der relevanten Bezugsgruppen und *quartiär* an den journalistischen Interessen orientiert (vgl. Hoffjann 2007a), dann ist hier zu beobachten, dass hier die Interessen der Bezugsgruppen im Mittelpunkt stehen. Überspitzt formuliert droht hier eine Vergesellschaftung des Unternehmens, denn die nicht-öffentlichen Arkanbereiche beschränken sich auf die wenigen von Bezugsgruppen akzeptierten Geheimnisse wie beispielsweise zu Rezepturen von Lebensmitteln oder Methoden bei Dienstleistern.

Wenn aber nahezu überall gleich das Scheinwerferlicht des öffentlichen Interesses zu erwarten ist, verlieren Unternehmen weitere Handlungsspielräume. Diesen mittelfristigen Risiken für die unternehmerische Handlungsfreiheit steht der Vorteil gegenüber, dass die Kosten für die Geheimhaltung weitgehend entfallen, während die Kosten für die Abstimmung der veröffentlichten Beschreibungen zumindest geringer ausfallen dürften als bei dualisierenden Wirklichkeitsstrategien. Zudem scheinen die Vertrauenswürdigkeitsrisiken von entdualisierenden Wirklichkeitsstrategien deutlich geringer zu sein.

8.1.4 Zwischenfazit: Wirklichkeitsstrategien zwischen Dualisierung und Entdualisierung

Es ist aufgezeigt worden, dass sowohl dualisierende als auch entdualisierende Wirklichkeitsstrategien von Vertrauenssubjekten nicht nur als vertrauenswürdig bewertet werden können, sondern auch jeweils enorme Vorteile und Chancen für die PR und für die Organisation beinhalten. Dem stehen hingegen Nachteile und Risiken für die PR und für die Organisation gegenüber. Während bei dualisierenden Wirklichkeitsstrategien als Nachteil die enormen Geheimhaltungskosten und das Risiko einer zunehmenden Entkopplung zu nennen sind, dürften bei entdualisierenden Wirklichkeitsstrategien die fehlenden Handlungsspielräume den größten Nachteil und die drohende Vergesellschaftung das größte Risiko darstellen. Hinzu kommt, dass nicht zuletzt wegen der unvermeidbaren Widersprüche zwischen Beschreibungen verschiedener Unternehmensbereiche auch bei entdualisierenden Wirklichkeitsstrategien Vertrauenswürdigkeitsrisiken zu konstatieren sind.

Es spricht daher viel dafür, dass in der PR-Praxis die beiden Idealtypen die Ausnahme bleiben dürften. Warum sollte jemand stetig lügen, wenn die Kosten und die Risiken so hoch sind und angemessene sowie wahre Beschreibungen mitunter auch vertrauenswürdig sein können? Und was spricht für einen weit verbreiteten Willen zur Wahrhaftigkeit, wenn 87 % der befragten Pressesprecher antworten, dass sie lügen bzw. Sachverhalte auslassen dürfen (vgl. Bentele et al. 2009, S. 159) – was hier ebenfalls als Lüge verstanden wird?

Die Regel dürften mithin Hybridformen bzw. ein Nebeneinander von dualisierenden und entdualisierenden Wirklichkeitsstrategien sein. Solche Hybridformen bzw. das Nebeneinander beider Strategien sind in unterschiedlichen Formen zu beobachten. Dies beginnt bei Beschreibungen, in denen nur ein singulärer Aspekt nicht angemessen ist – z. B. fehlende relevante Fakten oder eine unangemessene Bewertung. Bereits hier können vereinbarte Sprachregelungen helfen, dass eine

Lüge – beispielsweise eine nicht angemessene Bewertung – nicht durch sich widersprechende Argumentationen doch noch öffentlich wird.

Zudem dürften viele dualisierende Wirklichkeitsstrategien zeitlich und sachlich befristet sein. Ein Beispiel für eine zeitliche Befristung ist das Ausscheiden eines Vorstandsvorsitzenden, das so lange geheim gehalten wird, bis ein Nachfolger präsentiert werden kann. Thematische Eingrenzungen sind z. B. ein Störfall in einem Kraftwerk, der geheim gehalten werden soll, oder eine Kampagne zur Umweltfreundlichkeit eines Unternehmens, die die PR selbst als unangemessen bezeichnen würde.

Zudem unterscheiden sich in vielen Unternehmen Wirklichkeitsstrategien von Abteilung zu Abteilung, da sie – wie oben mehrfach erläutert wurde – unterschiedlichen Erwartungen und mithin unterschiedlichen Vertrauenskontexten ausgesetzt sind. In der Absatzkommunikation sind Übertreibungen und die Ausblendungsregel sicherlich sehr viel eher akzeptiert als in der Investor Relations. So wird in der absatzorientierten Mediawerbung erwartet, dass alles ausgeblendet wird, was die positive Ausstrahlung und Attraktivität negativ beeinflussen könnte (vgl. Schmidt und Spieß 1996, S. 46).

Allgemeine Regelungen gegenüber den Mitarbeitern bedürfen einer unternehmensweiten Implementierung. Sie können reichen von einer generellen Freigabe aller Informationen über die Geheimhaltung akzeptierter Geheimnisse bis hin zur generellen Geheimhaltung jeglicher Informationen zum Unternehmen. Noch seltener dürfte es vorkommen, dass Mitarbeiter nicht einmal sagen dürfen, wo sie arbeiten – dies wird dann wieder nur als reflexives Geheimnis zu beobachten sein.

Ein besonderer Hybrid einer dualisierenden und einer entdualisierenden Strategie kann sich ergeben, wenn PR zu der Einschätzung kommt, dass eine Beschreibung, die sie selbst als angemessen bezeichnen würde, von externen Bezugsgruppen als nicht wahr bzw. vertrauenswürdig bezeichnen werden könnte. Das Problem lässt sich – vereinfacht – auf die Frage reduzieren: Wie vertrauenswürdig ist die Wahrheit? Hier steht PR vor einem Zielkonflikt. Entscheidet sich PR für die Beschreibung, die sie als angemessener und damit wahrer bewertet, oder für die Beschreibung, von der sie glaubt, dass andere sie als wahrer und vertrauenswürdiger bezeichnen würden? In einer solchen – bereits kurz skizzierten – Situation befand sich beispielsweise *Shell* im Rahmen des Konfliktes um die Versenkung der *Brent Spar*. Weil die Beschreibung von *Greenpeace*, dass sich in der Ölplattform rund 5500 Tonnen Schadstoffe befänden, lange Zeit als weitgehender Basiskonsens ausgeflaggt wurde, hat Shell mit der wiederholten Behauptung der eigenen – später von einer Expertenkommission bestätigten – Überzeugung, es befänden sich nur 150 Tonnen Schadstoffe in der Ölplattform, der Vertrauenswürdigkeit der eigenen Beschreibungen letztlich geschadet (vgl. Shell 1995; Vorfelder 1995).

8.2 Anspruchsstrategien der PR

Wenn vertrauenswürdige Beschreibungen und Selbststeuerungen in einem engen Wechselverhältnis zueinander stehen, beeinflussen sie sich auch gegenseitig. Dies haben exemplarisch dualisierende Wirklichkeitsstrategien gezeigt. Es ist herausgearbeitet worden, dass vertrauenswürdige dualisierende Wirklichkeitsstrategien unternehmerischem Handeln einen großen Freiraum verschaffen können. Überspitzt formuliert: Wer erfolgreich lügt, muss nicht auch noch verantwortungsvoll handeln. In einer solchen Perspektive könnte man fragen, warum es überhaupt notwendig erscheint, sich mit unternehmerischen Selbststeuerungen zu befassen. Allerdings haben die Ausführungen dualisierender Wirklichkeitsstrategien auch gezeigt, dass die Vertrauenswürdigkeitsrisiken steigen, je häufiger PR-Beschreibungen als „beschönigend" bewertet werden. Tendenziell dürfte das Risiko vertrauensunwürdiger PR mithin zunehmen, je häufiger PR Beschreibungen veröffentlicht, die sie selbst als unwahr bezeichnen würde. Auch in einer non-dualistischen Perspektive erscheint es mithin lohnenswert, sich mit dem Management unternehmerischer Selbststeuerungen zu befassen. Daher soll im Folgenden trotz der Wechselbeziehungen zwischen Anspruchs- und Wirklichkeitsstrategien der Versuch unternommen werden, Anspruchsstrategien weitgehend unabhängig von Wirklichkeitsstrategien zu diskutieren.

Als Anspruchsstrategien sind Vertrauenswürdigkeitsstrategien zu Selbststeuerungen bezeichnet worden. Die Vertrauenswürdigkeit von Selbststeuerungen bezieht sich auf die Einschätzung, ob ein Unternehmen fremde Interessen in ihren Handlungen berücksichtigt und mithin umweltverträglich operiert. Hier steht die Einschätzung im Mittelpunkt, ob ein Unternehmen der Gesellschaft etwas *zufügt* (vgl. Dyllick 1992, S. 92). Die Vermeidung negativer Auswirkungen der Geschäftstätigkeit auf die Gesellschaft und ihre Folgen für die Vertrauenswürdigkeit ist in Kap. 7.4. aus der Perspektive der Vertrauenssubjekte erläutert worden. Jetzt wird die Frage zu beantworten sein, wie Unternehmen das Problem vertrauenswürdiger Selbststeuerungen bearbeiten.

Es ist oben ausgeführt worden, dass sich Vertrauen in unternehmerische Selbststeuerungen darauf bezieht, dass Unternehmen einerseits die spezifischen Interessen des Vertrauenssubjektes berücksichtigen und andererseits andere als relevant bewertete gesellschaftliche Interessen berücksichtigt. Zudem sind als Gründe für Vertrauen bzw. als Indikatoren für Vertrauenswürdigkeit von Selbststeuerungen jenseits von positiv bestätigten Vertrauenserfahrungen insbesondere individualinteressenorientierte und allgemeinwohlorientierte sowie kontextorientierte Gründe und Indikatoren herausgearbeitet worden. Grundsätzlich können Selbststeuerungen in allen unternehmerischen Bereichen die Legitimation eines Unternehmens gefährden. Dies beginnt bei der Beschaffung (z. B. Handel mit sich entwickelnden Ländern) und der Produktentwicklung (z. B. Produktsicherheit), setzt sich in der Produktion (z. B. umweltschonende Produktion) und im Marketing fort (z. B. Berücksichtigung des Jugendschutzes) und endet noch nicht in der Mitarbeiterführung (z. B. Gleichstellung von Frauen und Männern), der finanziellen Führung (z. B. Kapitalflucht) und Standortentscheidungen (vgl. Dyllick 1992, S. 26 ff.). Zudem ist aufgezeigt worden, dass auch die Berücksichtigung von Interessen anderer Bezugsgruppen wie zum Beispiel Kunden jenseits von bestätigten Erfahrungen Auswirkungen auf die Vertrauenswürdigkeit von Selbststeuerungen haben kann. Daher wird im Folgenden immer auch eine gesamtunternehmerische Perspektive zu verfolgen sein.

Unternehmerische Selbststeuerungen sind aus Unternehmenssicht immer die „zweitbeste" Alternative der PR. PR dürfte zunächst immer versuchen, unternehmerische Selbststeuerungen zu verhindern, indem es Bezugsgruppen qua Kontextsteuerung vom eigenen Weltbild zu überzeugen versucht. Damit ist die relevante Unterscheidung bei Selbststeuerungen, welche Ansprüche bzw. Interessen relevanter Bezugsgruppen PR einerseits beobachtet und welche andererseits berücksichtigt werden. *Daher soll das Management der Unterscheidung von beobachteten Ansprüchen bzw. Interessen relevanter Bezugsgruppen vs. berücksichtigter Interessen relevanter Bezugsgruppen im Mittelpunkt der folgenden Überlegungen stehen.* Dieses Management wird im Folgenden ausschließlich mit Blick auf Vertrauenswürdigkeitszuschreibungen beobachtet. Die herauszuarbeitenden Strategien sollen dabei als Anspruchsstrategien bezeichnet werden. Analog zu den Wirklichkeitsstrategien soll hier zwischen dualisierenden und entdualisierenden Anspruchsstrategien unterschieden werden.

- Als *dualisierende Anspruchsstrategien* sollen solche Strategien bezeichnet werden, die beobachtete Interessen relevanter Bezugsgruppen nicht berücksichtigen bzw. sich auf symbolische Selbststeuerungen beschränken. Damit wird die Differenz zwischen beobachteten und berücksichtigten Ansprüchen vergrößert.
- Als *entdualisierende Anspruchsstrategien* werden Strategien bezeichnet, die bewusst möglichst viele Bezugsgruppeninteressen berücksichtigen. Damit wird die Differenz zwischen beobachteten und berücksichtigten Ansprüchen verringert. Aus einer normativen Perspektive können entdualisierende Strategien als moralischer im Vergleich zu dualisierenden Strategien bezeichnet werden.

Beide Anspruchsstrategien verfolgen das Ziel von Vertrauenswürdigkeitszuschreibungen. Hingegen unterscheiden sie sich darin, in welchem Ausmaß das Unternehmen externe Interessen berücksichtigt und damit zumindest kurzfristig in der

8.2 Anspruchsstrategien der PR

Regel auf Gewinn verzichtet. Von den idealtypischen Anspruchsstrategien, die in den beiden folgenden Kapiteln im Mittelpunkt stehen, sind singuläre Entscheidungen zu unterscheiden, in denen sich PR für oder gegen die Berücksichtigung eines Bezugsgruppeninteresses entscheidet. Zwar kann auch aus einer externen Perspektive gefragt und zugeschrieben werden, ob die PR eines Unternehmens eine dualisierende oder entdualisierende Anspruchsstrategie verfolgt. In den folgenden Überlegungen soll jedoch strikt eine PR-interne Perspektive verfolgt werden: Entscheidet sich PR vor dem Hintergrund der Vertrauenswürdigkeit für ein „Mehr" oder „Weniger" an Vergesellschaftung?

Richtiger müsste hier formuliert werden, dass sich nicht PR für ein „Mehr" oder „Weniger" an Vergesellschaftung entscheidet, sondern die Unternehmensleitung. Bereits bei der Erläuterung der Wirklichkeitsstrategien ist deutlich geworden, dass deren Erfolgschancen davon abhängen, inwieweit PR von anderen unternehmerischen Bereichen unterstützt wird. Dies gilt in weit höherem Maße bei Anspruchsstrategien. Denn unternehmerische Selbststeuerungen kann PR der Unternehmensleitung bzw. anderen Unternehmensbereichen nur empfehlen. Letztlich ist die unternehmerische Selbststeuerung damit eine Kontextsteuerung der PR gegenüber der Unternehmensleitung: Je besser es der PR gelingt, die PR-Risiken in monetäre Risiken zu „übersetzen" und damit Anschluss an Programme der Unternehmensleitung zu gewinnen, desto größer sind die Erfolgschancen dieser Steuerungsversuche. PR leistet somit eine Anleitung zur Selbststeuerung (vgl. Willke 1993, S. 130).

Das besondere strukturelle Problem zwischen Unternehmensleitung und PR ist darin zu finden, dass insbesondere solche Selbststeuerungsentscheidungen legitimierend wirken können, die wirtschaftlich höchst irrational sind – also ein freiwilliger Verzicht auf einen Teil des Gewinns. Die Investition in umweltschonende Produktionsverfahren, die Verbesserung der Arbeitsbedingungen von Produktionsstätten in Schwellenländern oder der Verzicht auf sogenannte Alkopop-Getränke sind nur einige wenige Beispiele für gleichermaßen legitimationsrelevante wie kostspielige Entscheidungen.

Die internen Steuerungsversuche sind tendenziell umso erfolgreicher, je größer der formale oder informelle Einfluss der PR auf die Unternehmensleitung ist (vgl. Dozier et al. 1995, S. 75 ff.). Letztlich zeigt sich bei Anspruchsstrategien mithin auch, wie mächtig PR innerhalb eines Unternehmen ist. Wenn in Unternehmen ausschließlich dualisierende Anspruchsstrategien zu beobachten sind, ist dies ein Indikator für eine intern weitgehend ohnmächtige PR.

Bei der Ausarbeitung der Anspruchsstrategien werden im Folgenden insbesondere zwei der oben eingeführten Fragen bzw. Risiken im Mittelpunkt stehen. Dies ist zum einen die Frage, welche Gründe für Vertrauen bzw. Indikatoren für vertrauenswürdige Selbstbeschreibungen akzeptiert sind. Insbesondere für unternehmerische Selbststeuerungen scheint dieses Problem besonders virulent zu sein, da es für relevante Felder wie Fragen des Umweltschutzes oder des Arbeitsschutzes noch keine einheitlichen und weithin akzeptierten Bewertungskriterien gibt (vgl. Mies 2009, S. 198). Dieses Defizit gilt zumal für übergeordnete Begriffe wie den der Nachhaltigkeit (vgl. Mast und Fiedler 2007, S. 574). Dieses Defizit ist für Anspruchsstrategien Risiko und Chance zugleich. Es ist eine Chance, weil Unternehmen in dualisierenden Anspruchsstrategien die Kriterien und Themen selbst definieren können, um ihre gesellschaftliche Orientierung zu betonen. Gleichzeitig ist es ein Risiko, weil Unternehmen mit entdualisierenden Anspruchsstrategien aufgrund fehlender Standardisierungen bzw. ihrer geringen Bekanntheit nicht „beweisen" können, wie verantwortungsvoll sie handeln.[4] Dieser Aspekt wird im Kontext dualisierender Anspruchsstrategien ausführlich zu diskutieren sein.

Zum anderen stellt sich bei Anspruchsstrategien in besonderem Maße die Frage, wie Unternehmen mit der unvermeidlichen Existenz von Widersprüchen umgehen. Auch diese Widersprüchlichkeit ist Chance und Risiko für vertrauenswürdige Anspruchsstrategien zugleich. Sie ist eine Chance, weil Unternehmen nie alle Ansprüche befriedigen können – das Entgegenkommen an der einen Stelle ist zugleich ein Affront an einer anderen Stelle. Unternehmen können sich mithin mit Verweis auf die Widersprüchlichkeit moderner Gesellschaften auf die Berücksichtigung einiger (weniger?) Interessen beschränken. Die Widersprüchlichkeit ist zugleich ein Risiko, weil eine ignorierte Bezugsgruppe möglicherweise mit einer erfolgreichen öffentlichen Skandalisierung die Vertrauenswürdigkeit und mithin die Legitimation gefährden kann. Wenn es keine klare gesellschaftliche Wertehierarchie gibt, wird ein Unternehmen immer unter den Bedingungen permanenter Unsicherheit operieren. Dieser Aspekt wird insbesondere bei der Ausarbeitung entdualisierender Anspruchsstrategien im Mittelpunkt stehen.

Bei der Erläuterung dualisierender und entdualisierender Anspruchsstrategien stehen mithin die folgenden Fragen im Mittelpunkt: Was sind die Chancen und Risiken dualisierender und entdualisierender Strategien? Zu welchen spezifischen Problemen führen dualisierende und entdualisierende Anspruchsstrategien, und welche Lösungsstrategien hat PR hierfür entwickelt?

---

[4] Wenn es akzeptierte Bewertungskriterien für den Bereich der PR geben sollte, muss dies im Übrigen nicht das Ende der Relevanz von Vertrauen in PR sein – dies zeigt beispielhaft der Bereich der Investor Relations, in dem es eine Vielzahl von anerkannten Kennzahlen gibt, ohne dass Vertrauen hier unwichtiger geworden wäre.

8.2.1 Dualisierende Anspruchsstrategien der PR

Als dualisierende Anspruchsstrategien sind solche Strategien bezeichnet worden, die beobachtete Interessen relevanter Bezugsgruppen nicht berücksichtigen. Solche Strategien können aus einer normativen Perspektive als unmoralisch bezeichnet werden, weil sich Unternehmen Ansprüchen von Bezugsgruppen bewusst entziehen. Damit versprechen dualisierende Anspruchsstrategien einem Unternehmen ein Mehr an Handlungsfreiheit, weil es jenseits von gesellschaftlichen Ansprüchen und Interessen seiner Arbeit nachgehen kann.

Damit wird bereits hier deutlich, dass dualisierende Anspruchsstrategien nicht nur einige Gemeinsamkeiten mit dualisierenden Wirklichkeitsstrategien haben, sondern in der Regel auf dualisierende Wirklichkeitsstrategien angewiesen sind. So können dualisierende Anspruchsstrategien in der Regel nur dann vertrauenswürdig sein, wenn es einem Unternehmen gelingt, die nicht berücksichtigten Interessen geheim zu halten. Dies könnten die Verletzung von Mitarbeiterrechten oder umweltschädigende Produktionsverfahren sein. Zudem ist im Kontext der reflexiven Geheimhaltung aufgezeigt worden, dass es zur Ablenkung durch Hinlenkung z. B. potemkinscher Dörfer bedarf, um das Interesse von möglichen Problemthemen abzulenken.

Welche Risiken für Vertrauenswürdigkeitszuschreibungen ergeben sich aus dualisierenden Anspruchsstrategien? Wenn eine Vielzahl von Ansprüchen relevanter Bezugsgruppen ignoriert wird, folgt daraus das Risiko, dass nicht nur diese relevanten Bezugsgruppen ein Unternehmen delegitimieren, sondern mit ihrer herausgehobenen Stellung insgesamt das Unternehmen delegitimieren und damit die Handlungsspielräume deutlich einschränken. Das Vertrauen in unternehmerische Selbststeuerungen dürfte dadurch enorm geschwächt werden.

Welche Konsequenzen ergeben sich aus diesen Risiken für dualisierende Anspruchsstrategien? Einerseits würde zwar eine umfassende dualisierende Wirklichkeitsstrategie ausreichen, um auch die Vertrauenswürdigkeit der Selbststeuerungen zu sichern. Andererseits sind oben die Kosten und Risiken dualisierender Wirklichkeitsstrategien aufgezeigt worden. *Diese dürften sich enorm reduzieren, wenn im Kontext einer dualisierenden Anspruchsstrategie ein Unternehmen mit symbolischen Selbststeuerungsmaßnahmen zumindest punktuell gesellschaftliche Interessen berücksichtigt. Mit anderen Worten: Dualisierende Anspruchsstrategien scheinen dann tendenziell größere Chancen auf Vertrauenswürdigkeitszuschreibungen zu haben, wenn sie mögliche Konflikte mit relevanten Bezugsgruppen mittels symbolischer Selbststeuerungsmaßnahmen zu vermeiden suchen.* Da symbolische Selbststeuerungen bei Anspruchsstrategien eine zentrale Bedeutung haben, sollen sie im Folgenden ausführlich erläutert werden.

Erfolg versprechende symbolische Selbststeuerungsmaßnahmen zeichnen sich dadurch aus, dass sie einerseits für das Unternehmen nur mit geringen Einschränkungen bzw. Kosten verbunden sind, andererseits von relevanten Bezugsgruppen als Indikator für die Berücksichtigung eines Interesses anerkannt werden. Letzteres dürfte u. a. darauf zurückzuführen sein, dass solche Selbststeuerungsmaßnahmen im non-dualistischen Verständnis leicht nachprüfbar sind bzw. sich an – den wenigen vorhandenen – anerkannten Standards orientieren. Im Kontext dualisierender Wirklichkeitsstrategien wird das öffentliche Interesse auf diese symbolischen Selbststeuerungsmaßnahmen gerichtet. Sie werden mithin als vermeintlicher Beweis für eine verantwortungsvolle Selbststeuerung genutzt. Ein – erfolgloses – Beispiel für eine solche dualisierende Wirklichkeits- und Anspruchsstrategie dürfte der Spot „grüner Riese" von RWE sein (vgl. Bentele und Nothhaft 2010).

Die attraktivsten Selbststeuerungsmaßnahmen sind für Unternehmen solche, die bereits existieren und die nicht im Widerspruch zum kurzfristigen wirtschaftlichen Erfolg stehen. Ein Beispiel für solche so genannten Win-Win-Maßnahmen sind effizientere Passagierflugzeuge, deren Anschaffung vermutlich allein aus wirtschaftlichen Gründen erfolgte, die dann allerdings als Zeichen eines nachhaltigen Wirtschaftens genutzt werden.

Solche symbolischen Selbststeuerungsmaßnahmen werden sowohl von dualisierenden als auch von entdualisierenden Anspruchsstrategien eingesetzt. Bei dualisierenden Anspruchsstrategien symbolisieren solche Maßnahmen nach außen hin die Berücksichtigung eines Interesses, das – nach eigener Einschätzung der PR – unternehmensweit nicht vertreten wird. Bei entdualisierenden Anspruchsstrategien können solche symbolischen Selbststeuerungsmaßnahmen Werte, „die auf Seiten des Unternehmens ‚unsichtbar' gelebt [.] [werden,] auf diese Weise sichtbar herausgestellt werden" (Szyszka 2010, S. 147). Da symbolische Selbststeuerungsmaßnahmen im Kontext dualisierender Anspruchsstrategien das wichtigste zu lösende Problem zu sein scheinen, sollen im Folgenden exemplarisch a) *Verhaltenskodices, b) institutionalisierte Stellen bzw. Positionen, c) Nachhaltigkeitsberichte, d) das Umwelt-, Kultur- bzw. Sozio-Sponsoring und e) symbolisches Einlenken* vorgestellt werden.

Eine erste Form symbolischer Selbststeuerungsmaßnahmen sind *(a) Verhaltenskodices*, mit denen Verhaltensregeln für unternehmerisches Handeln in unterschiedlichen Kontexten definiert werden. Während Verhaltenskodices internationaler Organisationen wie der *OECD* oder der *UNO* als Form der Fremdregulierung schon als weitergehende Form der Selbststeuerung bezeichnet werden können, sind Unternehmenskodices unverbindlicher und damit auch weniger nachprüfbar. Auf Branchen- bzw. Verbandsebene werden sie insbesondere als Instrument der Selbstregulierung genutzt und haben hier eher einen deklamatorischen Charakter, solange es kaum möglich ist, die Einhaltung zu kontrollieren (vgl. Dyllick 1992, S. 96 f.). Dieser Kritik sehen sich in jüngerer Zeit der *Deutsche Werberat* und insbesondere der *Deutsche Rat für Public Relations* ausgesetzt (vgl. Merten 2011). Insbesondere unternehmerische Verhaltenskodices können in dualisierenden Anspruchsstrategien ohne größere Selbststeuerungen realisiert werden. In letzter Konsequenz können sie schon als Maßnahme einer dualisierenden Wirklichkeitsstrategie bezeichnet werden, wenn sie nur als PR-Beschreibung veröffentlicht werden, ohne dass eine Implementierung beabsichtigt ist.

Eine zweite Möglichkeit sind *(b) institutionalisierte Stellen bzw. Positionen* in Unternehmen, die Interessen von Bezugsgruppen vertreten. Dazu zählen Gleichstellungsbeauftragte, Behindertenvertreter, Ombudsfrauen und -männer, CSR-Abteilungen oder die zunehmende Zahl an Beauftragten für Good Governance. Ziel einer solchen Institutionalisierung kann es sein, zu dokumentieren, dass ein spezifisches Interesse von einem Unternehmen nicht nur latent berücksichtigt wird, sondern es hierfür eine verantwortliche Person gibt. Die Selbststeuerungsmaßnahmen können aber umso größer werden, je bekannter und unabhängiger die Person ist, die solche Positionen bekleidet bzw. Abteilungen führt. So werden vielfach anerkannte unabhängige Instanzen wie ehemalige Politiker von Unternehmen engagiert, um für die Solidität in spezifischen Bereichen zu „bürgen" (vgl. Dyllick 1992, S. 101).

Eine dritte Form symbolischer Selbststeuerungsmaßnahmen sind *(c) Nachhaltigkeitsberichte*, die als PR-Beschreibung ebenfalls eine Mischform zwischen Wirklichkeits- und Anspruchsstrategie darstellen. Mit Dierkes (1984) können Nachhaltigkeitsberichte typologisiert und entweder eher der Wirklichkeits- oder der Anspruchsstrategie zugeordnet werden. So sind Nachhaltigkeitsberichte im Rahmen des Inventuransatzes eher der Wirklichkeitsstrategie zuzuordnen, wenn insbesondere gesellschaftsorientierte Maßnahmen beschrieben und der Beitrag des Unternehmens zum Sozialprodukt benannt wird. Eine zielbezogene Berichterstattung sowie ein Sozialindikatorenkonzept als weitere Typen können hingegen eher der Anspruchsstrategie zugeordnet werden, weil hier der Grad der Zielerreichung selbst gesetzter wirtschaftlicher und gesellschaftsbezogener Zielsetzungen im Laufe der Zeit dokumentiert wird bzw. anerkannte Indikatoren herangezogen werden, um einen Vergleich im Zeitverlauf und zwischen mehreren Unternehmen zu ermöglichen. Bereits die Typologisierung lässt erahnen, dass es keine verbindlichen Regeln für Nachhaltigkeitsberichte gibt. Daher bieten Nachhaltigkeitsberichte immer die Chance zur selektiven Darstellung, Unternehmen bestimmen selbst, worüber und wie sie berichten (vgl. Kuhlen 2005, S. 59). Die Folge sind fehlende Konstanz und ein Bezug auf wechselnde Themen (vgl. Mies 2009, S. 198). Richtlinien wie die „Sustainability Reporting Guidelines" der *Global Reporting Initative*

(GRI) scheinen nur langsam auf dem Vormarsch zu sein (vgl. ebd., S. 206). Die hier benannten Defizite von Nachhaltigkeitsberichten eröffnen dualisierenden Anspruchsstrategien enorme Möglichkeiten. Je mehr die Beliebigkeit von Nachhaltigkeitsberichten akzeptiert wird, desto mehr kann im Rahmen dualisierender Anspruchsstrategien der Scheinwerfer auf die Aspekte gelenkt werden, in denen das Unternehmen ohnehin die Interessen der Bezugsgruppen erfüllt oder aber mit anderen symbolischen Selbststeuerungsmaßnahmen aufwarten kann.

Eine weitere hier aufgeführte Form symbolischer Selbststeuerungsmaßnahmen ist das *(d) Umwelt-, Kultur- bzw. Sozio-Sponsoring*. Unter Sponsoring im Allgemeinen soll mit Bruhn verstanden werden die „Bereitstellung von Geld, Sachmitteln, Dienstleistungen oder Know-how durch Unternehmen und Institutionen zur Förderung von Personen und/oder Organisationen in den Bereichen Sport, Kultur, Soziales, Umwelt und/oder Medien unter vertraglicher Regelung der Leistung des Sponsors und Gegenleistung" (Bruhn 2009, S. 108). Das Sponsoring erscheint zunächst deshalb als grundsätzlich vertrauenswürdige Anspruchsstrategie, weil ein Unternehmen durch die Zahlung von Geld auf kurzfristigen Gewinn verzichtet. Deutlicher kann ein Verzicht auf Gewinn und damit die Berücksichtigung anderer Interessen zunächst kaum dokumentiert werden. Unternehmen zeigen mithin mit einem Umwelt-, Kultur- bzw. Sozio-Sponsoring, dass sie im entsprechenden Bereich Verantwortung übernehmen (vgl. Szyszka 2010, S. 147).

In der Literatur finden sich zahlreiche Indikatoren für ein vertrauenswürdiges Sponsoring. Bruhn formuliert noch recht allgemein: „Unternehmen haben sich in besonderem Maße mit ihren Engagements inhaltlich zu identifizieren und dies auch durch eigenes Verhalten zu dokumentieren, um bei den Zielgruppen eine entsprechende Glaubwürdigkeit und Akzeptanz zu erreichen" (Bruhn 2009, S. 109). Zudem müsse das Sponsoring in direktem Zusammenhang mit der Unternehmenstätigkeit und den Produkten stehen (vgl. Werder 2008). Und schließlich könnten Spenden unmittelbar nach selbstverschuldeten Krisen mit sozialen und ökologischen Folgen sogar zu einer Verschlechterung der Reputation führen (vgl. Eisenegger und Schranz 2010, S. 79). Vor dem Hintergrund dieser Ausführungen erscheint das Sponsoring für dualisierende Anspruchsstrategien zunächst wenig geeignet. Man könnte die Haltung der Autoren sogar so weit zuspitzen und konstatieren, dass das Sponsoring letztlich doch beweise, ob ein Unternehmen sich verantwortungsvoll verhalte oder nicht.

Aber letztlich können alle genannten Indikatoren für ein vertrauenswürdiges Sponsoring im Rahmen einer dualisierenden Anspruchsstrategie instrumentalisiert werden. Es können die Sponsoringfelder gewählt werden, die von relevanten Bezugsgruppen einerseits als besonders relevant bewertet werden und andererseits zum Unternehmen passen. Das Sponsoring wird langfristig aufgebaut und gepflegt.

8.2 Anspruchsstrategien der PR

Und es wird vor allem durch PR-Beschreibungen kommunikativ so begleitet, dass es wahrgenommen wird. Letztlich erscheinen Sponsoringaktivitäten als symbolische Selbststeuerungsmaßnahmen so attraktiv, weil einerseits der finanzielle Umfang in der Regel überschaubar ist und andererseits das Unternehmen sich nicht ändern muss. Wenn mit Sponsoringaktivitäten ‚unsichtbar' gelebte Werte sichtbar gemacht werden können – wie Szyszka (vgl. 2010, S. 147) konstatiert –, dann können auch ‚unsichtbar' *nicht* gelebte Werte sichtbar gemacht werden.

Eine letzte hier genannte Form symbolischer Selbststeuerungsmaßnahmen soll als *(e) symbolisches Einlenken* bezeichnet werden. Unternehmen gehen dabei mit Blick auf erwartete Vertrauenswürdigkeitsgewinne z. B. auf langjährige Forderungen von Bezugsgruppen ein. Ein Beispiel für das symbolische Einlenken sind unternehmerische Positionen, die wegen des öffentlichen Protestes nicht mehr lange zu halten sein dürften. Ein Einlenken in solchen Situationen können Unternehmen in Verbindung mit Wirklichkeitsstrategien nutzen, um sich als sozial verantwortliches Unternehmen zu präsentieren. Eine abgeschwächte Form eines solchen symbolischen Einlenkens war die Erklärung von *Philip Morris*, auf Zigarettenwerbung zu verzichten, unter der Bedingung, dass ein solcher Verzicht für die gesamte Branche gelten würde (vgl. Graw 2007). Der Konzern konnte einerseits davon ausgehen, dass ihm niemand folgen würde, andererseits hätte er als Marktführer von einem branchenweiten Tabakwerbeverbot profitiert.

Die beispielhaft erläuterten symbolischen Selbststeuerungsmaßnahmen haben gezeigt, wie PR im Kontext dualisierender Anspruchsstrategien Vertrauenswürdigkeitszuschreibungen erreichen kann. Wegen der Vielzahl an Bezugsgruppenperspektiven muss die Erläuterung der symbolischen Selbststeuerungsmaßnahmen zwangsläufig auf einer recht allgemeinen Ebene verbleiben. Während hier vor allem die Chancen dualisierender Anspruchsstrategien aufgezeigt wurden, die aus der Vagheit und fehlender anerkannter und bekannter Kriterien resultieren, werden im folgenden Kapitel insbesondere die Risiken aufzuzeigen sein. Dennoch gelten selbstredend die Risiken auch für dualisierende Anspruchsstrategien: Unternehmen, die sich mit ihren vertrauenswürdigen Selbststeuerungsmaßnahmen lange Zeit über Vertrauenswürdigkeitszuschreibungen relevanter Bezugsgruppen gefreut haben, sind nicht davor gefeit, dass aufgrund neuer Ansprüche neue Anforderungen formuliert werden.

Auch bei den symbolischen Selbststeuerungsmaßnahmen zeigt sich der kompetitive Charakter von Vertrauenswürdigkeitszuschreibungen. Einerseits haben einige Maßnahmen schon fast einen verpflichtenden Charakter. So dürften die wenigen großen Konzerne, die keinen wie auch immer gearteten Nachhaltigkeitsbericht herausgeben, sich sicherlich Kritik ausgesetzt sehen. Andererseits „probieren" Unternehmen immer wieder neue symbolische Selbststeuerungsmaßnahmen aus, um sich von Wettbewerbern abzugrenzen und sich als verantwortungsvoller zu präsentieren (vgl. Rieth 2010, S. 407).

Mit welchen Kosten und Risiken sind dualisierende Anspruchsstrategien für Unternehmen verbunden? Zu den Kosten und Risiken der begleitenden dualisierenden Wirklichkeitsstrategie treten die Kosten und Risiken für symbolische Selbststeuerungsmaßnahmen. So ist die Demotivierung von Mitarbeitern ein Risiko, wenn ein Unternehmen in Sponsoringaktivitäten oder in Nachhaltigkeitsberichten Werte betont, die intern nicht gelebt werden. Zudem gilt wie für dualisierende Wirklichkeitsstrategien, dass symbolische Selbststeuerungsmaßnahmen – z. B. bei der Kooperation mit externen Bezugsgruppen – zwar auch entdualisierend wirken können. Vor allem aber können dualisierende Anspruchsstrategien zur Abschottung eines Unternehmens führen.

8.2.2 Entdualisierende Anspruchsstrategien der PR

Als entdualisierende Anspruchsstrategien sind Strategien bezeichnet worden, die als Idealtypus bewusst möglichst viele Bezugsgruppeninteressen berücksichtigen. Damit wird die Differenz zwischen beobachteten und berücksichtigten Ansprüchen verringert. Auf eine konkrete Situation bezogen kann von einer entdualisierenden Anspruchsstrategie auch dann gesprochen werden, wenn sich PR in einer gegebenen Situation für die Berücksichtigung eines Bezugsgruppeninteresses entscheidet. Zudem unterscheiden sich entdualisierende Anspruchsstrategien von dualisierenden darin, dass sie die berücksichtigten Interessen nachhaltiger und unternehmensweit vertreten. Ein ökologisch nachhaltig wirtschaftendes Unternehmen wird dann in allen Unternehmensbereichen prüfen, wo Ressourcen schonender eingesetzt werden können.

Entdualisierende Anspruchsstrategien können mit Willke (1978) auch als Maximierungsstrategie gegenüber relevanten Bezugsgruppen bezeichnet werden. Ein Unternehmen integriert sich damit im hohen Maße gegenüber relevanten Bezugsgruppen, es verringert tendenziell Konflikte und schafft so Voraussetzungen für Vertrauenswürdigkeitszuschreibungen. Aus einer normativen Perspektive können entdualisierende Anspruchsstrategien daher als moralischer bewertet werden. Durch die Berücksichtigung vieler Interessen wird allerdings die unternehmerische Handlungsfreiheit enorm eingegrenzt.

Wenn dualisierende Anspruchsstrategien die Chance haben, als vertrauenswürdig bezeichnet zu werden, obwohl sie sich weitgehend auf symbolische Selbststeuerungsmaßnahmen fokussieren, stellt sich dies aus der Perspektive entdualisierender Anspruchsstrategien als Risiko dar. Mit anderen Worten: Auch Unternehmen, die viele Interessen nachhaltig berücksichtigen, müssen dies sichtbar machen. Daher werden entdualisierende Anspruchsstrategien ebenso wie dualisierende Anspruchsstrategien die Gründe für Vertrauen in bzw. die Indikatoren von Vertrauenswürdigkeitszuschreibungen zu Selbststeuerungen instrumentalisieren. Entsprechend können entdualisierende Anspruchsstrategien an denselben symbolischen Selbststeuerungsmaßnahmen ansetzen, wie sie oben beschrieben wurden. Während für dualisierende Anspruchsstrategien das Fehlen anerkannter Kriterien für angemessene Selbststeuerungen ein „Segen" ist, ist es für entdualisierende Anspruchsstrategien ein „Fluch". Es scheint nur wenige Möglichkeiten zu geben, die von dualisierenden Anspruchsstrategien schwieriger zu instrumentalisieren sein dürften. Dazu können z. B. die Heranziehung von Drittgutachtern bei Nachhaltigkeitsberichten gezählt werden (vgl. Herzig und Schaltegger 2007, S. 587).

Ein weiteres relevantes Risiko für Vertrauenswürdigkeitszuschreibungen resultiert wie bei entdualisierenden Wirklichkeitsstrategien für PR daraus, dass letztlich auch entdualisierende Anspruchsstrategien nicht alle Bezugsgruppeninteressen berücksichtigen können. Denn eine völlige Entdualisierung hinsichtlich von Ansprüchen und Interessen ist nicht vorstellbar, da sich Bezugsgruppeninteressen widersprechen und mithin jede entdualisierende Entscheidung für ein Bezugsgruppeninteresse zugleich dualisierend wirkt. Jede Selbststeuerungsmaßnahme wird mithin von einer spezifischen Bezugsgruppe – auf Grund ihrer spezifischen Perspektive und Interessen – als vertrauenswürdiger eingeschätzt als von einer anderen. Die Entscheidung gegen den Weiterbetrieb einer defizitären Produktionsanlage in einer strukturschwachen Region ist gleichermaßen eine Entscheidung für die Sicherung von Arbeitsplätzen am Unternehmensstammsitz. Unternehmen bzw. die Unternehmensbereiche befinden sich hier in einem Dickicht von unterschiedlichsten Erwartungen. Wenn PR in der Literatur als *boundary spanner* (Post et al. 1982) und als Diener zweier Herren bezeichnet wird, dann ist PR bei näherer Betrachtung ein Diener vieler Herren. Auf der Unternehmensseite finden sich die vielen, sich mitunter ebenfalls widersprechenden Interessen der Unternehmensbereiche. Auf der anderen Seite finden sich die zahlreichen sich widersprechenden Bezugsgruppeninteressen.

Wenn wegen dieser Interessenvielfalt in letzter Konsequenz entdualisierende Anspruchsstrategien mithin unmöglich sind, stellt sich die Frage, wie PR diesem Ideal zumindest nahe kommen kann? PR wird die Erwartungen im Hinblick auf die Chancen und Risiken zur Legitimation des Unternehmens hin zunächst beobachten. Zudem wird PR eine Hierarchisierung von Bezugsgruppen und deren Interessen vornehmen und als Grundlage für Empfehlungen für unternehmerische Selbststeuerungen nehmen. Die einer Bezugsgruppe beigemessene Relevanz ergibt sich aus dem direkten oder indirekten Sanktionspotenzial, das ihr im Falle eines Konfliktes zuerkannt wird. Das Sanktionspotenzial wird letztlich immer in der Währung des „Systems" gemessen bzw. taxiert. Eine Landesregierung ist für ein Unternehmen deshalb aus einem direkten und indirekten Grund eine relevante Bezugsgruppe. Direktes Sanktionspotenzial hat sie, weil sie unternehmerische Handlungsspielräume einengen kann, die wiederum zu Umsatzeinbußen führen können. Indirektes Sanktionspotenzial hat sie, weil sich wiederum viele andere Bezugsgruppen an der Haltung der Landesregierung orientieren. Entsprechend verfügt auch der Journalismus nur über ein indirektes Sanktionspotenzial gegenüber der PR bzw. den Muttersystemen. Journalismus kann daher nie eine „Zielgruppe" von PR-Maßnahmen sein, wenn es darum geht, künftige Handlungsspielräume bei relevanten Bezugsgruppen mit Sanktionspotenzial wie der Politik zu sichern – die „Zielgruppe" sind immer die Entscheider, während der Journalismus nur eine Mittler-Rolle einnimmt. Bezugsgruppen ohne ein relevantes Sanktionspotenzial bleiben weitgehend unberücksichtigt – allerdings mit dem Risiko, dass dies auf einer Fehleinschätzung beruht und diese Bezugsgruppe die Organisation zu schaden in der Lage ist.

Das größte Risiko entdualisierender Anspruchsstrategien für Unternehmen ist deren Vergesellschaftung. Wenn Unternehmen sich zu sehr an den Interessen bzw. Logiken relevanter Bezugsgruppen orientiert, gefährden sie ihre eigene Existenz. So hat Siedentopp für deutsche Unternehmen zeigen können, dass eine zu große Orientierung an der Bezugsgruppe Politik zu Lasten von Marktzielen wie z. B. der Kundenzufriedenheit geht (vgl. Siedentopp 2009, S. 218). Damit ist nicht normativ gemeint, Unternehmen sollten zur Existenzsicherung jegliche Bezugsgruppen-Interessen ignorieren. Vielmehr ist es im Zuge der Legitimationssicherung und darüber hinaus der langfristigen Unternehmenssicherung die Aufgabe des Managements, im Rahmen eines Interdependenzmanagements eigene wirtschaftliche Interessen und Bezugsgruppeninteressen auszutarieren.

8.2.3 Zwischenfazit: Anspruchsstrategien zwischen Dualisierung und Entdualisierung

Es ist skizziert worden, wie sowohl dualisierende als auch entdualisierende Anspruchsstrategien das Vertrauenswürdigkeitsproblem bearbeiten. Dabei hat sich die Janusköpfigkeit der Widersprüchlichkeit gesellschaftlicher Interessen und der Vagheit von Selbststeuerungsmaßnahmen gezeigt. Einerseits sind beide Aspekte eine Chance für dualisierende Anspruchsstrategien, weil mit ihnen plausibel argumentiert werden kann, dass nicht alle Interessen vertreten werden können bzw. dass die Erwartungen an unternehmerische Selbststeuerungen nicht eindeutig definiert sind. Andererseits machen beide deutlich, dass insbesondere das Management vertrauenswürdiger Selbststeuerungen immer unter den Bedingungen permanenter Unsicherheit stattfindet.

Daraus folgt ein Aspekt, der sich in Diskursen zur gesellschaftlichen Verantwortung von Unternehmen selten findet: Wenn auch dualisierende Anspruchsstrategien die Chance auf Vertrauenswürdigkeitszuschreibungen haben, stellt sich für Unternehmen die Frage, ob sich eine aufwändige entdualisierende Anspruchsstrategie lohnt – wenn doch ausschließlich symbolische Selbststeuerungen den gleichen Effekt hinsichtlich der Vertrauenswürdigkeit hätten.

Es ist gezeigt worden, dass eine entdualisierende Anspruchsstrategie in letzter Konsequenz zu einer Vergesellschaftung eines Unternehmens führen und mithin den Fortbestand gefährden würde. Bei dualisierenden Anspruchsstrategien bestehen die Risiken insbesondere darin, dass sie mittelfristig zu höheren Vertrauensrisiken sowie zur Demotivation bei Mitarbeitern führen können.

Daher wird es in jedem Unternehmen ein Nebeneinander von dualisierenden und entdualisierende Anspruchsstrategien geben. Es ist eine der vielen gesellschaftlichen Widersprüchlichkeiten, dass von Unternehmen zugleich eine Vergesellschaftung *und* eine weitgehende Entkopplung gefordert wird: glückliche Kühe *und* niedrige Milchpreise, zufriedenes Verkaufspersonal *und* völlige Freigabe von Ladenöffnungszeiten, eine saubere Umwelt *und* schnelle Autos. Die Reihe ließe sich beliebig fortsetzen. Sie zeigt, dass Unternehmen mitunter darauf angewiesen sind, sich gegenüber kritischen Bezugsgruppeninteressen abzuschirmen und zu schützen. Von welchen Interessen sich ein Unternehmen entkoppelt, dies ist wiederum eine höchst riskante Entscheidung, die eines Tages die Existenz eines Unternehmens gefährden kann. Die Ausführungen lassen zumindest erahnen, dass dualisierende Anspruchsstrategien für Unternehmen umso reizvoller sind, je weniger es in einem Bereich anerkannte Kennzahlen gibt.

8.3 Vertrauenswürdige PR zwischen Anspruchs- und Wirklichkeitsstrategien

Nachdem dualisierende und entdualisierende Anspruchs- und Wirklichkeitsstrategien bislang im Wesentlichen getrennt erläutert und diskutiert worden sind, sollen sie zum Abschluss dieses Kapitels zusammengeführt werden. Wenn oben konstatiert wurde, dass vertrauenswürdige PR auf vertrauenswürdige Selbststeuerungen und auf vertrauenswürdige Beschreibungen angewiesen ist, dann soll im Folgenden gefragt werden, wie die verschiedenen Strategie-Idealtypen „zusammenpassen" bzw. ob sich Idealtypen sogar einander bedingen.

Tab. 8.2 Dualisierende und entdualisierende Wirklichkeits- und Anspruchsstrategien

	Entdualisierende Wirklichkeitsstrategie	Dualisierende Wirklichkeitsstrategie
Entdualisierende Anspruchsstrategie	„Vergesellschaftungsstrategie"	„Perfektionsstrategie"
Dualisierende Anspruchsstrategie	„Konfliktstrategie"	„Entkopplungsstrategie"

Im Folgenden werden die vier Strategietypen kreuztabelliert und daraus vier weitere Strategietypen abgeleitet. Diese Typen beschreiben Möglichkeiten, wie PR das Problem der Vertrauenswürdigkeit bearbeiten kann (Tab. 8.2).

Die Kombination von entdualisierenden Wirklichkeits- und Anspruchsstrategien kann als *Vergesellschaftungsstrategie* bezeichnet werden. Aus einer normativen Perspektive ist diese Kombination als besonders moralisch zu bewerten. PR ist bestrebt, möglichst viele gesellschaftliche Ansprüche und insbesondere die Interessen der relevanten Bezugsgruppen zu berücksichtigen und nur solche PR-Beschreibungen zu veröffentlichen, die sie selbst als angemessen bezeichnen würde. Dieser Strategietyp kommt dem Two-Way-Symmetric-Typ von Grunig und Hunt sehr nahe (vgl. Grunig und Hunt 1984, S. 22). Vertrauenswürdige PR ist im Falle entdualisierender Wirklichkeitsstrategien nur in dieser Kombination zu erreichen. Es ist konstatiert worden, dass selbst bei entdualisierenden Wirklichkeits- und Anspruchsstrategien Widersprüche zu Interessen und Wirklichkeitsmodellen von Bezugsgruppen nicht zu vermeiden sind. Angesichts der entdualisierenden Wahrheitsstrategie können Unternehmen hier insbesondere auf die oben skizzierte Kontingenzstrategie setzen. Entscheidungen können so legitimiert werden, indem Entscheidungsprozesse, diskutierte Alternativen und deren Folgeprobleme thematisiert werden.

Die Kombination von entdualisierender Anspruchsstrategie und dualisierender Wirklichkeitsstrategie soll als *Perfektionsstrategie* bezeichnet werden. Ein Unternehmen, das im hohen Maße die Interessen von Bezugsgruppen berücksichtigt, wird nur wenig Anlass für Lügen haben. Mittels einer dualisierenden Wirklichkeitsstrategie können hier noch vorhandene Widersprüche zumindest teilweise „geglättet" werden. Solche Unternehmen haben gute Chancen, als nahezu perfekt wahrgenommen zu werden – dies entspräche der oben skizzierten Konsistenzstrategie.

Als *Konfliktstrategie* kann die Kombination von dualisierender Anspruchsstrategie und entdualisierender Wirklichkeitsstrategie bezeichnet werden. Ein Unternehmen berücksichtigt hier wenige Bezugsgruppeninteressen – und teilt dies auch

8.3 Vertrauenswürdige PR zwischen Anspruchs- und Wirklichkeitsstrategien

noch offen und möglicherweise vielstimmig mit. Die Folge dürfte eine Vielzahl von Konflikten zwischen dem Unternehmen und Bezugsgruppen sein, die Auswirkungen auf die Vertrauenswürdigkeit von PR, die Legitimation und mithin für die unternehmerischen Handlungsspielräume haben dürften. Konfliktstrategien dürften mithin mittel- und langfristig die Existenz eines Unternehmens gefährden. Eine Konfliktstrategie mag daher allenfalls zeitlich oder thematisch begrenzt Erfolg versprechend sein. Das Argument von Neoliberalisten wie Friedman und Hayek, dass der größtmögliche gesellschaftliche Nutzen von Unternehmen sichere Arbeitsplätze, wirtschaftlicher Wohlstand und innovative Produkte seien (vgl. Carroll und Buchholtz 2003, S. 43), dürfte heute nur noch selten erfolgreich sein.

Die Kombination von dualisierenden Wirklichkeits- und Anspruchsstrategien soll schließlich als *Entkopplungsstrategie* bezeichnet werden. Diese Kombination verschafft einem Unternehmen die größten Handlungsspielräume, weil internes Handeln und das Reden darüber weitestgehend entkoppelt werden. In diesem Kontext werden symbolische Selbststeuerungsmaßnahmen aufgelegt, die nichts anderes als Symbolstrategien sind und als Bollwerk dienen sollen. Mit Ivory alias Klaus Kocks kann formuliert werden: „Tue nur so und rede darüber" (Ivory 1992). Eine solche Strategie suggeriert, dass alles wichtig sei – während innen nur wenig wichtig genommen wird. Dieser Typ scheint dem Publicity-Typ von Grunig und Hunt zu entsprechen (vgl. Grunig und Hunt 1984, S. 22).

Jedes Unternehmen kann für sich einen dominanten Strategie-Typ definieren. Insgesamt ist jedoch zu vermuten, dass es ein Nebeneinander von unterschiedlichen Typen geben wird.

Dynamische und spielerische Vertrauensbeziehungen 9

Nachdem in den beiden zurückliegenden Kapiteln zunächst aus der Perspektive von Vertrauenssubjekten Gründe für Vertrauen bzw. Indikatoren für Vertrauenswürdigkeit und anschließend aus der PR-Perspektive Strategien des Vertrauenswürdigkeitsmanagements herausgearbeitet wurden, sollen jetzt die Vertrauensbeziehungen im Mittelpunkt stehen. Zwar ist auch in den zurückliegenden Kapiteln immer schon die jeweils andere Perspektive mitgedacht worden – alles andere wäre auch eine unterkomplexe Beschreibung der Vertrauensbeziehungen –, allerdings stand jeweils eine der beiden Seiten im Mittelpunkt. Im Folgenden soll jetzt der besondere Charakter der Vertrauensbeziehungen *zwischen* der PR und ihren Bezugsgruppen im Fokus stehen.

Bei der Beschreibung der Vertrauensbeziehungen stehen insbesondere zwei Überlegungen im Mittelpunkt, deren Relevanz sich in den zurückliegenden Kapiteln an vielen Stellen gezeigt hat. Einerseits ist wiederholt konstatiert worden, dass die Gründe bzw. Indikatoren für Vertrauenswürdigkeit kontingent sind: Eine Beobachtung kann sowohl zu Vertrauenswürdigkeits- als auch zu Vertrauensunwürdigkeitszuschreibungen führen, Indikatoren verlieren an Relevanz, während neue hinzukommen usw. Andererseits ist der reflexive Charakter von Beziehungen zwischen Vertrauenssubjekten und -objekten bereits an vielen Stellen deutlich geworden. Insbesondere diese beiden Aspekte, so die zentrale Überlegung, führen dazu, dass Vertrauensbeziehungen von einer enormen Dynamik geprägt sind.

Dieser dynamische Charakter der Vertrauensbeziehungen soll zunächst allgemein analysiert und beschrieben werden. In einem abschließenden Ausblick sollen die Vertrauensbeziehungen zwischen PR und ihren Bezugsgruppen als Vertrauensspiele konzipiert werden. Es wird die These vertreten, dass vom spontanen und durchschauenden Vertrauen ein skeptisches Vertrauen abzugrenzen ist und dass Vertrauenswürdigkeitszuschreibungen skeptischer Vertrauenssubjekte durch weitere Aspekte beeinflusst werden.

9.1 Dynamische Vertrauensbeziehungen

So alt Fragen nach Wahrhaftigkeit und Lüge, Selbstlosigkeit und Egoismus sind, so vielzählig und schnelllebig sind die Strategien, einerseits das Wahre und Selbstlose zu behaupten, andererseits die Lüge und den Egoismus zu entlarven. Es ist ein ständiges Nutzen und Testen von Vertrauenswürdigkeitsindikatoren, das den Charakter des Aushandelns gewonnen hat. Die Vertrauensbeziehungen zwischen PR und ihren Bezugsgruppen sind daher im höchsten Maße von Dynamik geprägt.

Im Folgenden werden zwei Thesen ausgeführt. Erstens unterliegen Vertrauenswürdigkeitsindikatoren von der Mikro- über die Meso- bis hin zur Makroebene ständigen Veränderungen. Bezugsgruppen prüfen als Vertrauenssubjekte die Vertrauenswürdigkeit von PR als Vertrauensobjekt anhand bewährter, aber eben auch neuer Indikatoren. PR hingegen versucht, Vertrauenswürdigkeitszuschreibungen zu erlangen, indem sie einerseits bewährte Indikatoren bedient und andererseits neue Indikatoren zu etablieren versucht. Zweitens ist die Dynamik der relevanten Vertrauenswürdigkeitsindikatoren insbesondere mit der Zunahme reflexiver Strukturen in Vertrauensbeziehungen zu erklären. Denn aus der zunehmenden Strukturvermaschung (vgl. Merten 1977, S. 166) folgt auch eine Reflexievierung von Indikatoren: In Vertrauensbeziehungen werden immer mehr Indikatoren für Indikatoren gebildet. Mit jeder höheren Reflexivitätsordnung aber wird der Zusammenhang eines Indikators zu dem, was er repräsentieren soll, immer mittelbarer. Beide Thesen sollen zunächst allgemein erläutert werden, bevor sie anschließend anhand verschiedener reflexiver Prozesse konkretisiert werden.

Vertrauenswürdigkeitsindikatoren sind so definiert worden, dass ein Vertrauenssubjekt *ex ante* – rudimentär und unbewusst oder aufwändig und nach definierten Kriterien – nach Indikatoren für die (fehlende) Vertrauenswürdigkeit eines Vertrauensobjektes sucht. Diese Indikatoren sind die Informationen, die in der Vertrauenshandlung überzogen werden (vgl. Luhmann 1989, S. 26). Daher determinieren Vertrauenswürdigkeitsindikatoren keine Vertrauenshandlungen. Zudem ist eingeschränkt worden, dass ein Indikator ebenfalls keine Vertrauenswürdigkeitszuschreibung präjudiziert, da ein Indikator von verschiedenen Vertrauenssubjekten bzw. in verschiedenen Situationen für sich widersprechende Vertrauenswürdigkeitszuschreibungen genutzt werden kann. So kann ein als rhetorisch überzeugend bewerteter Auftritt von einer Person als Indikator für die Vertrauenswürdigkeit und von einer anderen Person für fehlende Vertrauenswürdigkeit bewertet werden, weil sie den Auftritt als „zu perfekt" und damit inszeniert interpretiert. Mithin sind Indikatoren immer im Kontext zu betrachten und – dies folgt daraus – unterliegen in hohem Maße einem Wandel.

9.1 Dynamische Vertrauensbeziehungen

Wie ist auf Seiten der Vertrauenssubjekte die veränderte Relevanz von Vertrauenswürdigkeitsindikatoren zu erklären? Ein erster Grund hierfür dürften negative Erfahrungen sein. Wenn z. B. ein nicht umweltverträgliches Verhalten einer Organisation konstatiert wird, obwohl ein Indikator für ein umweltverträgliches Verhalten gesprochen hat, könnte dieser Indikator an Relevanz verlieren. Beispiele hierfür sind finanzielle Unregelmäßigkeiten trotz zuvor vorgelegter Finanztestate oder eine eingestandene Lüge trotz zuvor zugeschriebener Authentizität. Wenn ein Indikator wiederholt oder besonders eklatant als unzuverlässig bewertet wird, kann er seine Relevanz völlig verlieren. So finden sich seit der Barschel-Affäre nur noch selten ein „Ehrenwort" oder eine „ehrenwörtliche Erklärung" als Beleg für die Angemessenheit einer Beschreibung. Die Konstruktion kausaler Beziehungen zwischen Indikatoren und dem, was sie repräsentieren sollen, sind nichts anderes als strikt diesseitige Beschreibungen zu früheren Beschreibungen – sie sind letztlich immun dagegen, ob Uwe Barschel „tatsächlich" wahrhaftig gewesen ist oder nicht.

Auch jenseits von negativen Erfahrungen überprüfen Vertrauenssubjekte laufend ihre Beobachtungen, indem sie nicht nur etablierte Vertrauenswürdigkeitsindikatoren beobachten, sondern – z. B. in Verdachtsfällen oder wegen neuer Entwicklungen – neue Indikatoren hinzuziehen. Im Journalismus werden neue Indikatoren zudem angewendet, wenn ein neuer Indikator oder die Neuinterpretation eines Indikators Aktualität und mithin Rezipienteninteresse versprechen. In solchen Fällen werden Indikatoren wie authentisches Auftreten, mit denen z. B. lange Zeit Politiker wie Obama oder Guttenberg als besonders vertrauenswürdig beschrieben wurden, als besonders professionelle Inszenierung von Authentizität uminterpretiert, um sie als vertrauensunwürdig zu beschreiben. Die Kontingenz von Indikatoren ist letztlich nichts anderes als das Streben nach Wechsel, das Mitterer an die Stelle des Strebens nach Wahrheit gesetzt hat (vgl. Mitterer 1992, S. 110).

Auf der anderen Seite instrumentalisiert PR Vertrauenswürdigkeitsindikatoren, um die Wahrscheinlichkeit von Vertrauenswürdigkeitszuschreibungen zu erhöhen. Einerseits nutzt daher PR Indikatoren, von denen sie vermutet oder auf Grund empirischer Forschung weiß, dass sie für viele Bezugsgruppen relevant sind. Andererseits versucht PR, neue Indikatoren zu etablieren oder die Relevanz vorhandener Indikatoren zu erhöhen. Beispiele hierfür sind symbolische Selbststeuerungen wie CSR-Projekte oder der Einsatz als unabhängig bewerteter Gutachter. Dies geschieht aus ganz unterschiedlichen Motiven: „Gute" Unternehmen mit entdualisierenden Wirklichkeits- und Anspruchsstrategien versuchen, mit neuen Indikatoren zu „beweisen", dass sie verantwortlich handeln. Unternehmen mit dualisierenden Strategien können mit neuen schwer nachprüfbaren Indikatoren versuchen, sich der Überwachung zu entziehen. Mit solchen Innovationen versuchen Unternehmen, sich im Wettbewerb um Vertrauenswürdigkeitszuschreibungen zu behaupten.

Bereits diese erste Skizzierung von Treibern der Veränderung von Vertrauenswürdigkeitsindikatoren kam nicht ohne reflexive Prozesse wie Unterstellungsunterstellungen aus: *Weil* Vertrauensobjekte unterstellen, dass ein „Ehrenwort" von Vertrauenssubjekten eher als Indikator für eine Lüge gesehen wird, setzen sie es kaum mehr ein. Im Folgenden soll herausgearbeitet werden, dass in Vertrauensbeziehungen reflexive Strukturen einerseits weiter zunehmen und damit andererseits auch das Aushandeln von Vertrauenswürdigkeitsindikatoren wesentlich prägen.

Die besondere Relevanz von reflexiven Prozessen wie Unterstellungsunterstellungen und Erwartungserwartungen in Vertrauensbeziehungen ist verschiedentlich herausgearbeitet worden. So ist das Problem, das Vertrauen lösen kann, selbst ein Ergebnis doppelter Kontingenz und damit einer reflexiven Struktur. Das Vertrauenssubjekt selbst weiß, dass es sich so oder anders verhalten könnte, und es erwartet, dass das Vertrauensobjekt sich auch so oder anders verhalten könnte. Und schließlich erwartet es, dass auch das Vertrauensobjekt diese Dinge erwartet. Wenn man diese allgemeinen Überlegungen auf Vertrauenssituationen zwischen PR und Bezugsgruppen bzw. auf Situationen zwischen beiden, in denen ein Risiko wahrgenommen wird, das durch Vertrauen überbrückt werden *könnte*, anwendet, ist zunächst zu konstatieren, dass reflexive Prozesse für beide Seiten funktional sind:

- Für *Vertrauensobjekte* ist Reflexivität eine Möglichkeit, Erwartungen bzw. mögliche Reaktionen der Vertrauenssubjekte in die eigenen Erwartungen einzubauen, um damit die Chance auf Vertrauenswürdigkeitszuschreibungen zu erhöhen.
- Für *Vertrauenssubjekte* ist Reflexivität eine Möglichkeit, das Risiko einer Enttäuschung zu reduzieren, indem Erwartungen der anderen Seite unterstellt werden und in die eigenen Erwartungen eingebaut werden.

Die Reflexivierung von Prozessen ist mithin sowohl bei der PR als auch bei Bezugsgruppen zu beobachten. Zudem gibt es Reflexivität sowohl in der Sach-, Sozial- und Zeitdimension (vgl. Merten 1977, S. 129 ff.). Wie lassen sich reflexive Prozesse in den Vertrauensbeziehungen zwischen PR und ihren Bezugsgruppen genauer beschreiben? Im Folgenden soll dies am Beispiel von Unterstellungen zur Frage der Wahrhaftigkeit von PR-Beschreibungen, der Reflexivität normativer Erwartungen hinsichtlich der Wahrhaftigkeit von PR-Beschreibungen und anschließend am Beispiel der Reflexivität von Kontrollen konkretisiert werden.

Reflexivität von Unterstellungen zur Frage der Wahrhaftigkeit von PR-Beschreibungen

Externes Vertrauen in PR ist so definiert worden, dass eine Bezugsgruppe in die Umweltverträglichkeit einer Organisation vertraut. Eine Bezugsgruppe unterstellt

9.1 Dynamische Vertrauensbeziehungen

Tab. 9.1 Die Reflexivität der Unterstellung bei Vertrauenswürdigkeitszuschreibungen am Beispiel der unterstellten Wahrhaftigkeit von PR-Beschreibungen

	PR		Bezugsgruppe
Unterstellung 1. Ordnung		←	Bezugsgruppe unterstellt PR Lüge/ Wahrhaftigkeit/ Möglichkeit der Lüge.
Unterstellung 2. Ordnung	PR unterstellt, dass Bezugsgruppe Lüge/ Wahrhaftigkeit/ Möglichkeit der Lüge unterstellt.	→	
Unterstellung 3. Ordnung		←	Bezugsgruppe unterstellt, dass PR unterstellt, dass Bezugsgruppe Lüge/ Wahrhaftigkeit/ Möglichkeit der Lüge unterstellt.

folglich ein umweltverträgliches Verhalten, hinsichtlich der externen Kontextsteuerung also angemessene PR-Beschreibungen. Ein solches Vertrauen setzt mithin voraus, dass eine Bezugsgruppe ein umweltverträgliches Verhalten nicht als gegeben nimmt, sondern hier ein Risiko wahrnimmt. Die Unangemessenheit von PR-Beschreibungen wird insbesondere wie folgt begründet: Entweder *kann* PR keine angemessene Beschreibung anfertigen – z. B. wg. fehlender Kompetenzen oder fehlender Ressourcen – oder sie *will* keine angemessene Beschreibung anfertigen. Beides sind letztlich Gründe für fehlendes Vertrauen in PR bzw. Indikatoren für Vertrauensunwürdigkeit. Für Vertrauensbeziehungen zwischen PR und Bezugsgruppen dürfte vor allem die Frage nach dem *Wollen* relevant sein. Daher dürften reflexive Unterstellungen insbesondere im Kontext der unterstellten Wahrhaftigkeit von PR-Beschreibungen von Bedeutung sein. Auf dieser Grundlage lassen sich verschiedene Unterstellungsordnungen konzipieren (vgl. Tab. 9.1).

Als *einfache Unterstellung bzw. Unterstellung erster Ordnung* soll verstanden werden, wenn eine Bezugsgruppe der PR eine Lüge, die Möglichkeit einer Lüge oder eine wahrhaftige PR-Beschreibung unterstellt. Während das Erwägen der Möglichkeit einer Lüge dem wahrgenommenen Risiko einer nicht angemessenen PR-Beschreibung nahe kommt, ist die Unterstellung einer wahrhaftigen PR-Beschreibung bzw. einer Lüge ein Grund, mit dem man Vertrauen bzw. Misstrauen in PR begründen könnte. Letztlich determiniert zwar keine der drei Möglichkeiten, ob eine Bezugsgruppe letztlich in PR vertraut oder ihr misstraut; so kann PR eine Lüge in einem als weniger relevant bewerteten Fall unterstellt und ihr schließlich dennoch vertraut werden. Dennoch beeinflusst eine solche Unterstellung das weitere Verhalten und ist zugleich ein Interpretationsrahmen zur weiteren Beobachtung der PR: Welche Belege finde ich für meine Unterstellung?

Als *Unterstellungsunterstellung* bzw. *Unterstellung zweiter Ordnung* soll bezeichnet werden, wenn PR unterstellt, dass eine Bezugsgruppe eine Lüge bzw. die Möglichkeit der Lüge oder eine wahrhaftige PR-Beschreibung unterstellt. Wenn PR die Unterstellung wahrhaftiger PR-Beschreibungen unterstellt, dürfte sie unbefangener agieren, als wenn sie die Unterstellung einer Lüge unterstellt. In diesem Falle dürfte sie vorsichtiger und ggf. verunsichert reagieren. Man wähnt sich in einer Situation der Defensive bzw. in einer scheinbar ausweglosen Situation, Vertrauenswürdigkeit beweisen zu müssen – und droht dadurch erst recht als vertrauensunwürdig wahrgenommen zu werden. Dies ist einerseits ein Hinweis darauf, warum mitunter weniger eine Lüge oder eine unterstellte Lüge, sondern oft allein die Unterstellung einer unterstellten Lüge zu Vertrauenswürdigkeitsproblemen führt. Andererseits zeigt dies eindrücklich, dass wie alle Erwartungsstrukturen so auch Unterstellungsunterstellungen eben nichts anderes als Unterstellungen sind und dennoch reale Folgen haben können. Obwohl Vertrauenssubjekt und -objekt füreinander Black Boxes bleiben, gewinnen Unterstellungen durch ihr bloßes Unterstellen Realitätsgewissheit (vgl. Luhmann 1996a, S. 156 f.). Umgekehrt kann man mit der Unterstellung einer unterstellten Lüge auch falsch liegen – und kann damit erst Recht Misstrauen schaffen.

Als *Unterstellungen dritter Ordnung* soll bezeichnet werden, wenn Bezugsgruppen unterstellen, dass PR unterstellt, dass eine Bezugsgruppe eine Lüge, die Möglichkeit einer Lüge oder eine wahrhaftige PR-Beschreibung unterstellt. Es ist zu vermuten, dass Unterstellungen dritter Ordnung empirisch zumeist im Falle unterstellter Lügen zu beobachten sein werden. In solchen Fällen beziehen sich Indikatoren eher auf die folgenden Aspekte: Wie geht PR mit dem unausgesprochenen Lügenvorwurf um? Wie versucht sie, ihn z. B. durch eine Thematisierung oder durch andere Strategien zu entkräften? Es ist zu vermuten, dass solche Unterstellungen dritter Ordnung in den Beziehungen zwischen PR und ihren Bezugsgruppen erst in der jüngeren Vergangenheit häufiger zu beobachten gewesen sind. Je mehr PR selbst zum Gegenstand der Berichterstattung geworden ist, desto eher wird man die unterstellten Motive und Strategien analysieren.

Die Unterstellungen zweiter und dritter Ordnung haben gezeigt, wie sich nach und nach reflexive Strukturen und mithin reflexive Indikatoren einer höheren Ordnung etablieren. Theoretisch sind selbstredend Unterstellungen höherer Ordnung vorstellbar, empirisch sind sie hingegen im Falle der unterstellten Wahrhaftigkeit bzw. Lüge vermutlich äußerst selten anzutreffen.

Reflexivität normativer Erwartungen zur Wahrhaftigkeit von PR-Beschreibungen
Während Bezugsgruppen in verschiedenen Situationen mal Lüge oder Wahrhaftigkeit unterstellen, sind sie einmütiger hinsichtlich ihrer normativen Erwartung an PR-Beschreibungen: Sie erwarten Wahrhaftigkeit. Im Folgenden sollen die Konsequenzen erläutert werden, die sich aus dem Konflikt zwischen der oft unterstellten Lüge und der normativ erwarteten Wahrhaftigkeit ergeben. Nachdem im Rahmen der Untersuchung verschiedene Strategien skizziert worden sind, wie PR versucht, die Wahrscheinlichkeit von Vertrauenswürdigkeitszuschreibungen zu erhöhen, soll hier als letzte Strategie die Möglichkeit analysiert werden, den Konflikt zwischen einer unterstellten Lüge und einer normativ erwarteten Wahrhaftigkeit zu thematisieren – und damit die eigenen Beschreibungen zu thematisieren.

In der Werbung und konkreter der Mediawerbung ist die Thematisierung der Vertrauenswürdigkeit eine lange etablierte Strategie. Sie legt direkt oder indirekt ihren Rahmen offen – gern und oft z. B. durch selbstironische Seitenhiebe (vgl. Lindner 1977, S. 124; Willems und Kautt 2003, S. 114 f.). Der mitunter spielerische Umgang mit dem eigenen Vertrauenswürdigkeitsproblem kann als Reaktion auf die konsumkritische Kritik an der Werbung in den 60er Jahren interpretiert werden (vgl. Schmidt 1999, S. 526). Pointierter könnte man formulieren: *Natürlich ist es übertrieben, aber ist es nicht unterhaltsam?* Warum ist dies in der Werbung möglich? In der Werbung wird die Ausblendungsregel von Vertrauensobjekten wie -subjekten gleichermaßen als kollektiv geteiltes Wissen unterstellt (vgl. Schmidt 2002, S. 104). Vertrauenssubjekte erwarten von Werbern weder normativ noch unterstellen sie ihnen, dass sie die Werbeobjekte angemessen beschreiben. Werbung zielt eben nicht wie Journalismus auf sozial verbindliche Wirklichkeitsentwürfe (vgl. ebd., S. 104) – und Rezipienten erwarten dies auch nicht. Wenn Werbung negative Produkteigenschaften ausblendet oder schlicht lügt, operiert sie „nicht gegen, sondern stets mit dem (Ein-)Verständnis ihrer Rezipienten" (Zurstiege 2005, S. 45; vgl. 2001). Deshalb kann es in der Werbung auch kaum Lügen geben. Denn wer keine Wahrheit unterstellt und keine Wahrhaftigkeit voraussetzt, kann weder lügen noch belogen werden (vgl. Hettlage 2003, S. 12).

In der PR stellt sich dies völlig anders dar. Bentele und Seidenglanz haben in einer repräsentativen Bevölkerungsbefragung gezeigt, dass sie von PR-Praktikern zwar normativ erwarten, dass sie wahrheitsgemäß bzw. objektiv, gesellschaftlich verantwortlich oder ehrlich sind, aber selbst deutlich weniger unterstellen, dass sich PR-Praktiker auch so verhalten (vgl. Bentele und Seidenglanz 2004, S. 83 Tab. 9.2). Die Aussagekraft der Ergebnisse der Studie müssen zwar wegen des unterschiedlichen Wissens zur PR differenziert betrachtet werden (vgl. ebd., S. 46 ff.), sie lassen allerdings den Schluss zu, dass eine Ausblendungsregel der PR nicht akzeptiert wird. *Im Gegensatz zur Werbung werden in der PR Angemessenheit und Wahrhaf-*

Tab. 9.2 Erwartung an das Verhalten und Einschätzung der tatsächlichen Eigenschaften von PR-Praktikern (1 = überhaupt nicht wichtig, 5 = sehr wichtig; Angaben in Mittelwerten; n = 1100; Bentele und Seidenglanz 2004, S. 83 und 85)

	Erwartung an das Verhalten von PR-Praktikern (Einschätzung der Bevölkerung)	Einschätzung der tatsächlichen Eigenschaften von PR-Praktikern (Bevölkerung)
professionell	4,4	3,9
wahrheitsgemäß/objektiv	4,5	2,8
gewissenhaft	4,5	3,3
offen	4,3	3,1
gesellschaftlich verantwortlich	4,4	2,9
loyal gegenüber Auftraggebern	4,3	3,8
dynamisch	4,0	3,8
glaubwürdig	4,5	2,9
seriös	4,3	2,9
ehrlich	4,5	2,7
vertrauenswürdig	4,4	2,8

tigkeit normativ erwartet. Das besondere Problem in den Vertrauensbeziehungen ist mithin, dass einerseits oft Lüge und fehlende Angemessenheit unterstellt werden, während Wahrhaftigkeit und Angemessenheit normativ erwartet werden. Da PR ihrerseits vielfach die Lügen-Unterstellung unterstellt und die Wahrhaftigkeitserwartung erwartet, prägt diese Diskrepanz die Vertrauensbeziehungen zwischen PR und ihren Bezugsgruppen.

Wie kann PR die Wahrhaftigkeit bzw. den Lügenvorwurf selbst thematisieren? Die herauszuarbeitenden Möglichkeiten sind ebenfalls eine besondere Form eines reflexiven Prozesses, der dazu geführt hat, dass sich wiederum neue Indikatoren herausgebildet haben. Wenn PR die Unterstellung eines unterstellten Lügenvorwurfs thematisieren will, bleiben ihr im Wesentlichen zwei Möglichkeiten.

Zum einen kann PR die Wahrhaftigkeitsnorm bzw. den (impliziten) Lügenvorwurf thematisieren und zugleich Wahrhaftigkeit und Angemessenheit behaupten. Wenn PR damit die grundsätzliche Möglichkeit einer Lüge einräumt, wird sie die eigene Wahrhaftigkeit auch begründen müssen. Mögliche Begründungen hierfür sind zum Beispiel ein Verweis auf positive Erfahrungen von Bezugsgruppen oder Belege wie Studien oder Experten. Oder PR thematisiert, dass sich ein Vertrauensmissbrauch für sie aufgrund bestehender Sanktionsmöglichkeiten von Seiten der Bezugsgruppen letztlich nicht auszahlt (vgl. Sievers 1974, S. 94). Eine Bezugsgruppe soll damit nicht wegen der Ehrlichkeit der PR vertrauen, sondern weil sie z. B.

9.1 Dynamische Vertrauensbeziehungen

auf eigene Beobachtungen oder aber die Recherchen kritischer Journalisten baut; eine Bezugsgruppe soll dann nicht PR vertrauen, sondern in andere Akteure wie z. B. den Journalismus.

Zum anderen kann PR die Möglichkeit einer Lüge einräumen und die eigene Ausweglosigkeit thematisieren: ‚Wie soll ich beweisen können, dass ich wahrhaftig bin? Letztlich müssen Sie mir glauben oder es sein lassen.' Eine solche Thematisierung mag zwar die „ehrlichste" Form sein, letztlich dürfte Sie aber wohl kaum zu Vertrauenswürdigkeitszuschreibungen führen, weil PR hier nur das Problem doppelter Kontingenz thematisiert und kein Versprechen gibt, auf das man sich berufen könnte.

Die Selbstthematisierung dürfte per se ein spontanes Vertrauen verhindern (vgl. Luhmann 1989, S. 75). Denn wer die Unterstellung einer unterstellten Lüge thematisiert, reflektiert nicht nur selbst, sondern wird damit auch Reflexionen bei den Bezugsgruppen hervorrufen und damit allenfalls durchschauendes Vertrauen erreichen können. Letztlich dürfte die Unterstellung einer Lüge bzw. der Möglichkeit einer Lüge zwar in der PR keine Ausnahme sein, aber es ist zu vermuten – und dies deckt auch die Befragung von Bentele und Seidenglanz (2004) –, dass PR mitunter durchaus auch Ehrlichkeit unterstellt wird.

Letztlich dürften daher beide Formen der Selbstthematisierung eher die Ausnahme bleiben. Die Regel dürfte nach wie vor die Nicht-Thematisierung des Lügenvorwurfs sein. Dies schließt nicht aus, dass z. B. durch Wahrheitsmarker oder durch die oben genannten Experten, Studien etc. implizit Belege bzw. Indikatoren für die Angemessenheit gegeben werden. Es ist zu vermuten, dass jenseits von Konfliktsituationen, in denen Wirklichkeitsmodelle „aufeinanderprallen" eine solche Strategie Erfolg versprechender ist, weil hier zumindest die Möglichkeit eines spontanen Vertrauens noch erreichbar erscheint. Eine Mischform zwischen der Nicht-Thematisierung und der Thematisierung des Lügenvorwurfs ist die *Thematisierung der spezifischen Perspektive und der spezifischen Interessen*. Hier würde zwar die Unterstellung einer Lüge nicht thematisiert, aber zumindest die möglichen Probleme, die aus der spezifischen Perspektive und den spezifischen Interessen folgen. Beschreibungen werden als subjektive Beobachtungen und Interessen als eigene Interessen deklariert.

Reflexivität von Kontrollen

Noch konkreter können die reflexiven Strukturen und die Reflexivität von Indikatoren bei der Herausarbeitung der gegenseitigen Kontrolle von PR und Bezugsgruppen beschrieben werden. Ein Vertrauenssubjekt beobachtet fortlaufend ein Vertrauensobjekt und prüft anhand der Indikatoren, ob es vertrauenswürdig ist oder ob mögliche Vertrauenshandlungen als zu riskant eingeschätzt werden – dies soll als *Kontrolle erster Ordnung* bezeichnet werden. Diese Kontrolle wiederum

Tab. 9.3 Die Reflexivität der Kontrolle

	PR		Bezugsgruppe
Kontrolle 1. Ordnung		←	Bezugsgruppe überprüft Vertrauensindikatoren und damit ihr Vertrauen.
Kontrolle 2. Ordnung	PR kontrolliert, wie Bezugsgruppe Vertrauensindikatoren kontrolliert.	→	
Kontrolle 3. Ordnung		←	Bezugsgruppe kontrolliert, wie PR die Kontrolle kontrolliert.
Kontrolle 4. Ordnung	PR kontrolliert, wie Bezugsgruppe kontrolliert, wie PR kontrolliert, wie Bezugsgruppe Vertrauensindikatoren kontrolliert.	→	

kontrolliert die PR im Rahmen der *reflexiven Kontrolle* (vgl. dazu Westerbarkey 2000, S. 98), die auch als *Kontrolle zweiter Ordnung* bezeichnet werden kann. PR beobacht z. B. Bezugsgruppen, wie diese PR kontrollieren. Diese Kontrolle ist für die Vertrauenswürdigkeit von PR insbesondere daher relevant, weil PR etwas über die (Ir)Relevanz von Indikatoren der Vertrauenswürdigkeit erfährt. Mit anderen Worten: Was beobachten Bezugsgruppen konkret, um Vertrauenswürdigkeit zu beurteilen? Eine *Kontrolle dritter Ordnung* dürfte empirisch insbesondere im Bereich der Beziehungen zwischen PR und Journalismus zu beobachten sein. Journalisten kontrollieren, wie PR journalistische Kontrolle kontrollieren. Ein Beispiel hierfür ist die journalistische Beobachtung von Pressesprechern in Interviews mit Vorstandsvorsitzenden. Diese Kontrolle der Kontrolle der Kontrolle wird dann wiederum als Indikator für die Vertrauenswürdigkeit genommen. Bei Kontrollen dürfte empirisch auch eine *Kontrolle vierter Ordnung* zu beobachten sein. Diese liegt dann vor, wenn PR kontrolliert bzw. unterstellt, dass Bezugsgruppen die Kontrolle der Kontrolle kontrollieren. Was sich hier zunächst wie eine allzu konstruierte Situation darstellen mag, hat konkrete Auswirkungen auf die Beziehungen zwischen PR und Bezugsgruppen. Wenn beispielsweise ein Pressesprecher unterstellt, dass ein Journalist die Kontrolle des Pressesprechers beobachtet, wird dies Auswirkungen darauf haben, wie der Pressesprecher kontrolliert (Tab. 9.3).

Spätestens bei der Kontrolle dritter und vierter Ordnung stellt sich die Frage, wie wahrscheinlich noch Vertrauenshandlungen sind, wenn die Zweifel an der Vertrauenswürdigkeit so groß sind, dass sogar die Kontrolle der Kontrolle beobachtet wird und diese Beobachtung beobachtet bzw. unterstellt wird. Hier zeigt sich noch einmal der Zwiespalt, in dem Bezugsgruppen und hier vor allem Journalisten sind. Einerseits scheinen sie der PR und mithin dem unternehmerischen Verantwortungsbewusstsein sehr kritisch gegenüberzustehen, andererseits wissen sie, dass *sie zumindest einigen Unternehmen vertrauen müssen*. Ein Journalist kann einzelnen Pressesprechern bzw. PR-Abteilungen misstrauen, allen Pressesprechern bzw. PR-Abteilungen wird er hingegen kaum misstrauen können.

Es ist gezeigt worden, dass Reflexivität immer höhere Ordnungen „erklimmt" – zunehmend mehr Kontrollen der Kontrollen, zunehmend mehr Unterstellungsunterstellungen. Jede neue Reflexivitätsordnung führt zur Etablierung neuer Vertrauenswürdigkeitsindikatoren: Wie kontrolliert PR meine Kontrolle? Wie geht PR mit der unterstellten Unterstellung einer unterstellten Lüge um? Zunehmend finden sich Vertrauenswürdigkeitsindikatoren bei dreifacher und vierfacher Reflexivität. All dies zeigt die enorme Dynamik, die die Vertrauensbeziehungen zwischen PR und ihren Bezugsgruppen prägt.

Diese Reflexivierung von Indikatoren hängt – nicht nur, aber auch – mit der erläuterten Vagheit vieler Indikatoren im PR-Kontext zusammen. Da es für PR-relevante Felder wie Fragen des Umweltschutzes oder des Arbeitsschutzes noch keine einheitlichen und weithin akzeptierten Bewertungskriterien gibt (vgl. Mies 2009, S. 198), werden vielfach Ersatzindikatoren für solche Indikatoren hinzugezogen. Man könnte auch formulieren, dass sich solche Indikatoren – non-dualistisch interpretiert – immer weiter vom Objekt der Beschreibung entfernen. Wenn jeder Indikator als Beschreibung an eine andere Beschreibung anschließt, entfernt sich schließlich ein Indikator des Indikators des Indikators immer weiter von ihrem Objekt der Beschreibung.

Allerdings stellt sich am Ende die Frage, ob die Kontrolle n-ter Ordnung zuverlässiger ist als die Kontrolle erster oder zweiter Ordnung. Denn letztlich ist sie nur eine andere Beobachtungsordnung – und auch die hat einen blinden Fleck. Zudem ist grundsätzlich zu fragen, inwieweit die Chancen oder die Kosten reflexiver Maßnahmen überwiegen.

9.2 Spielerische Vertrauensbeziehungen

Es ist aufgezeigt worden, dass alle Vertrauenswürdigkeitsindikatoren von Unternehmen mit dualisierenden wie entdualisierenden Anspruchs- und Wirklichkeitsstrategien genutzt werden können. Dies heißt nichts anderes, als dass alle Vertrauenswürdigkeitsindikatoren instrumentalisiert werden können. Bezugsgruppen als Vertrauenssubjekte sind sich dieser Verletzlichkeit bewusst und versuchen, z. B. mit Vertrauenswürdigkeitsindikatoren höherer Ordnung Unternehmen zu kontrollieren. Und dennoch: Je mehr Vertrauenssubjekte grundsätzlich an der Verlässlichkeit von Vertrauenswürdigkeitsindikatoren zweifeln, desto mehr stellt sich die Frage, auf welcher Grundlage sie Vertrauenswürdigkeit bewerten.

Dazu soll im abschließenden Kapitel zunächst neben Luhmanns spontanem und durchschauendem Vertrauen mit dem skeptischen Vertrauen ein dritter Vertrauenstyp herausgearbeitet werden. Anschließend soll die Frage beantwortet werden, wie insbesondere skeptische Bezugsgruppen zu Vertrauenswürdigkeitszuschreibungen gelangen. Die hier skizzierten Entwicklungen münden in der These, dass die Vertrauensbeziehungen zwischen PR und skeptischen Bezugsgruppen nicht immer, aber zunehmend öfter den Charakter von Vertrauensspielen angenommen haben.

Mit Luhmann (1989) ist zwischen durchschauendem und spontanem Vertrauen unterschieden worden. Im durchschauenden Vertrauen geht im Gegensatz zum spontanen Vertrauen der Vertrauenshandlung eine Reflexionsphase voraus, die wiederum Ressourcen kostet. Das Vertrauenssubjekt vertraut hier nicht direkt dem anderen, sondern es vertraut den Gründen, aus denen das Vertrauen „trotzdem funktioniert" (Luhmann 1989, S. 75). Durchschauendes Vertrauen reduziert daher Komplexität weniger als spontanes Vertrauen. Was folgt aus diesen allgemeinen Überlegungen für den hier entwickelten vertrauenstheoretischen Ansatz? Beim *spontanen* Vertrauen ist sich das Vertrauenssubjekt zwar des Risikos bewusst, es hinterfragt die beobachteten Vertrauenswürdigkeitsindikatoren aber nicht weiter: Vertrauens(un)würdigkeitszuschreibungen werden getroffen und Vertrauenshandlungen finden statt – oder eben nicht.

Beim *durchschauenden* Vertrauen unterstellen Vertrauenssubjekte, dass Vertrauenswürdigkeitsindikatoren instrumentalisiert werden können und dies mitunter auch geschieht; es „durchschaut die durch Arbeit an Symbolen konstituierte Welt des sozialen Kontakts als hergestellten Schein" (ebd., S. 74). Trotz dieses Zweifels kommen Vertrauenssubjekte letztlich auf Basis der erläuterten Indikatoren zu Vertrauens(un)würdigkeitszuschreibungen.

Davon zu unterscheiden ist ein dritter Typ, der als *skeptisches* Vertrauen bezeichnet werden soll. Wie beim durchschauenden Vertrauen unterstellen Vertrauenssubjekte hierbei, dass alle Vertrauenswürdigkeitsindikatoren instrumentalisiert werden können und dies oft auch geschieht. Beim skeptischen Vertrauen ergibt sich daraus jedoch eine andere Konsequenz: *Man misstraut grundsätzlich Vertrauenswürdigkeitsindikatoren. Konkreter: Skeptische Bezugsgruppen unterstellen PR, dass dualisierende wie entdualisierende Strategien alle Vertrauenswürdigkeitsindikatoren nutzen und mithin instrumentalisieren.* So versuche PR, im Rahmen von Kontextsteuerungen authentische Auftritte zu inszenieren oder z. B. durch Geheimhaltung Widersprüche zu vermeiden, im Rahmen von Selbststeuerungen

9.2 Spielerische Vertrauensbeziehungen

nutze PR CSR-Berichte, Ombudsmänner und CSR-Projekte, um die Chance von Vertrauenswürdigkeitszuschreibungen zu erhöhen. Daraus folgt die Einschätzung, dass Vertrauenswürdigkeitsindikatoren nutzlos geworden sind. Letztlich ist dies nichts anderes als Misstrauen in Vertrauenswürdigkeitsindikatoren. *Ein solches Misstrauen in Vertrauenswürdigkeitsindikatoren ist nicht mit einem grundsätzlichen Misstrauen in PR zu verwechseln.*

Während bei allen Vertrauenstypen entsprechend der non-dualistischen Überlegungen Beobachtungen und Beschreibungen im strikten Diskursdiesseits verbleiben, unterscheiden sie sich darin, inwieweit sie ihre eigenen Beobachtungen bzw. Beschreibungen und deren Kontingenz reflektieren. Während z. B. im spontanen Vertrauen Beobachtungen nicht weiter hinterfragt werden und als Indikator für oder gegen Vertrauenswürdigkeitszuschreibungen benutzt werden, werden im durchschauenden Vertrauen PR-Beschreibungen z. B. durch Kontrollen geprüft – ohne dass man damit dem beschreibungsverschiedenen Objekt näher kommen würde. Das skeptische Vertrauen ist schließlich ein Beispiel dafür, wie sehr der alte philosophische Zweifel an den Möglichkeiten des Erkennens mittlerweile auch im Alltag angekommen ist. Kontingenztheoretisch könnte man es auch so formulieren: Während das Phänomen doppelter Kontingenz so alt ist wie die menschliche Kommunikation, dürften die Reflexion und die Thematisierung, dass etwas „weder notwendig ist noch unmöglich ist; was also so, wie es ist (war, sein wird), sein kann, aber auch anders möglich ist" (Luhmann 1996a, S. 152), deutlich zugenommen haben. So konstatiert Schmidt, dass Kontingenz zum Verständnis moderner Gesellschaften zunehmend wichtiger geworden zu sein scheint (vgl. Schmidt 2008, S. 45). Daher sollen die Überlegungen insbesondere zum skeptischen Vertrauen im Folgenden in einem kontingenztheoretischen Rahmen erläutert werden.

Greven (vgl. 2000, S. 273) unterstellt, dass Kontingenz sogar zu einem zentralen Motiv der modernen Gesellschaft geworden ist und spricht daher von der Kontingenzgesellschaft. Das Leben in einer Kontingenzgesellschaft ist davon geprägt, dass eingelebte Formen der Institutionalisierung und Kollektivität immer mehr durch Ambivalenz und Uneindeutigkeit bestimmt sind (vgl. Holzinger 2007, S. 12). Es setzt sich damit die existenzielle Erkenntnis durch: „Die moderne Gesellschaft baut auf Nichts auf" (Holzinger 2007, S. 49). Die Auflösung eines unhintergehbaren, gesellschaftlichen Hintergrundkonsenses (vgl. Hettlage 2003, S. 29) führt dazu, dass letztlich jede Entscheidung legitimationsbedürftig ist – „mit der Folge, dass auch die Legitimationstricks als kontingent erscheinen" (Luhmann 2002, S. 292).

Spätestens hier ist man wieder bei der PR angelangt. In einer modernen, funktional differenzierten Gesellschaft sind soziale Systeme auf Legitimation als Ressource angewiesen. PR baut bei ihren Legitimationsbemühungen – mit den Worten Holzingers – auf dem Nichts auf. Dabei zeigt sich, dass das Verhältnis der PR zur

Kontingenz ambivalent ist. Einerseits ist PR eine Kontingenztreiberin bzw. Kontingenzerzeugerin – wie Kohring es im Kontext des Journalismus bezeichnet (vgl. Kohring 2001, S. 84; 2008) –, weil PR durch die Instrumentalisierung von Vertrauenswürdigkeitsindikatoren das Misstrauen in diese und mithin das Kontingenzbewusstsein weiter gestärkt hat. Zudem ist PR eine Kontingenztreiberin, weil PR u. a. dazu beiträgt, dass Unternehmen primär versuchen, ihre Interessen ohne unternehmerische Selbststeuerungen zu realisieren. Wenn in Konflikten die Interessen bzw. Rationalitäten unterschiedlicher Unternehmen bzw. anderer Organisationen sichtbar werden, so zeigt dies den Bezugsgruppen eindrucksvoll die Kontingenz gesellschaftlicher Perspektiven. In solchen Situationen behauptet ein Unternehmen Wahrheit mit dem gleichen Anspruch und der gleichen Überzeugung wie andere Organisationen, die ggf. das völlige Gegenteil als wahr bezeichnen.

Andererseits ist PR eine Kontingenzbewältigerin, weil sie auch dazu beitragen kann, dass Unternehmen Werte und Normen der Umwelt berücksichtigen; PR wirkt in solchen Fällen als Korrektiv der kurzatmigen Selbstreferenz. Zudem können Lügen und das Vorgeben gesellschaftlicher Verantwortungsübernahme im Kontext dualisierender Wirklichkeits- und Anspruchsstrategien auch zu einem geringeren Kontingenzbewusstsein führen. Denn wenn PR im Rahmen einer dualisierenden Anspruchs- und einer entdualisierenden Wirklichkeitsstrategie stets wahrhaftige Beschreibungen zu höchst egoistischen Unternehmensentscheidungen veröffentlichen würde, würde dies das Kontingenzbewusstsein weiter erhöhen und Konfliktmöglichkeiten vermehren (vgl. Hoffjann 2009b, 2011b): „Wo Unwissenheit selig macht, wäre es halt dumm, weise zu sein" (Westerbarkey 2000, S. 36). Entsprechend kann Konsens in sozialen Systemen nur dann unterstellt werden, wenn von den Beteiligten keine allzu große Offenheit gefordert und wenn ein Großteil vorhandener Differenzen verschwiegen oder geleugnet wird (vgl. ebd., S. 87).

Im vertrauenstheoretischen Kontext folgt aus dem Problem der wahrgenommenen Kontingenz von Vertrauenswürdigkeitsindikatoren, dass das wahrgenommene Risiko von Vertrauenshandlungen als noch größer empfunden wird. Und nicht zuletzt: Wenn konstatiert wurde, dass heute zunehmend häufiger die Kontingenz unserer Gesellschaft reflektiert wird, dann macht das auch Vertrauen grundsätzlich wichtiger: Je häufiger ein Vertrauenssubjekt eine Situation doppelter Kontingenz wahrnimmt, desto häufiger kann Vertrauen sie zu überbrücken helfen.

Wie kann man überhaupt noch handeln, wenn alles in Frage gestellt ist? Wie lässt sich einer lähmenden Dauerreflexion entkommen (vgl. Schmidt 2008, S. 45)? In seiner prozessorientierten Perspektive nennt Schmidt insbesondere Geschichten und Diskurse als Möglichkeit, handlungsermöglichende Entscheidungen – und mithin Vertrauenshandlungen – zu rationalisieren, als auch Handlungen kommunikativ zu interpretieren, zu bewerten und zu legitimieren (vgl. ebd., S. 45). Ge-

9.2 Spielerische Vertrauensbeziehungen

schichten als Reflexions- bzw. Diskursprodukte, die durch Bezugnahmen als Synthetisierungen von Ereignisabfolgen entstehen (vgl. ders. 2003, S. 50), umfassen demnach sowohl eigene bzw. übermittelte positive wie negative Erfahrungen früherer Vertrauenshandlungen als auch die aufgezeigten Vertrauenswürdigkeitsindikatoren. Schmidt weist mit seiner Theorie der *Geschichten & Diskurse* auf die Relevanz der sozialen wie zeitlichen Einbettung von Vertrauenswürdigkeitsindikatoren hin. Vertrauens(un-)würdigkeitszuschreibungen ohne Vorerfahrungen – z. B. bei neuen Unternehmen – entstehen nicht in einem sozial luftleeren Raum, sondern knüpfen z. B. an Erfahrungen mit als vergleichbar bewerteten Unternehmen an und werden kommunikativ ‚verhandelt'. Schmidt konstatiert, dass Beobachter in und durch Geschichten und Diskurse Handlungssicherheit gewinnen, selbst wenn Beobachter zweiter Ordnung um die Unvermeidbarkeit von Kontingenz wissen (vgl. ders. 2008, S. 45).

Aber worauf beziehen sich Beobachter in ihren Diskursen, wenn nicht auf die genannten Vertrauenswürdigkeitsindikatoren? *Hier scheint es also zu einer – unvermeidbaren? – Schizophrenie zu kommen. Einerseits unterstellen Beobachter die Instrumentalisierung und mithin Kontingenz von Vertrauenswürdigkeitsindikatoren, andererseits dürften Vertrauens(un)würdigkeitszuschreibungen insbesondere anhand dieser Indikatoren diskutiert und ausgehandelt werden. Die aus diesen Diskursen gewonnenen und verhandelten Indikatoren dürften dann auch dazu dienen, Vertrauenshandlungen zu legitimieren.*

Es wird hier die These vertreten, dass es jenseits der in der Untersuchung vorgestellten Vertrauenswürdigkeitsindikatoren weitere Aspekte gibt, die Vertrauenswürdigkeitszuschreibungen und Vertrauenshandlungen in PR beeinflussen, ohne (!) dass mit ihnen in der Regel Vertrauenshandlungen begründet werden. Ein Beispiel hierfür ist die Expressivität, die insbesondere beim skeptischen Vertrauen eine zunehmend größere Bedeutung erlangen dürfte.

Bei expressiven Aspekten wird die individuelle Welt des Vertrauensobjektes zum Gegenstand: Welche emotionale Attraktivität geht vom charakteristischen Wesen des Vertrauensobjektes aus (vgl. Eisenegger und Imhof 2009, S. 247)? Auch wenn Expressivität traditionell im Kontext von Personen untersucht wird (vgl. z. B. Eisenegger 2010; Eisenegger und Konieczny-Wössner 2010), können die meisten Überlegungen selbstredend auch auf Organisationen wie Unternehmen angewendet werden. So sind hier Überlegungen zum Markenkonzept direkt anschlussfähig (vgl. z. B. Hellmann 2003).

Im Kontext der Expressivität werden Vertrauensobjekte danach beurteilt, welche emotionale Anziehungs- bzw. Abstoßungskraft von ihnen ausgeht. Sie manifestieren sich in affektuellen Einstellungen und lassen sich wiederum an Indikatoren wie Faszination, Attraktivität, Sympathie oder Einzigartigkeit festmachen (vgl.

Eisenegger und Imhof 2009, S. 248). Für Personen konkretisiert Eisenegger dies zudem mit Aspekten wie Persönlichkeit/Charakter, Begabungen/Talente, Werdegang, private Lebenswelt, Charisma/Leadership und Faszinationskraft (vgl. Eisenegger 2010, S. 19).

Letztlich kann selbstredend auch Expressivität instrumentalisiert werden. Meyrowitz konstatiert dies jenseits von PR am Beispiel von Produkt-Kampagnen: Sie stellen „Menschen dar in sehr expressiven Situationen [...] Die expressiven Botschaften der Werbung sind unmöglich zu kontrollieren. Als nicht-diskursive Darstellungen können sie sich nicht als wahr oder falsch ‚erweisen'. [...] Sie appelliert nicht an die Rationalität, sondern an Emotionen und die Sinne" (Meyrowitz 1987, S. 84). In der PR versuchen Unternehmen, sympathisch und attraktiv zu erscheinen, indem sie im Kontext unternehmerischer Selbststeuerungen auf expressive Aspekte Wert legen – z. B. bei der Auswahl des Spitzenpersonals bzw. sogar des gesamten Personals in Dienstleistungsunternehmen oder bei der Auswahl von unterstützten Projekten wie stärker emotionalisierenden Kinderprojekten. Im Rahmen von Kontextsteuerungen zählen hierzu verschiedene Aspekte der Gestaltung des visuellen Unternehmensauftritts – von der Farbauswahl und Bilderwelt bis hin zur Unternehmensarchitektur.

Diese Instrumentalisierung unterstellen – insbesondere die kritischen – Vertrauenssubjekte. Dennoch fällt es bei expressiven Aspekten schwerer, sich ihnen zu entziehen. Das hängt u. a. damit zusammen, dass hier emotionale Geschmacksurteile dominieren. Sie sind subjektive Urteile über das Schöne, die nur durch das Gefühl zustande kommen können, sich also einem logischen Urteilsschluss entziehen (vgl. Eisenegger und Imhof 2009, S. 247). PR operiert damit im emotionalen Modus des „Feel Good" (Meyer 2001, S. 240), den Meyer für den politischen Kontext bereits als dominant ansieht. Die Überlegungen werden von der empirischen Forschung gestützt, die ebenfalls davon ausgeht, dass Sympathie und die physische Attraktivität Vertrauenswürdigkeitszuschreibungen beeinflussen (vgl. Nawratil 1997, S. 74).

Warum ist die Expressivität dennoch kein Indikator für Vertrauenswürdigkeitszuschreibungen bzw. kein Grund für Vertrauenshandlungen? Es ist oben mehrfach auf die legitimierende Funktion von Gründen für Vertrauenshandlungen, die wiederum aus den Indikatoren für Vertrauenswürdigkeitszuschreibungen hervorgehen, hingewiesen worden. Vertrauenssubjekte benutzen Gründe, *um* getroffene Vertrauensentscheidungen *ex post* zu legitimieren. Eine solche Funktion dürften Sympathie bzw. Attraktivität nicht erfüllen. Wer rechtfertigt schon den Kauf eines Grundstücks direkt neben einer Chemieanlage damit, dass das Unternehmen einen sympathischen Eindruck mache? Hier unterscheidet sich PR fundamental vom unternehmerischen Absatzkontext. Aus der Perspektive der Vertrauenssubjekte

9.2 Spielerische Vertrauensbeziehungen

formuliert: Kaufentscheidungen wie z. B. bei Autos oder Bekleidung werden offensiv und oft ausschließlich mit expressiven Aspekten begründet (vgl. Kroeber-Riel et al. 2009, S. 150 ff.).

Die Überlegungen ändern daher nichts an der zentralen Bedeutung der oben herausgearbeiteten Vertrauenswürdigkeitsindikatoren. Beim spontanen und durchschauenden Vertrauen finden Vertrauenswürdigkeitszuschreibungen insbesondere auf Basis beobachteter Vertrauenswürdigkeitsindikatoren statt. Unternehmen, die in dem Wettbewerb um Vertrauenswürdigkeitszuschreibungen als vertrauenswürdiger bewertet werden, haben gute Chancen, dass Bezugsgruppen ihnen vertrauen. Expressivität dürfte insbesondere in zwei Situationen wichtig werden. Erstens sind dies Situationen, in denen andere Vertrauenswürdigkeitsindikatoren mehrerer Vertrauensobjekte als vergleichbar eingestuft werden. Und zweitens sind dies Situationen, in denen keine Indikatoren für Vertrauenswürdigkeitszuschreibungen wahrgenommen werden (vgl. ähnlich Nawratil 1997, S. 68) bzw. in denen Vertrauenswürdigkeitsindikatoren grundsätzlich misstraut wird. Aber selbst im Falle eines skeptischen Vertrauens haben Vertrauenswürdigkeitsindikatoren nichts von ihrer basalen Relevanz verloren. Dieser vermeintliche Widerspruch ist zu erläutern.

Weil skeptische Vertrauenssubjekte wissen, dass sie jeglicher PR nicht immer werden misstrauen können, suchen sie nach Indikatoren, warum sie trotz Vorbehalten vertrauen können. Mit anderen Worten: Selbst wenn man eine Lüge unterstellt, glaubt man sie mitunter so lange, wie man sie glauben *kann*. Erst wenn die Indizien so erdrückend sind, dass man es vor sich selbst nicht mehr rechtfertigen kann, werden aus Vertrauenswürdigkeitszuschreibungen Vertrauensunwürdigkeitszuschreibungen. „Wir werden vielleicht weniger durch die Tatsache erschüttert, dass wir belogen werden, sondern von dem Moment, in dem wir aufhören, diese Lügen zu glauben." (Liessmann 2005, S. 30) Wenn PR à la Klaus Kocks (2007b) zu kokett mit der Wahrhaftigkeit der eigenen Beschreibungen spielt, dürfte der Moment gekommen sein, in dem man aufhört, eine Lüge zu glauben.

Damit sind wir bei der sozialen Funktion von Wahrheit und Wahrhaftigkeit angekommen. „Der Mensch benötigt die Wahrheit nicht um der Erkenntnis willen, sondern aus sozialen Motiven. Die ‚Wahrheit' ist ein anderes Wort für die Notwendigkeit, dass sich Menschen auf etwas einigen müssen, wollen sie halbwegs friedlich zusammenleben" (Liessmann 2005, S. 10). Hier wird der reflexive Charakter von Wahrheits-Ausflaggungen deutlich, wie er bereits bei der Erläuterung der non-dualistischen Grundlagen herausgearbeitet wurde: Wenn man etwas als ‚wahr' beschreibt, will man davon ausgehen können, dass auch andere zu einer solchen Einschätzung kommen. Ähnlich wie dies oben für PR konzipiert wurde, so könnte man auch für Vertrauenssubjekte noch weitergehender konstatieren: Es geht bei der Wahrheits-Ausflaggung weniger darum, was man selbst für wahr hält, sondern eher darum, was andere für wahr halten würden. Denn nur Letzteres verhindert, dass man mit seiner Wahrheits-Ausflaggung sozial isoliert ist. Denn wenn man der Einzige ist, der etwas für wahr hält, ist man ebenso sozial isoliert, als wenn man der Einzige ist, der etwas als Lüge bezeichnet. Daher sind Eiferer zwar oft mutig, weil sie sich mit ihren Wahrheits-Ausflaggungen gegen den Strom stellen, aber eben auch oft sozial isoliert.

Der reflexive Charakter von Wahrheit und die Furcht vor Isolation könnten auch ein Hinweis dafür sein, dass viele Beschreibungen in Diskursen noch den Wahrheits-Status innehaben, während viele Vertrauenssubjekte sie parallel für sich selbst als unwahr bewerten – und vice versa. In extremen Fällen kann dies dazu führen, dass etwas als wahr behandelt wird, obwohl man sich stillschweigend einig ist, dass eine Beschreibung unwahr ist. „Nicht ob die Illusionen wahr oder unwahr sind, ist also die Frage, sondern vielmehr, was die Leute damit tun, obwohl sie alle wissen (oder zu wissen glauben), dass sie unwahr sind." (Pfaller 2005, S. 224) Und genau deshalb würde natürlich öffentlich niemand bestreiten, dass Wahrheit für ihn eine wichtige Rolle spielt und dass die Unterscheidung zwischen Wahrheit und Irrtum unverzichtbar für die Aufrechterhaltung jeder Gesellschaft ist (vgl. Schmidt 2010a, S. 141 f.).

Was heißt dies für die Relevanz von Vertrauenswürdigkeitsindikatoren im skeptischen Vertrauen? Sie dienen letztlich gewissermaßen als Ausschlusskriterien bei Vertrauenswürdigkeitszuschreibungen. *PR muss Vertrauenswürdigkeitsindikatoren so weit gerecht werden, dass Vertrauenssubjekte sie glauben* können. „Nur der der klaren Lüge überführte Politiker muss sich vorübergehend pressenotorischer Schimpf und Schande stellen" (Kocks 2007a, S. 46). Da Vertrauenswürdigkeitszuschreibungen aber zumeist in einer Wettbewerbssituation zu treffen sind – wer ist vertrauenswürdiger? –, kann in Situationen, in denen kein Vertrauensobjekt einer Lüge oder eines relevanten Normverstoßes überführt wurde, die Expressivität entscheiden.

In Ausnahmefällen kann zudem eine besonders ausgeprägte Expressivität – immer strikt verstanden als Zuschreibung des Vertrauenssubjektes – dazu führen, dass einem Vertrauensobjekt noch mehr verziehen wird. M.a.W.: Sympathie kann Legitimation verschaffen und damit zu einem großen Maß an Handlungsspielräumen führen. Dies kann so weit führen, dass in Ausnahmesituationen in Anlehnung an das Konzept der charismatischen Reputation von Eisenegger und Imhof (vgl. 2009, S. 248) sogar von einer charismatischen Legitimation gesprochen werden kann. Ein Unternehmen wird in solchen Fällen z. B. dank eines charismatischen Unternehmenschefs als so attraktiv wahrgenommen, dass man ihm selbst unterstellte Lügen und Vergehen verzeiht.

9.2 Spielerische Vertrauensbeziehungen

Es ist zu vermuten, dass Fragen der Attraktivität und Sympathie in der noch überwiegend rational geprägten Welt der PR oft noch unterschätzt werden. PR scheint in vielen Fällen die zentrale Erwartungshaltung skeptischer Bezugsgruppen noch nicht ausreichend erkannt zu haben. In Erweiterung einer früheren Aussage kann man die Erwartungshaltung skeptischer Vertrauenssubjekte wie folgt formulieren: *„Lüge vertrauenswürdig, vor allem aber unterhaltsam!"*

Daher können die Vertrauensbeziehungen zwischen Vertrauenswürdigkeitsskeptikern und PR in Teilen auch als Vertrauensspiele bezeichnet werden. Beide Seiten unterstellen die Kontingenz von Vertrauenswürdigkeitsindikatoren. Sie wissen also mit Bateson, dass Kommunikationen, die innerhalb solcher Vertrauensspiele stattfinden, einen paradoxen Status haben: „Diese Handlungen, in die wir jetzt verwickelt sind, bezeichnen nicht, was jene Handlungen, für die sie stehen, bezeichnen würden" (Bateson 1985, S. 244). Das spielerische Zwicken zweier Hunde bezeichnet den Biss, aber es bezeichnet nicht, was durch den Biss bezeichnet würde (vgl. ebd., S. 244). Es bedeutet den Biss, ohne ein Biss zu sein (vgl. Baecker 1999, S. 142). Und für die Vertrauensspiele: PR und skeptische Vertrauenssubjekte unterstellen gleichermaßen, dass Vertrauenswürdigkeitsindikatoren letztlich nichts mit Vertrauenswürdigkeit zu tun haben – und dennoch tun sie so, als wenn sie damit sehr viel zu tun hätten. PR bedient die Vertrauenswürdigkeitsindikatoren, während Bezugsgruppen Vertrauenswürdigkeitsindikatoren überprüfen, PR auf ihre Versprechungen verpflichten, Fragen stellen etc. Aber dennoch scheint es ein stilles Einkommen darüber zu geben, dass es ein Spiel ist (vgl. Bateson 1985, S. 244).

Und wie in anderen Spielen gibt es auch in den Vertrauensspielen zwischen PR und ihren Bezugsgruppen Spielverderber. Wenn jemand die Inszenierung des Auftritts eines Unternehmenschefs als Beleg für die fehlende Vertrauenswürdigkeit geißelt, zeigt dies, dass er das Spiel übertrieben ernst nimmt. Er hat nicht verstanden, dass einige „Fouls" gemeinhin nicht nur legitimiert, sondern schlicht als notwendig akzeptiert sind. Mit Pfaller könnte man hier formulieren: Das zärtliche Festhalten an den durchschauten Illusionen ermöglicht uns, geselliger, politisch handlungsfähiger und auch glücklicher zu werden (vgl. Pfaller 2005, S. 232). Wer sich hingegen selbst von groben Regelverstößen nicht irritieren lässt, weil er ohnehin unterstellt, dass die Fassaden keinen Einblick ermöglichen, zeigt, dass er das Spiel überhaupt nicht ernst nimmt (vgl. Baecker 1999, S. 140).

Offen muss bleiben, wie der Anteil spontaner, durchschauender und skeptischer Vertrauensentscheidungen ist. Auch wenn man in der PR-kritischen Literatur mitunter den Eindruck gewinnt, dass skeptische Vertrauensentscheidungen längst dominieren, ist eher das Gegenteil zu vermuten. Wenn PR immer noch überwiegend spontan und durchschauend vertraut werden sollte, dann ist das aber weniger ein

Verdienst der PR, sondern vor allem der Zunahme von als riskant empfundenen Situationen in der modernen Gesellschaft zu verdanken. Denn das spontane und durchschauende Vertrauen dürfte hier deutlich zeitsparender sein als das skeptische.

Fazit 10

Im Mittelpunkt der Untersuchung standen die beiden Fragen nach der theoretischen Modellierung von Vertrauen in PR sowie danach, wie PR das Problem der Vertrauenswürdigkeit bearbeitet. Die Fragen sind in den zurückliegenden Kapiteln der Untersuchung erkenntnistheoretisch aus einer non-dualistischen Perspektive und sozialtheoretisch aus einer systemtheoretischen Perspektive bearbeitet worden.

Die Sichtung und Diskussion des Forschungsstandes im dritten Kapitel hat gezeigt, dass Vertrauen in der PR-Forschung zwar einerseits eine zentrale Kategorie ist, andererseits aber – bis auf die Arbeiten von Bentele – bislang selten theoretisch fundiert beschrieben wurde. Beim Forschungsstand zum Bereich Vertrauen und PR sind die folgenden zentralen Ergebnisse herausgearbeitet worden. Zunächst hat sich gezeigt, dass PR vor allem in der Rolle des Vertrauensvermittlers zwischen Organisationen und deren Teilöffentlichkeiten gesehen wird, während andere Vertrauensbeziehungen wie die zum jeweiligen Arbeit- bzw. Auftraggeber und gegenüber den Bezugsgruppen der PR nur wenig Berücksichtigung finden. Wenn PR als Vertrauensvermittler konzipiert wird, geht es um Vertrauen *durch* PR *in* Organisationen. *Worin* dieses Vertrauen durch PR besteht und *wie* PR dieses Vertrauen beschaffen könne – diese Fragen sind bislang allerdings nicht einmal in Ansätzen beantwortet worden. Daher wurde in der Untersuchung auch eine andere Perspektive eingenommen: Man wird *durch* PR *in* Organisationen nur dann vertrauen, wenn man *in* PR vertraut.

Positiv hingegen sind die vertrauenstheoretischen Annahmen vieler Arbeiten einzuschätzen. Der „Boom" vertrauenstheoretischer Grundlagenarbeiten in den vergangenen Jahren hat dazu geführt, dass in der Mehrzahl der Arbeiten zum Thema PR und Vertrauen ein sehr differenziertes Vertrauensverständnis dominiert – im Gegensatz z. B. zu den meist theorielosen Arbeiten der US-amerikanischen Persuasionsforschung von Hovland et al..

Dagegen können die erkenntnistheoretischen Erklärungsversuche von Vertrauen nicht befriedigen. Vertrauen und Vertrauenswürdigkeit werden immer noch mit der Möglichkeit des objektiven Erkennens der Realität verknüpft und begründet. Dieser Befund muss in hohem Maße überraschen. Zwar sind wir in großen Teilen unzweifelhaft als Beobachter erster Ordnung immer noch ‚Alltagsrealisten', so dass hier ein Festhalten an realistischen Erklärungsversuchen immerhin noch nachvollziehbar wäre. Wie unterkomplex die realistische Perspektive ist, zeigt sich spätestens daran, dass wir auch zunehmend ‚Alltagskontingenzler' werden – also die Einsicht in die Kontingenz der Wirklichkeit und Widersprüchlichkeit der Gesellschaft zunehmend das Leben prägen. Hier braucht es entsprechend komplexere Antwortversuche erkenntnistheoretischer Fragestellungen.

Eine weitere grundlegende Schwäche vieler vertrauenstheoretischer Arbeiten zur PR zeigte sich in dem Fehlen einer PR-Theorie. Die Fragen nach dem Inhalt und den Gründen von Vertrauen in PR kann nur beantwortet werden, wenn zunächst PR theoretisch verortet ist. Daraus folgt allerdings auch, dass die weiteren Ausführungen zum Vertrauen in PR mit der Plausibilität des gewählten PR-theoretischen Ansatzes stehen und fallen.

Vertrauen und Vertrauenswürdigkeit sind im vierten Kapitel sozial- und erkenntnistheoretisch verortet worden. In der gewählten systemtheoretischen Perspektive sind Vertrauen bzw. Vertrauenshandlungen als „die selektive Verknüpfung von Fremdhandlungen mit Eigenhandlungen unter der Bedingung einer nicht mittels Sachargumenten legitimierbaren Tolerierung des wahrgenommenen Risikos" (Kohring 2004, S. 130) definiert worden. Zudem sind hier neben dem Personenvertrauen zwei Arten des Systemvertrauens eingeführt worden. Systemvertrauen ist allgemein ein grundsätzliches Vertrauen in das Funktionieren eines Systems und konkreter ein Vertrauen in die Systemprogrammierung, also ob beispielsweise eine Organisation die spezifischen Erwartungen angemessen erfüllt. *Allgemein* beschäftigt sich z. B. die Medizin mit Fragen der Gesundheit, *spezifisch* erwartet die Mehrheit von ihr, dass sie zur Gesundheit beiträgt bzw. Kranke heilt. Mit diesem Beispiel kann auch der in der Untersuchung zentrale Unterschied zwischen Vertrauen und den Gründen für Vertrauen bzw. Vertrauenswürdigkeit erläutert werden: Das Vertrauen eines Patienten in seinen Arzt bezieht sich schlicht und ergreifend darauf, dass er ihn heilt – also in den Erfolg bzw. die Wirkung. Ein Doktor- oder Professoren-Titel, die Zeit, die ein Arzt sich für den Patienten nimmt, oder die freundliche Atmosphäre der Arztpraxis – dies alles sind einerseits Gründe, mit denen ein Patient die Wahl des Arztes begründet bzw. vor sich selbst legitimiert. Andererseits sind dies Indikatoren für die Zuschreibung von Vertrauenswürdigkeit, die ein Patient vor einem Arztbesuch sammeln und prüfen kann, um zwischen mehreren Ärzten auszuwählen. Für Vertrauen in PR folgt daraus, dass Bezugsgruppen nicht in die Absichten wie unterstellte Ehrlichkeit oder Selbstlosigkeit vertrauen, sondern dass diese zugeschriebenen Absichten Vertrauenshandlungen nur begründen.

10 Fazit

Letztlich determinieren diese Indikatoren also z. B. nicht die Wahl der Arztpraxis. In der Untersuchung wurde der umfassendere und sperrigere Begriff der Vertrauenswürdigkeit der Glaubwürdigkeit vorgezogen, weil Glaubwürdigkeit als Teilaspekt von Vertrauenswürdigkeit konzipiert wurde.

Anschließend ist Vertrauen erkenntnistheoretisch verortet worden. In der strikt diesseitigen non-dualistischen Perspektive von Mitterer sind Vertrauenswürdigkeit bzw. Glaubwürdigkeit zunächst nichts anderes als Zuschreibungen zu Beschreibungen *so far*. Dem realistischen Vergleich von PR-Informationen mit einer jenseitigen Realität wurde in der non-dualistischen Beschreibung ein Vergleich zwischen einer PR-Beschreibung und anderen Beschreibungen entgegengesetzt. Es mag zwar anerkannte Prüfverfahren für PR-Beschreibungen geben; ob PR-Beschreibungen schließlich aber als wahr im non-dualistischen Verständnis ausgeflaggt werden, ist relativ willkürlich. Während dies der zentrale Vorteil der gewählten non-dualistischen Perspektive im Vergleich zu realistischen Positionen ist, wurde als Vorteil gegenüber konstruktivistischen Positionen herausgearbeitet, dass mit dem Non-Dualismus erkenntnistheoretische Grenzfragen und Trendbehauptungen wie die Fiktionalisierung plausibler erklärt werden können. Während im Konstruktivismus hier zur Allaussage – alles wird konstruiert – die Trendaussage – es wird immer mehr konstruiert – kommt, interessiert sich der Non-Dualismus nur für die Trendaussage (vgl. Weber 2005, S. 337 ff.).

Analog zum Vertrauen ist im *fünften Kapitel PR sozial- und erkenntnistheoretisch* konzipiert worden. In der systemtheoretischen Konzipierung ist PR organisationstheoretisch als Subsystem einer Organisation bzw. eines Unternehmens verortet worden. Als Funktion von PR ist die Legitimation eines Unternehmens gegenüber als relevant eingestuften Bezugsgruppen konzipiert worden. Dazu kann PR entweder mittels externer Kontextsteuerungen z. B. qua PR-Beschreibungen die Bezugsgruppen beeinflussen oder mittels unternehmerischer Selbststeuerungen das Unternehmen selbst. Aus dieser PR-theoretischen Konzeption folgt, dass sich auch das Vertrauen in PR nicht nur auf die PR-Beschreibungen und deren Angemessenheit bezieht, sondern eben auch auf die Angemessenheit unternehmerischen Verhaltens. Die zentrale Leistung von PR aus erkenntnistheoretischer Sicht ist als Vertrauenswürdigkeits-Gatekeeping beschrieben worden. In einer non-dualistischen Perspektive problematisiert PR statt einer ontologischen Wahrheit nur die – vermutete bzw. unterstellte – Vertrauenswürdigkeit von Beschreibungen. PR interessiert sich nur dafür, welche Chancen eine Beschreibung ihrer Einschätzung nach hat, von den relevanten Bezugsgruppen als vertrauenswürdig bezeichnet zu werden. PR-Beschreibungen scheitern daher nicht, weil der Pressesprecher nicht genau genug hingeschaut hätte oder weil eine PR-Konstruktion wegen fehlender Viabilität „an die Wand" gestoßen wäre, sondern weil eine PR-Beschreibung als nicht vertrauenswürdig und damit konsensuell eingeschätzt wurde und deshalb keine „positive" Folie für künftige Beschreibungen war. Daraus folgt, dass PR durchaus PR-Beschreibungen veröffentlicht, die sie selbst als unwahr bezeichnen würde, wenn sie davon überzeugt ist, dass sie eher als vertrauenswürdig bezeichnet werden kann. Mit anderen Worten: Die Lüge kann manchmal vertrauenswürdiger sein als die Wahrheit.

Auf Basis dieser Überlegungen ist im sechsten Kapitel organisationsinternes Vertrauen in Public Relations konzipiert worden, also das Vertrauen der Unternehmensführung und anderen Unternehmensbereichen wie dem Marketing, der Forschungsabteilung oder dem Kostencontrolling. Wenn sich das Vertrauen innerhalb von Organisationen in PR direkt aus der jeweiligen Funktionserwartung ableiten lässt, dann vertrauen andere Organisationsteile „ihrer" PR, indem sie darauf vertrauen, dass PR die Organisation legitimiert und damit Handlungsspielräume sichert bzw. vergrößert. Und konkreter: Das interne Vertrauen bezieht sich auf das angemessene Management der Unterscheidung von unternehmerischen Selbststeuerungen und externen Kontextsteuerungen. Als angemessen dürfte in aller Regel die Präferenz externer Kontextsteuerung bezeichnet werden, weil sie nicht bzw. weniger mit schmerzhaften und kostspieligen Veränderungen der Unternehmenspolitik verbunden ist. Intern besteht das Vertrauen in PR also vor allem darin, dass PR als „Bollwerk" die Umwelt befriedet. Anschließend sind die Vertrauensdimensionen von Selbst- und Kontextsteuerungen beschrieben worden. Zudem ist herausgearbeitet worden, dass PR u. a. wegen der Vagheit vieler PR-Themen mehr als andere unternehmerische Bereiche auf Vertrauen angewiesen ist.

Im siebten Kapitel ist organisationsexternes Vertrauen in PR modelliert worden. Da es PR in dem vorgestellten organisationstheoretischen Verständnis nur innerhalb von Organisationen und mithin es kein externes Vertrauen in PR geben kann, ist eine „Hilfskonstruktion" entwickelt worden, die einerseits die „Gefangenheit" von PR in Organisationen berücksichtigt, andererseits aber plausibel organisationsexternes Vertrauen in Phänomene der PR erklären kann. Dazu sind die Erwartungen verschiedener externer Bezugsgruppen an Organisationen beschrieben worden. Während Kunden, Arbeitnehmer und Lieferanten wirtschaftliche Entscheidungen des Unternehmens primär immer in Hinblick auf wirtschaftliche Rationalitäten beobachten und daher in die wirtschaftliche Leistungsfähigkeit eines Unternehmens vertrauen, beobachten nichtmarktliche Bezugsgruppen, ob ein Unternehmen sie negativ beeinträchtigt (vgl. Dyllick 1992, S. 36). Bezugsgruppen haben Ansprüche an Unternehmen bzw. sie schließen mit eigenen Selektionen an Selektionen eines Unternehmens an. Anwohner eines Chemie-Unternehmens wohnen dort, weil sie in die technische Sicherheit der Anlagen vertrauen, und eine Regierung verzichtet auf eine gesetzliche Regulierung, weil sie in die verantwortliche Selbstregulierung einer Branche vertraut. Hier geht es also um Vertrauen in das Fehlen von als negativ bewerteten Auswirkungen bzw. in die Umweltverträglichkeit einer Organisation. Vertrauen in die Umweltverträglichkeit kann aus einer analytischen Perspektive letztlich auch als Vertrauen in PR bezeichnet werden, da Vertrauen in die Umweltverträglichkeit – also zum Beispiel die Berücksichtigung von Interessen jenseits wirtschaftlicher Interessen – eine Grundvoraussetzung für die Legitimation ist. Wenn externe Bezugsgruppen in die umweltverträgliche Systemprogrammierung einer Organisation vertrauen, legitimieren sie zugleich ein Unternehmen. Aus einer Rezipienten- bzw. Bezugsgruppenperspektive kann damit Vertrauen in PR als Vertrauen in die Umweltverträglichkeit von Organisationen bezeichnet werden.

Das Vertrauen externer Bezugsgruppen bezieht sich ebenfalls sowohl auf die Selbst- als auch auf die Kontextsteuerung. Im Gegensatz zum internen Vertrauen präferieren sie allerdings Selbststeuerungen, also dass sich das Unternehmen an gesellschaftliche Gegebenheiten anpasst. Die Vertrauensdimensionen externer Selbststeuerungen umfassen aus der Perspektive einer Bezugsgruppe sowohl ihre eigenen als auch die Interessen anderer Bezugsgruppen. Das Vertrauen in PR-Beschreibungen ist mit Kohring (2004) mit den Dimensionen Vertrauen in die Themenselektivität, Faktenselektivität, Richtigkeit von Beschreibungen und explizite Bewertungen konkretisiert worden. Mit diesen Dimensionen als den normativen Erwartungsstrukturen von Bezugsgruppen konnte gezeigt werden, dass PR zwar durchaus bunte und weniger relevante Themen veröffentlichen kann, aber von ihr u. a. erwartet wird, dass keine relevanten Themen und Fakten fehlen. Im Anschluss daran ist für ein neues und erweitertes Lügenverständnis plädiert worden. Demnach soll als Lüge bezeichnet werden, wenn PR Themen, Fakten, Beschreibungen oder Bewertungen veröffentlicht, die sie selbst als positiv, weniger relevant bzw. nicht richtig bewertet, während sie gleichzeitig Themen, Fakten, Beschreibungen oder Bewertungen bewusst nicht veröffentlicht, die sie als negativ, relevant bzw. richtig bewertet. Einerseits gilt damit auch für ein solches erweitertes Verständnis von Lüge, dass die *bewusste* Nicht-Selektion die Voraussetzung für eine Lüge ist. Andererseits greift dann nicht mehr die beliebte PR-Strategie „Ich lüge nie, lieber schweige ich" (Josef von Ferenczy; zit. nach Westerbarkey 2000, S. 177).

Auf Basis dieser Überlegungen ist die Rolle von PR als Vertrauensvermittler neu erörtert worden. Erstens vermittelt PR Vertrauen vor allem in sich selbst, indem sie durch Vertrauen in PR-Selbstbeschreibungen Vertrauen in die Umweltverträglichkeit einer Organisation und damit in die Selbststeuerungen schafft. Zweitens hat Vertrauen in PR auch Auswirkungen auf andere Vertrauensbeziehungen zu einer Bezugsgruppe; eine öffentliche Skandalisierung fehlender Sicherheit technischer Produktionsanlagen kann auch das Vertrauen in die Leistungsfähigkeit eines

Unternehmens schwächen. Da ein solches Beeinflussungsverhältnis aber auch vice versa vorhanden sein dürfte, wird deutlich, dass PR eben nur einer von mehreren organisationalen Vertrauensvermittlern ist.

Die Überleitung zum zweiten Teil ist das abschließende Kapitel zu den Gründen für externes Vertrauen bzw. zu den Indikatoren für Vertrauenswürdigkeitszuschreibungen. Hier ist eine Systematik vorgestellt worden, die a) zwischen Gründen bzw. Indikatoren für Selbst- und Kontextsteuerungen, b) zwischen positiv bestätigten Vertrauenserfahrungen und Gründen bzw. Indikatoren ohne Vorerfahrungen sowie c) zwischen PR-spezifischen und PR-unspezifischen Gründen und Indikatoren unterscheidet. Im Mittelpunkt der meisten Arbeiten und auch des zweiten Teils dieser Untersuchung stehen die PR-spezifischen Gründe und Indikatoren ohne Vorerfahrungen. Dahinter steht die Frage: Wie kommt eine Bezugsgruppe zu Vertrauenswürdigkeitszuschreibungen bzw. wie begründet sie Vertrauen in PR, wenn sie noch keine positiven Vorerfahrungen gemacht hat? Für PR-Beschreibungen sind inhalts-, verhaltens-, quellen- und kontextorientierte Gründe bzw. Indikatoren benannt worden, für Selbststeuerungen ist zwischen individualinteressen-, allgemeinwohl- und kontextorientierten Gründen bzw. Indikatoren unterschieden worden, die wiederum alle konkretisiert wurden. Bei all diesen Zuschreibungen geht es entsprechend des non-dualistischen Verständnisses nicht um ein Erkennen einer diskursjenseitigen Realität, sondern stets um strikt diskursdiesseitige Beschreibungen, die Beschreibungen *so far* fortführen.

Bei der Ausarbeitung der Gründe und Indikatoren ist auf ihre eingeschränkte Aussagekraft und Reichweite hingewiesen worden. So kann ein Indikator wie z. B. fehlende inhaltliche Widersprüche sowohl als Indikator für eine Vertrauenswürdigkeits- als auch für eine Vertrauensunwürdigkeitszuschreibung benutzt werden. Zudem muss auch ein als vertrauenswürdig bewerteter Auftritt eines Unternehmenschefs wegen des Wettbewerbscharakters der Vertrauenswürdigkeit nicht zwangsläufig zu Vertrauenshandlungen führen. Trotz all dieser Einschränkungen ist und bleibt Vertrauenswürdigkeit für PR eine zentrale Kategorie, weil dies die Informationen sind, die Vertrauenssubjekte bei ihren Vertrauenshandlungen überziehen.

Während im ersten Teil jenseits des Kapitels zum internen Vertrauen in PR der externe Blick auf PR und das externe Vertrauen in PR im Mittelpunkt standen, wurde im zweiten Teil im Wesentlichen aus einer PR-Perspektive beschrieben, wie PR das Problem der Vertrauenswürdigkeit bearbeitet. *PR ist im achten Kapitel als Vertrauenswürdigkeitsmanager eingeführt worden.* Dieses Vertrauenswürdigkeitsmanagement kann weder Vertrauenswürdigkeitszuschreibungen noch Vertrauenshandlungen gewährleisten, sondern ist allein das Bemühen, durch das Management der als relevant beobachteten Indikatoren die Wahrscheinlichkeit von Vertrauenswürdigkeitszuschreibungen zu erhöhen. Dies erscheint auch daher sinnvoll, weil Vertrauenswürdigkeit immer auch unter kompetitiven Gesichtspunkten zugeschrieben wird.

In Fortführung der bisherigen Überlegungen ist zunächst zwischen Anspruchs- und Wirklichkeitsstrategien unterschieden worden, die sich auf vertrauenswürdige Selbst- bzw. Kontextsteuerungen beziehen. Anschließend ist zwischen dualisierenden und entdualisierenden Anspruchs- und Wirklichkeitsstrategien differenziert worden. Während dualisierende Anspruchs- und Wirklichkeitsstrategien die Differenz zwischen beobachteten und berücksichtigten Interessen bzw. zwischen veröffentlichten PR-Beschreibungen und ihrer internen Einschätzung zu ihrer Angemessenheit vergrößern, verringern entdualisierende Anspruchs- und Wirklichkeitsstrategien diese Differenz. Mit dieser Differenz wurde sichergestellt, dass die Vertrauenswürdigkeitsstrategien normativ unvorbelastet beschrieben werden können, also die Untersuchung weder dem Vorwurf des *Whitewashings* noch der *Schmutzkampagne* ausgesetzt wird.

Dualisierende wie entdualisierende Wirklichkeitsstrategien eint, dass sie mit ihren PR-Beschreibungen auf Vertrauenswürdigkeitszuschreibungen zielen. Sie unterscheiden sich darin, in welchem Ausmaß sie auch PR-Beschreibungen veröffentlichen, die sie intern als unwahr und unangemessen bezeichnen würden. Anschließend wurden zu den jeweiligen Strategien Vorteile, Risiken, Kosten, Folgen sowie Maßnahmen beschrieben, mit denen Vertrauenswürdigkeitszuschreibungen erhöht werden sollen. Damit ist es gelungen, neben den Unterschieden zwischen Lügen- und Wahrheitsstrategien vor allem die zahlreichen Gemeinsamkeiten insbesondere hinsichtlich der Risiken und Maßnahmen herauszuarbeiten. Während gerne und oft aus einer kritischen Perspektive beschrieben wird, wie PR eine später als Lüge bezeichnete PR-Beschreibung lange Zeit erfolgreich als Wahrheit durchsetzen konnte, wird nur selten berücksichtigt, dass auch eine entdualisierende Wirklichkeitsstrategie als Lüge „gebrandmarkt" werden kann. Mit anderen Worten: Die Wahrheit bedarf ebenso des Vertrauenswürdigkeitsmanagements wie die Lüge. Dies haben exemplarisch auch die Strategien gezeigt, die wie die Konstistenz- bzw. Kontingenz-, Transparenz- und Inszenierungsstrategien von dualisierenden wie entdualisierenden Strategien gleichermaßen eingesetzt werden. Und selbst hinsichtlich der Folgen von dualisierenden und entdualisierenden Wirklichkeitsstrategien für das Unternehmen gibt es nicht zu erwartende Gemeinsamkeiten. So können dualisierende Wirklichkeitsstrategien zwar auch zu einer Abschottung und Entkopplung des Unternehmens von seiner Umwelt führen, sie können aber ebenso zu neuen strukturellen Kopplungen und mittelfristig entdualisierend wirken. So kann ein Unternehmen, das mit PR-Beschreibungen zu symbolischen CSR-Aktionen von ökologischen Problemen ablenken will, zwecks vertrauenswürdiger

Inszenierung hierbei mit Naturschutzorganisationen zusammenarbeiten. Um die Zusammenarbeit mit dem kritischen Partner zu ermöglichen und später nicht mit entsprechenden Konsequenzen für die Vertrauenswürdigkeit und Legitimation zu gefährden, kann das Unternehmen nach und nach Zugeständnisse in Fragen des Naturschutzes machen.

Wie dieselben Indikatoren für Vertrauenswürdigkeitszuschreibungen mit denselben Maßnahmen instrumentalisiert werden können, hat sich auch bei dualisierenden wie entdualisierenden Anspruchsstrategien gezeigt. Dieses Problem resultiert vor allem aus der Vagheit vieler PR-Themen. Insbesondere für unternehmerische Selbststeuerungen wie Fragen des Umweltschutzes oder des Arbeitsschutzes scheint es noch keine einheitlichen und weithin akzeptierten Bewertungskriterien zu geben. Dieses Defizit ist für Anspruchsstrategien Risiko und Chance zugleich. Es ist eine Chance, weil Unternehmen in dualisierenden Anspruchsstrategien die Kriterien und Themen selbst definieren können, um die Relevanz von Bezugsgruppen-Interessen zu betonen. Gleichzeitig ist es ein Risiko, weil Unternehmen mit entdualisierenden Anspruchsstrategien aufgrund fehlender Standardisierungen bzw. ihrer geringen Bekanntheit nicht „beweisen" können, wie verantwortungsvoll sie handeln. Die Folge ist, dass symbolische Selbststeuerungsmaßnahmen bei dualisierenden wie entdualisierenden Anspruchsstrategien gleichermaßen zum Einsatz kommen. Abschließend sind im achten Kapitel mit einer Kreuztabellierung von dualisierenden und entdualisierenden Anspruchs- und Wirklichkeitsstrategien vier weitere Vertrauenswürdigkeitsstrategien abgeleitet worden. Diese Typen zeigen noch einmal deutlich, wie Anspruchs- und Wirklichkeitsstrategien einander bedingen.

Im abschließenden neunten Kapitel sind die Überlegungen aus den vorangegangenen Kapitel noch einmal zusammengebunden worden, um den dynamischen und spielerischen Charakter der Vertrauensbeziehungen zu beschreiben. Der dynamische Charakter der Vertrauensbeziehungen ergibt sich daraus, dass relevante Vertrauenswürdigkeitsindikatoren in hohem Maße zeitlichen Veränderungen unterliegen und dass sich durch den zunehmenden reflexiven Charakter der Vertrauensbeziehungen zunehmend neue Indikatoren einer höheren Reflexivitätsordnung bilden. Es gibt immer mehr Kontrollen der Kontrollen und Unterstellungsunterstellungen und daraus folgend auch entsprechende Vertrauenswürdigkeitsindikatoren.

Abschließend ist ein letzter Blick auf die Frage nach der Möglichkeit und Unmöglichkeit von Vertrauensbeziehungen zwischen PR und ihren Bezugsgruppen geworfen worden, der die Arbeit wie ein roter Faden durchzieht. Nachdem einleitend im zweiten Kapitel insgesamt zehn Probleme, Risiken und Entwicklungen identifiziert wurden, die als „Ballast" der Vertrauensbeziehungen zwischen PR und ihren Bezugsgruppen genannt wurden, sind diese Überlegungen später im Kap. 7.2

10 Fazit

relativiert worden. Es ist konstatiert worden, dass es durchaus spontanes, vor allem aber durchschauendes Vertrauen in PR geben kann. Dies wurde u. a. damit begründet, dass wir auf PR trotz aller möglichen Vorbehalte letztlich doch angewiesen sind. Ein Journalist kann z. B. vielen, aber nicht allen PR-Stellen misstrauen. Und selbst wenn Bezugsgruppen der PR als Ganzes grundsätzlich eine Lüge unterstellen, dann suchen sie dennoch nach Gründen, mit denen sie einzelne – letztlich unausweichliche – Vertrauenshandlungen legitimieren können. Diese Erwartungshaltung ist pointiert mit dem Satz *„Lüge, aber bitte vertrauenswürdig!"* zusammengefasst worden.

Diese Überlegungen sind abschließend ergänzt worden: Mit dem skeptischen Vertrauen ist ein grundsätzliches Misstrauen nicht in PR, sondern in Vertrauenswürdigkeitsindikatoren bezeichnet worden. Skeptische Bezugsgruppen unterstellen PR, dass dualisierende wie entdualisierende Strategien alle Vertrauenswürdigkeitsindikatoren nutzen und mithin instrumentalisieren. In dieser ausweglosen Situation hilft Expressivität weiter, die zwar weder ein bewusster Grund für Vertrauenshandlungen noch ein bewusster Indikator für Vertrauenswürdigkeitszuschreibungen sein dürfte, sie dennoch aber beeinflussen kann. Je mehr andere Vertrauenswürdigkeitsindikatoren mehrerer Vertrauensobjekte als vergleichbar eingestuft werden und wenn keine Indikatoren für Vertrauenswürdigkeitszuschreibungen wahrgenommen bzw. als zuverlässig bewertet werden, beeinflusst ein Aspekt wie die wahrgenommene Expressivität Vertrauenswürdigkeitszuschreibungen. Und kürzer: *„Lüge vertrauenswürdig, vor allem aber unterhaltsam!"* Diese Erwartungshaltung dürfte in der PR bislang unterschätzt worden sein.

Hier wird noch einmal das Problem offenkundig, das PR deutlich von der absatzorientierten Mediawerbung unterscheidet. Während die Mehrheit von der PR Wahrhaftigkeit und Angemessenheit normativ erwartet, unterstellt sie zugleich oft Lüge und fehlende Angemessenheit. PR muss folglich mit ihren Vertrauenswürdigkeitsstrategien sowohl an der normativen Erwartungshaltung – Wahrheit und Gemeinwohlorientierung – als auch an den Unterstellungen – Lüge und Egoismus – ansetzen.

Literatur

Althoff, J. (2008). *Der Faktor Glaubwürdigkeit in Wahlkämpfen: Aufbau, Verlust und Verteidigung durch professionalisierte Kommunikationsstrategien.* Münster: Lit Verlag.
Arlt, H.-J. (2010). Verbandsführung und Öffentlichkeitsarbeit. In O. Hoffjann, & R. Stahl (Hrsg.), *Handbuch Verbandskommunikation* (S. 95–110). Wiesbaden: VS Verlag für Sozialwissenschaften.
Arntzen, F. (1993). *Psychologie der Zeugenaussage. System der Glaubwürdigkeitsmerkmale.* München: C.H. Beck Verlag.
Baecker, D. (1994). *Postheroisches Management. Ein Vademecum.* Berlin: Merve.
Baecker, D. (1999). *Die Form des Unternehmens.* Frankfurt am Main: Suhrkamp Verlag.
Bateson, G. (1985). *Ökologie des Geistes. Anthropologische, psychologische, biologische und epistemologische Perspektiven.* Frankfurt am Main: Suhrkamp Verlag.
Baker, Lee W. (1993). *The credibility factor: Putting ethics to work in public relations.* Homewood: McGraw-Hill Inc.
Baudrillard, J. (2007). *Das System der Dinge. Über unser Verhältnis zu den alltäglichen Gegenständen* (3. Aufl.). Frankfurt am Main: Campus Verlag.
Barth, H., & Donsbach, W. (1992). Aktivität und Passivität von Journalisten gegenüber Public Relations. *Publizistik, 37*(2), 151–196.
Beck, U. (1986). *Risikogesellschaft. Auf dem Weg in eine andere Moderne.* Frankfurt am Main: Suhrkamp Verlag.
Bentele, G. (1992a). Ethik der Public Relations als wissenschaftliche Herausforderung. In H. Avenarius, & W. Armbrecht (Hrsg.), *Ist Public Relations eine Wissenschaft. Eine Einführung* (S. 151–170). Opladen: Westdeutscher Verlag.
Bentele, G. (1992b). Ethik der Public Relations als wissenschaftliche Herausforderung. *PR-Magazin, 5,* 37–44.
Bentele, G. (1993). Krieg: Journalismus und Wahrheit. Zum Verhältnis von Kriegsrealität, Medienrealität und symbolischer Politik im Golfkrieg. In H. Bonfadelli, & W. A. Meier (Hrsg.), *Krieg, Aids, Katastrophen... Gegenwartsprobleme als Herausforderung der Publizistikwissenschaft.* Festschrift für Ulrich Saxer (S. 121–147). Konstanz: UVK.
Bentele, G. (1994a). Öffentliches Vertrauen – normative und soziale Grundlage für Public Relations. In W. Armbrecht, & U. Zabel (Hrsg.), *Normative Aspekte der Public Relations. Grundlegende Fragen und Perspektiven. Eine Einführung* (S. 131–158). Opladen: Westdeutscher Verlag.

Bentele, G. (1994b). Public Relations und Wirklichkeit. Beitrag zu einer Theorie der Öffentlichkeitsarbeit. In Ders., & K. Hesse (Hrsg.), *Publizistik in der Gesellschaft. Festschrift für Manfred Rühl* (S. 237–267). Konstanz: Universitätsverlag.

Bentele, G. (1997). Public relations and reality: A contribution to a theory of public relations. In D. Moss, T. McManus, & D. Vercic (Hrsg), *Public relations research: an international perspective* (S. 89–109). London: International Thomson Business Press.

Bentele, G. (1998). Vertrauen/ Glaubwürdigkeit. In O. Jarren, U. Sarcinelli, & U. Saxer (Hrsg.), *Politische Kommunikation in der demokratischen Gesellschaft. Ein Handbuch mit Lexikonteil* (S. 305–311). Opladen: Westdeutscher Verlag.

Bentele, G. (2005a). Rekonstruktiver Ansatz der Public Relations. In Ders., R. Fröhlich, & P. Szyszka (Hrsg.), *Handbuch der Public Relations. Wissenschaftliche Grundlagen und berufliches Handeln. Mit Lexikon* (S. 147–160). Wiesbaden: VS Verlag für Sozialwissenschaften.

Bentele, G. (2005b). Ethische Anforderungen an Öffentlichkeitsarbeit. In Ders., R. Fröhlich, & P. Szyszka (Hrsg.), *Handbuch der Public Relations. Wissenschaftliche Grundlagen und berufliches Handeln. Mit Lexikon* (S. 562–574). Wiesbaden: VS Verlag für Sozialwissenschaften.

Bentele, G. (2008). *Objektivität und Glaubwürdigkeit: Medienrealität rekonstruiert*. Herausgegeben von S. Wehmeier, H. Nothhaft, & R. Seidenglanz. Wiesbaden: VS Verlag für Sozialwissenschaften.

Bentele, G. (2009). Ethik der Public Relations. Grundlagen, Probleme und Herausforderungen. In H. Avenarius, & G. Bentele (Hrsg.), *Selbstkontrolle im Berufsfeld Public Relations. Reflexionen und Dokumentation* (S. 18–47). Wiesbaden: VS Verlag für Sozialwissenschaften.

Bentele, G., & Fähnrich, B. (2010). Personalisierung als sozialer Mechanismus in Medien und gesellschaftlichen Organisationen. In M. Eisenegger, & S. Wehmeier (Hrsg.), *Personalisierung der Organisationskommunikation. Theoretische Zugänge, Empirie und Praxis* (S. 51–75). Wiesbaden: VS Verlag für Sozialwissenschaften.

Bentele, G., Großkurth, L., & Seidenglanz, R. (2009). *Profession Pressesprecher 2009. Vermessung eines Berufsstandes*. Berlin: Helios Media.

Bentele, G., & Nothhaft, H. (2008). Das Management der Widersprüche. Paradoxien im Verhältnis von Journalismus und PR. In B. Pörksen, W. Loosen, & A. Scholl (Hrsg.), *Paradoxien des Journalismus. Theorie, Empirie, Praxis. Festschrift für Siegfried Weischenberg* (S. 459–476). Wiesbaden: VS Verlag für Sozialwissenschaften.

Bentele, G., & Nothhaft, H. (2010). Vertrauen und Glaubwürdigkeit als Grundlage von Corporate Social Responsibility: Die (massen-)mediale Konstruktion von Verantwortung und Verantwortlichkeit. In J. Raupp, S. Jarolimek, & F. Schultz (Hrsg.), *Handbuch Corporate Social Responsibility. Kommunikationswissenschaftliche Grundlagen, disziplinäre Zugänge und methodische Herausforderungen. Mit Glossar* (S. 45–70). Wiesbaden: VS Verlag für Sozialwissenschaften.

Bentele, G., & Seeling, S. (1996). Öffentliches Vertrauen als Faktor politischer Öffentlichkeit und politischer Public Relations. Zur Bedeutung von Diskrepanzen als Ursachen von Vertrauensverlust. In O. Jarren, P. Donges, & H. Weßler (Hrsg.), *Medien und politischer Prozess. Politische Öffentlichkeit und massenmediale Politikvermittlung im Wandel* (S. 155–167). Opladen: Westdeutscher Verlag.

Bentele, G., & Seidenglanz, R. (2004). *Das Image der Image-Macher. Eine repräsentative Studie zum Image der PR-Branche in der Bevölkerung und eine Journalistenumfrage*. Leipzig.

Bentele, G., & Seidenglanz, R. (2005). Vertrauen und Glaubwürdigkeit. In G. Bentele, R. Fröhlich, & P. Szyszka (Hrsg.), *Handbuch der Public Relations. Wissenschaftliche Grundlagen und berufliches Handeln. Mit Lexikon* (S. 346–360). Wiesbaden: VS Verlag für Sozialwissenschaften.

Bentele, G., & Seiffert, J. (2009). Organisatorische Transparenz und Vertrauen. In V. Klenk, & D.J. Hanke (Hrsg.), *Corporate Transparency* (S. 42–61). Frankfurt am Main: Frankfurter Allgemeine Buch.

Bernays, E. (2007). *Propaganda. Die Kunst der Public Relations (Erstauflage: 1928)*. Freiburg: orange-press.

Biehl, B. (2007). *Business is Showbusiness. Wie Topmanager sich vor Publikum inszenieren.* Frankfurt am Main: Campus Verlag.

Bohrmann, H., & Toepser-Ziegert, G. (Hrsg.). (2010). *Krise der Printmedien: Krise des Journalismus?*. Berlin: De Gruyter Saur.

Bok, S. (1978). *Lying. Moral choice in public and private life.* New York: Vintage.

Bolz, N. (2005). *Blindflug mit Zuschauer.* München: Wilhelm Fink Verlag.

Bruhn, M. (2005). *Kommunikationspolitik.* München: Vahlen.

Bruhn, M. (2009). Die Glaubwürdigkeit des Sozio- und Umweltsponsorings. In S. J. Schmidt, & J. Tropp (Hrsg.), *Die Moral der Unternehmenskommunikation: Lohnt es sich gut zu sein?* (S. 108–123). Köln: Halem.

Bussemer, T. (2008). Propaganda. *Konzepte und Theorien (2. Aufl.)*. Wiesbaden: VS Verlag für Sozialwissenschaften.

Caldwell, C., Hayes, L. A., Bernal, P., & Karri, R. (2008). Ethical stewardship – implications for leadership and trust. *Journal of Business Ethics, 78*(1–2), 153–164. doi:10.1007/s10551-006-9320-1.

Carroll, A. B., & Buchholtz, A. K. (2003). *Business & society. Ethics and stakeholder management* (5. Aufl.). Mason: South-Western College Pub.

CERP (1968/Centre Europeen des Relations Publiques). Code d'Athènes. http://www.drpr-online.de/statische/itemshowone.php4?id=5. Zugegriffen: 26. Jul. 2010.

Chia, J. (2005). Is trust a necessary component of relationship management? *Journal of Communication Management, 9*(3), 277–285. doi:10.1108/13632540510621515.

Daumenlang, K. (2006). Vertrauen messen – Ergebnisse interpretieren. In K. Götz (Hrsg.), *Vertrauen in Organisationen* (S. 137–153). München: Hampp, Mering.

Demmer, U., Feldenkirchen, M., Kurbjuweit, D., & Pfister, R. (2010). Der Bürgerkönig. *Der Spiegel, 42*, 29–36.

Dernbach, B., & Meyer, M. (Hrsg.). (2005). Vertrauen und Glaubwürdigkeit. *Interdisziplinäre Perspektiven*. Wiesbaden: VS Verlag für Sozialwissenschaften.

Dierkes, M. (1984). Gesellschaftsbezogene Berichterstattung. Was lehren uns die Experimente der letzten 10 Jahre? *Zeitschrift für Betriebswirtschaft, 12*, 1210–1235.

Dörner, A. (2001). Politainment. *Politik in der medialen Erlebnisgesellschaft.* Frankfurt am Main: Suhrkamp Verlag.

Dörner, A. (2002). Wahlkämpfe – eine rituelle Inszenierung des „demokratischen Mythos". In Ders., & L. Vogt (Hrsg.), *Wahl-Kämpfe. Betrachtungen über ein demokratisches Ritual* (S. 16–42). Frankfurt am Main: Suhrkamp Verlag.

Dörner, A., Eisentraut, S., & Vogt, L. (2011). Die Personality-Talkshow: Inszenierung und doppelte Kontingenz. In R. Grünewald, R. Güldenzopf, & M. Piepenschneider (Hrsg.), *Politische Kommunikation. Beiträge zur politischen Bildung* (S. 219–230). Münster: Lit Verlag.

Dörner, A., & Vogt, L. (2011). Inszenierung und Kontingenz. Das „Neue" als Produkt von kommunikativen Kollisionen. In N. Schröer, & O. Bidlo (Hrsg.), *Die Entdeckung des Neuen*. Qualitative Sozialforschung als Hermeneutische Wissenssoziologie (S. 185–200). Wiesbaden: VS Verlag für Sozialwissenschaften.
Dozier, D. M., Grunig, L. A., & Grunig, J. E. (1995). *Manager's guide to excellence in public relations and communication management*. Mahwah: Lawrence Erlbaum Assoc.
DPRG (Deutsche Public Relations Gesellschaft/ 1991). Sieben Selbstverpflichtungen eines DPRG-Mitgliedes. http://www.drpr-online.de/statische/itemshowone.php4?id=7. Zugegriffen: 03. Jun 2010.
Drepper, T. (2006). Vertrauen, organisationale Steuerung und Reflexionsangebote. In K. Götz, (Hrsg.), *Vertrauen in Organisationen* (S. 185–204). München: Hampp, Mering.
Drosdek, A. (1996). *Credibility Management. Durch Glaubwürdigkeit zum Wettbewerbsvorteil*. Frankfurt am Main: Campus Verlag.
Dyllick, T. (1992). *Management der Umweltbeziehungen. Öffentliche Auseinandersetzungen als Herausforderung*. Wiesbaden: Gabler.
Echo Research (2002). PR and the Media – Who is spinning whom? Godalming (unveröffentlichter Forschungsbericht). http://www.echoresearch.com/data/Image%20of%20PR(2).pdf. Zugegriffen: 24. Jul. 2008.
Einwiller, S., Herrmann, A., & Ingenhoff, D. (2005). Vertrauen durch Reputation. Grundmodell und empirische Befunde im E-Business. *Marketing – Zeitschrift für Forschung und Praxis, 27*(1), 24–40.
Eisenegger, M. (2005). *Reputation in der Mediengesellschaft. Konstitution, Issues Monitoring, Issues Management*. Wiesbaden: VS Verlag für Sozialwissenschaften.
Eisenegger, M. (2010). Eine Phänomenologie der Personalisierung. In Ders., & D. Wehmeier (Hrsg.), *Personalisierung der Organisationskommunikation. Theoretische Zugänge, Empirie und Praxis* (S. 11–26). Wiesbaden: VS Verlag für Sozialwissenschaften.
Eisenegger, M., & Imhof, K. (2009). Funktionale, soziale und expressive Reputation. In U. Röttger (Hrsg.), *Theorien der Public Relations. Grundlagen und Perspektiven der PR-Forschung* (2. Aufl., S. 243–264). Wiesbaden: VS Verlag für Sozialwissenschaften.
Eisenegger, M., & Konieczny-Wössner (2010). Regularitäten personalisierter Reputationskonstitution in der medienvermittelten Kommunikation. In M. Eisenegger, & S. Wehmeier (Hrsg.), *Personalisierung der Organisationskommunikation. Theoretische Zugänge, Empirie und Praxis* (S. 117–131). Wiesbaden: VS Verlag für Sozialwissenschaften.
Eisenegger, M., & Schranz, M. (2010). CSR – Moralisierung des Reputationsmanagements. In J. Raupp, S. Jarolimek, & F. Schultz (Hrsg.), *Handbuch Corporate Social Responsibility. Kommunikationswissenschaftliche Grundlagen, disziplinäre Zugänge und methodische Herausforderungen. Mit Glossar* (S. 71–96). Wiesbaden: VS Verlag für Sozialwissenschaften.
Endress, M. (2002). *Vertrauen*. Bielefeld: Transcript.
Everett, J. L. (2000). Public relations and the ecology of organizational change. In R. L. Heath (Hrsg.), *Handbook of public relations* (S. 311–320). Thousand Oaks: Sage Publications, Inc.
Faulstich, W. (1992). *Grundwissen Öffentlichkeitsarbeit. Kritische Einführung in Problemfelder der Public Relations*. Bardowick: Wissenschaftler Verlag.
Faulstich, W. (2000). *Grundwissen Öffentlichkeitsarbeit*. München: UTB Verlag.
Festinger, L. (1957). *A theory of cognitive dissonance*. Evanston: Stanford University Press.
Fischer-Lichte, E. (2007). Theatralität und Inszenierung. In Dies., C. Horn, I. Pflug, & M. Warstat (Hrsg.), *Inszenierung von Authentizität* (2. Aufl., S. 9–28). Tübingen: Francke.

Fischer-Lichte, E., Horn C., Pflug, I., & Warstat M. (Hrsg.). (2007). *Inszenierung von Authentizität* (2. Aufl.). Tübingen: Francke.
Foerster, H. v. (1993). *KybernEthik*. Berlin: Merve Verlag.
Foerster, H. v., & Pörksen, B. (2008). *Wahrheit ist die Erfindung eines Lügners. Gespräche für Skeptiker*. Heidelberg: Carl-Auer-Systeme-Verlag.
Frings, C. (2010). *Soziales Vertrauen. Eine systematische Integration der soziologischen und der ökonomischen Vertrauenstheorie*. Wiesbaden: VS Verlag für Sozialwissenschaften.
Fröhlich, R., & Kerl, K. (2010). Public relations in der deutschen presse. *PR-Magazin, 41*(4), 65–72.
Fuchs-Heinritz, W. (1994a). Legitimität. In Ders. et al. (Hrsg.), *Lexikon zur Soziologie* (3. Aufl., S. 396). Opladen: Westdeutscher Verlag.
Fuchs-Heinritz, W. (1994b). Legitimation. In Ders. et al. (Hrsg.), *Lexikon zur Soziologie* (3. Aufl., S. 395). Opladen: Westdeutscher Verlag.
Geramanis, O. (2006). Vertrauen: Eine prinzipiell unentscheidbare Entscheidung. In K. Götz (Hrsg.), *Vertrauen in Organisationen* (S. 241–254). München: Hampp, Mering.
Glasersfeld, E. v. (1992). Konstruktion der Wirklichkeit und des Begriffs der Objektivität. In H. Gumin, & A. Mohler (Hrsg.), *Einführung in den Konstruktivismus* (S. 9–39). München: Piper Taschenbuch.
Görke, A. (1999). *Risikojournalismus und Risikogesellschaft. Sondierung und Theorieentwurf*. Opladen: Westdeutscher Verlag.
Götsch, K. (1994). *Riskantes Vertrauen. Theoretische und empirische Untersuchung zum Konstrukt Glaubwürdigkeit*. Münster: Westdeutscher Verlag.
Goffman, E. (1998 [1959]). *Wir alle spielen Theater. Die Selbstdarstellung im Alltag*. München: Piper Taschenbuch.
Gower, K. K. (2006). Truth and transparency. In K. Fitzpatrick, & C. Bronstein (Hrsg.), *Ethics in public relations. responsible advocacy* (S. 71–87). Thousand Oaks: Sage.
Graw, A. (2007). Zankende Zigarettenkonzerne. In Welt.de am 04.06.2007. http://www.welt.de/welt_print/article918319/Zankende_Zigarettenkonzerne.html. Zugegriffen: 16. Feb. 2009.
Greven, Mi. (2000). *Kontingenz und Dezision*. Opladen: Leske+Budrich Verlag.
Grunig, L. A., Grunig, J. E., & Ehling, W. P. (1992). What is an effective organization? In J. Grunig (Hrsg.), *Excellence in public relations and communications management* (S. 65–90). Hillsdale: Lawrence Erlbaum Assoc Inc.
Grunig, J. E., & Hunt, T. (1984). *Managing public relations*. New York: Wadsworth Inc Fulfillment.
Haacke, W. (1957). Das Vertrauen der Öffentlichkeit („public relations"). *Jahrbuch der Absatz- und Verbrauchsforschung, 3*(2), 129–151.
Hardin, R. (2002). *Trust and trustworthiness*. New York: Russell Sage Found.
Hartmann, M. (2011). *Die Praxis des Vertrauens*. Frankfurt am Main: Suhrkamp Verlag.
Hartmann, M., & Offe, C. (Hrsg.). (2001). *Vertrauen. Die Grundlage des sozialen Zusammenhalts*. Frankfurt am Main: Campus Verlag.
Hellmann, K. U. (2003). *Soziologie der Marke*. Frankfurt am Main: Suhrkamp Verlag.
Herger, N. (2006). *Vertrauen und Organisationskommunikation. Identität, Marke, Image, Reputation*. Wiesbaden: VS Verlag für Sozialwissenschaften.
Herzig, C., & Schaltegger, S. (2007). Nachhaltigkeitsberichterstattung von Unternehmen. In G. Michelsen, & J. Godemann (Hrsg.), *Handbuch Nachhaltigkeitskommunikation. Grundlagen und Praxis* (2. Aufl., S. 579–593). München: Oekom Verlag.

Hettlage, R. (2003). Vom Leben in der Lügengesellschaft. In Ders. (Hrsg.), *Verleugnen, Vertuschen, Verdrehen. Leben in der Lügengesellschaft* (S. 9–50). Konstanz: Uvk.
Hoffjann, O. (2007a). *Journalismus und Public Relations. Ein Theorieentwurf der Intersystembeziehungen in sozialen Konflikten* (2. Aufl.). Wiesbaden: VS Verlag für Sozialwissenschaften.
Hoffjann, O. (2007b). Die Grenzen(-losigkeit) der Aufmerksamkeit in der strategischen Organisationskommunikation. In G. Bentele, M. Piwinger, & G. Schönborn (Hrsg.), *Kommunikationsmanagement.* (Losebl. 2001 ff.). Neuwied: Hermann Luchterhand Verlag.
Hoffjann, O. (2008). Aufmerksamkeit – Der vergessene Anfang in der strategischen Organisationskommunikation. *PR-Magazin, 39*(12), 67–72.
Hoffjann, O. (2009a). Public Relations als Differenzmanagement von externer Kontextsteuerung und interner Selbststeuerung. *Medien & Kommunikationswissenschaft, 57*(3), 299–315.
Hoffjann, O. (2009b). PR in der Gesellschaft. Legitimationsprobleme der Legitimationsproduzenten. In G. Bentele, M. Piwinger, & G. Schönborn (Hrsg.), *Kommunikationsmanagement.* (Losebl. 2001 ff.). Neuwied: Hermann Luchterhand Verlag.
Hoffjann, O. (2009c). Visualisierung als Strategie der Aufmerksamkeitsgewinnung in der Unternehmenskommunikation. *Medien Journal, 33*(1), 21–32.
Hoffjann, O. (2011a). Vertrauen in Public Relations. *Publizistik, 55*(1), 65–84.
Hoffjann, O. (2011b). Public relations in society. A new approach to the difficult relationships between PR and their environments. *Central European Journal of Communication, 4*(1), 63–76.
Hoffjann, O. (2011). Der Abschied der Medien von der Realität. Der Non-Dualismus Joseph Mitterers in den Kommunikations- und Medienwissenschaften. *Information Philosophie, 39*(4), 58–62.
Holmström, S. (1996). An intersubjective and a social systemic public relations paradigm. Public relations interpreted from systems theory (Niklas Luhmann) in opposition to the critical tradition (Jürgen Habermas). Roskilde (Dänemark). Unveröffentlichte Dissertation.
Holmström, S. (2005). Reframing public realtions: The evolution of a reflective paradigm for organizational legitimization. *Public Relations Review, 31,* 497–504. doi:http://dx.doi.org/10.1016/j.pubrev.2005.08.008.
Holzinger, M. (2007). *Kontingenz in der Gegenwartsgesellschaft: Dimensionen eines Leitbegriffs moderner Sozialtheorie.* Bielefeld: Transcript.
Hovland, C. I., Janis, I. L., & Kelley, H. H. (1953). *Communication and persuasion. Psychological studies of opinion change.* New Haven: Greenwood Press Reprint.
Hubig, C., & Siemoneit, O. (2007). Vertrauen und Glaubwürdigkeit in der Unternehmenskommunikation. In M. Piwinger, & A. Zerfaß (Hrsg.), *Handbuch Unternehmenskommunikation* (S. 171–188). Wiesbaden: Gabler Verlag.
Huck, S. (2006). *Glaubwürdigkeit: Erfolgsfaktor für die Unternehmenskommunikation. Ergebnisse einer qualitativen Befragung von Kommunikationsverantwortlichen.* Stuttgart: Universität Hohenheim.
Hundhausen, C. (1951). *Werbung um öffentliches Vertrauen. Public relations.* Essen: Girardet.
Ingenhoff, D., & Sommer, K. (2010). Trust in companies and in CEOs: A comparative study of the main influences. *Journal of Business Ethics, 95*(3), 339–355. doi:10.1007/s10551-010-0363-y.

Iser W. (1991). *Das Fiktive und das Imaginäre. Perspektiven einer literarischen Anthropologie.* Frankfurt am Main: Suhrkamp Verlag.

Jahn, H. E. (1953). *Vertrauen, Verantwortung, Mitarbeit. Eine Studie über Public relations Arbeit in Deutschland.* Oberlahnstein: Nohr.

Janik, A. (2002). *Investor Relations in der Unternehmenskommunikation. Kommunikationswissenschaftliche Analysen und Handlungsempfehlungen.* Wiesbaden: VS Verlag für Sozialwissenschaften.

Jarchow, K. (1992). *Wirklichkeiten, Wahrheiten, Wahrnehmungen: Systemtheoretische Voraussetzungen der Public Relations.* Bremen: WMIT.

Jarren, O., & Röttger, U. (2009). Steuerung, Reflexierung und Interpenetration: Kernelemente einer strukturationstheoretisch begründeten PR-Theorie. In U. Röttger (Hrsg.), *Theorien der Public Relations. Grundlagen und Perspektiven der PR-Forschung* (2. Aufl., S. 29–49). Wiesbaden: VS Verlag für Sozialwissenschaften.

Jempson, M. (2005). Spinners or sinners? PR, journalists and public trust. *Journal of Communication Management, 9*(3), 267–276. doi:10.1108/13632540510621542.

Kelber, E. (2000). Öffentliches Vertrauen: Bedeutung und Funktion für Public Relations. *Public Relations-Forum, 6*(2), 105–106.

Kieserling, A. (2005). Selbstbeschreibung von Organisationen. Zur Transformation ihrer Semantik. In W. Jäger, & U. Schimank (Hrsg.), *Organisationsgesellschaft. Facetten und Perspektiven* (S. 51–88). Wiesbaden: VS Verlag für Sozialwissenschaften.

Klenk, V. (2009). Corporate Transparency: Erfolgreich Handeln im Glashaus. In Ders., & D. J. Hanke (Hrsg.), *Corporate Transparency. Wie Unternehmen im Glashaus-Zeitalter Wettbewerbsvorteile erzielen* (S. 16–41). Frankfurt am Main: Frankfurter Allgemeine Buch.

Klenk, V., & Hanke, D. J (Hrsg.) (2009). *Corporate Transparency. Wie Unternehmen im Glashaus-Zeitalter Wettbewerbsvorteile erzielen.* Frankfurt am Main: Frankfurter Allgemeine Buch.

Klima, R. (1994a). Image. In W. Fuchs-Heinritz et al. (Hrsg.), *Lexikon zur Soziologie* (3. Aufl., S. 289). Opladen: Westdeutscher Verlag.

Klima, R. (1994b). Gruppe. In W. Fuchs-Heinritz et al. (Hrsg.), *Lexikon zur Soziologie* (3. Aufl., S. 255). Opladen: Westdeutscher Verlag.

Kloss, I. (2003). *Werbung* (3. Auf.). München: Oldenbourg.

Knaller, S. (2007). *Ein Wort aus der Fremde: Geschichte und Theorie des Begriffs Authentizität.* Heidelberg: Universitätsverlag Winter.

Kocks, K. (2002). Die Gaukler des Authentischen. Zum Blendwerk der Public Relations. In J. Meyer, & U. Siebert (Hrsg.), *Blenderwirtschaft; Systemfehler und Selbsttäuschungen* (S. 78–91). Frankfurt am Main: Frankfurter Allgemeine Buch.

Kocks, K. (2007a). *Authentische PR als Paradoxon. Essay zur Kunst der Fälschung.* Bristol: St. Thomas University Publishers.

Kocks, K. (2007b). Lügner reden immer nur von Notlügen. In Spiegel Online 17.01.2007. http://www.spiegel.de/wirtschaft/0,1518,459450,00.html. Zugegriffen: 20. März 2007.

Köhnken, G. (1990). *Glaubwürdigkeit. Untersuchungen zu einem psychologischen Konstrukt.* München: BeltzPVU.

Kohring, M. (1997). *Die Funktion des Wissenschaftsjournalismus. Ein systemtheoretischer Entwurf.* Opladen: Westdeutscher Verlag.

Kohring, M. (2001). *Vertrauen in Medien – Vertrauen in Technologie. Arbeitsbericht Nr. 196 der Akademie für Technikfolgenabschätzung in Baden-Württemberg.* Stuttgart.

Kohring, M. (2002). Fakten ins Töpfchen, Fiktionen ins Kröpfchen?. Warum Vertrauen in Journalismus mehr ist als Glaubwürdigkeit. In A. Baum, & S. J. Schmidt (Hrsg.), *Fakten und Fiktionen. Über den Umgang mit Medienwirklichkeiten* (S. 90–100). Konstanz: UVK.

Kohring, M. (2004). *Vertrauen in Journalismus. Theorie und Empirie*. Konstanz: UVK.

Kohring, M. (2008). Vertrauen durch Misstrauen. Zur Rolle von Paradoxien in der Journalismustheorie. In B. Pörksen, W. Loosen, & A. Scholl (Hrsg.), *Paradoxien des Journalismus. Theorie, Empirie, Praxis. Festschrift für Siegfried Weischenberg* (S. 609–622). Wiesbaden: VS Verlag für Sozialwissenschaften.

Korte, F. H. (1954). *Werbung um Vertrauen*. Frankfurt am Main: Verlags- u. Wirtschaftsges. d. Elektrizitätswerke.

Krieg, P. (1997). Die Inszenierung des Authentischen. In K. Hoffmann (Hrsg.), *Trau-Schau-Wem. Digitalisierung und dokumentarische Form* (S. 85–95). Konstanz: UVK.

Kroeber-Riel, W., Weinberg, P., & Gröppel-Klein, A. (2009). *Konsumentenverhalten* (9. Aufl.). München: Vahlen.

Kückelhaus, A. (1998). *Public relations. Die Konstruktion von Wirklichkeit. Kommunikationstheoretische Annäherungen an ein neuzeitliches Phänomen*. Opladen: Westdeutscher Verlag.

Kugler, C., & Kurt, R. (2007). Inszenierungsformen von Glaubwürdigkeit im Medium Fernsehen. Politiker zwischen Ästhetisierung und Alltagspragmatik. In E. Fischer-Lichte, C. Horn, I. Pflug, & M. Warstat (Hrsg.), *Inszenierung von Authentizität* (2. Aufl., S. 149–162). Tübingen: Francke.

Kuhlen, B. (2005). *Corporate Social Responsibility (CSR). Die ethische Verantwortung von Unternehmen für Ökologie, Ökonomie und Soziales. Entwicklung – Initiativen – Berichterstattung – Bewertung*. Baden-Baden: Deutscher Wissenschafts-Verlag (DWV).

Kunczik, M. (1995). Kriegsberichterstattung und Öffentlichkeitsarbeit in Kriegszeiten. In K. Imhof, & P. Schulz (Hrsg.), *Medien und Krieg – Krieg in den Medien* (S. 87–104). Zürich: Seismo.

Kunczik, M. (2002). Public relations. *Konzepte und Theorien* (4. Aufl.). Köln: UTB.

Kurt, R. (1998). Der Kampf um Inszenierungsdominanz. Gerhard Schröder im ARD-Politimagazin „ZAK" und Helmut Kohl im „Boulevard Bio". In H. Willems, & M. Jurga (Hrsg.), *Inszenierungsgesellschaft. Ein einführendes Handbuch* (S. 565–582). Opladen: Westdeutscher Verlag.

Kussin, M. (2006). *Public Relations als Funktion moderner Organisation. Soziologische Analysen*. Heidelberg: Carl-Auer.

Kussin, Matthias (2009). PR-Stellen als Reflexionszentren multireferentieller Organisationen. In U. Röttger (Hrsg.), *Theorien der Public Relations. Grundlagen und Perspektiven der PR-Forschung* (2. Aufl., S. 117–133). Wiesbaden: VS Verlag für Sozialwissenschaften.

Laux, L., & Schütz, A. (1996). „Wir, die wir gut sind". *Die Selbstdarstellung von Politikern zwischen Glorifizierung und Glaubwürdigkeit*. München: Dtv.

Liebl, F. (2000). *Der Schock des Neuen. Entstehung und Management von Issues und Trends*. München: Gerling-Akad.-Verlag.

Lindner, R. (1977). *Das Gefühl von Freiheit und Abenteuer. Ideologie und Praxis der Werbung*. Frankfurt am Main: Campus Verlag.

Liessmann, K. P. (2005). Der Wille zum Schein. Über Wahrheit und Lüge. In Ders. (Hrsg.): *Der Wille zum Schein. Über Wahrheit und Lüge* (S. 7–33). Wien: Paul Zsolnay Verlag.

Löhn, S., & Röttger, U. (2009). Vertrauen in die Vertrauensspezialisten. Theoretische Konzeption und empirische Analyse von Vertrauen in der PR-Beratung. In U. Röttger, & S.

Zielmann (Hrsg.), *PR-Beratung. Theoretische Konzepte und empirische Befunde* (S. 105–124). Wiesbaden: VS Verlag für Sozialwissenschaften.
Luhmann, N. (1964). *Funktionen und Folgen formaler Organisationen*. Berlin: Duncker & Humblot.
Luhmann, N. (1981). *Ausdifferenzierung des Rechts*. Frankfurt am Main: Suhrkamp Verlag.
Luhmann, N. (1988). Organisation. In W. Küpper, & G. Ortmann (Hrsg.), *Mikropolitik. Rationalität, Macht und Spiele in Organisationen* (S. 165–186). Opladen: Westdeutscher Verlag.
Luhmann, N. (1989). *Vertrauen. Ein Mechanismus der Reduktion sozialer Komplexität* (3. Aufl.). Stuttgart: UTB.
Luhmann, N. (1994). *Die Wissenschaft der Gesellschaft*. Frankfurt am Main: Suhrkamp Verlag.
Luhmann, N. (1996a). *Soziale Systeme. Grundriss einer allgemeinen Theorie* (6. Auf.). Frankfurt am Main: Suhrkamp Verlag.
Luhmann, N. (1996b). *Die Realität der Massenmedien* (2. Aufl.). Opladen: Westdeutscher Verlag.
Luhmann, N. (1997). *Legitimation durch Verfahren*. Frankfurt am Main: Suhrkamp Verlag.
Luhmann, N. (2000). *Die Politik der Gesellschaft*. Frankfurt am Main: Suhrkamp Verlag.
Luhmann, N. (2001). Vertrautheit, Zuversicht, Vertrauen: Probleme und Alternativen. In M. Hartmann, & C. Offe (Hrsg.), *Vertrauen. Die Grundlage des sozialen Zusammenhalts* (S. 143–160). Frankfurt am Main: Campus Verlag.
Luhmann, N. (2002). *Die Religion der Gesellschaft*. Frankfurt am Main: Suhrkamp Verlag.
MacArthur, J. R. (1993). *Die Schlacht der Lügen. Wie die USA den Golfkrieg verkauften*. München: DTV.
Markham, D. (1968). The dimensions of source credibility of television newscasters. *Journal of Communication, 18*, 57–64. doi:10.1111/j.1460-2466.1968.tb00055.x.
Mast, C. (2005). Werte schaffen durch Kommunikation: Was von Kommunikationsmanagern erwartet wird. In J. Pfannenberg, & A. Zerfaß (Hrsg.), *Wertschöpfung durch Kommunikation. Wie Unternehmen den Erfolg ihrer Kommunikation steuern und bilanzieren* (S. 27–35). Frankfurt am Main: Frankfurter Allgemeine Buch.
Mast, C., & Fiedler, K. (2007). Nachhaltige Unternehmenskommunikation. In G. Michelsen, & J. Godemann (Hrsg.), *Handbuch Nachhaltigkeitskommunikation. Grundlagen und Praxis* (2. Aufl., S. 567–578). München: Oekom Verlag.
Meffert, H. (2000). *Marketing. Grundlagen marktorientierter Unternehmensführung. Konzepte, Instrumente, Praxisbeispiele* (9. Aufl.). Wiesbaden: Gabler Verlag.
Merten, K. (1977). *Kommunikation. Eine Begriffs- und Prozessanalyse*. Opladen: Westdeutscher Verlag.
Merten, K. (1992). Begriff und Funktion von Public Relations. *PR-Magazin, 23*(11), 35–46.
Merten, K. (1999). *Einführung in die Kommunikationswissenschaft. Bd. 1: Grundlagen der Kommunikationswissenschaft*. Münster: Lit Verlag.
Merten, K. (2006). Nur wer lügen darf, kann kommunizieren. *Pressesprecher, 1*, 22–25.
Merten, K. (2008a). Zur Definition von Public Relations. *Medien & Kommunikation, 56*(1), 42–59.
Merten, K. (2008b). Public Relations – die Lizenz zu Täuschen? PR-Journal, http://www.pr-journal.de/images/stories/downloads/merten-vortrag%20muenster%2019.6.pdf. Zugegriffen: 13. Aug. 2008.

Merten, K. (2011). Scharfe Rügen für den Deutschen PR-Rat. Sehr offener Brief an die PR-Männer Avenarius und Gaul. http://www.pr-journal.de/images/stories/download2/merten%20ethik%20an%20pr-rat%2007.01.2011.pdf. Zugegriffen: 15. Feb. 2011.
Merten, K., & Westerbarkey, J. (1994). Public Opinion und Public Relations. In K. Merten, S. J. Schmidt, & S. Weischenberg (Hrsg.), *Die Wirklichkeit der Medien. Eine Einführung in die Kommunikationswissenschaft* (S. 188–211). Opladen: Westdeutscher Verlag.
Metzler, M. S. (2000). The centrality of organizational legitimacy to public relations practice. In R. L. Heath (Hrsg.), *Handbook of public relations* (S. 321–334). Thousand Oaks: Sage Publications, Inc.
Meyer, T. (1992). *Die Inszenierung des Scheins. Voraussetzungen und Folgen symbolischer Politik*. Frankfurt am Main: Suhrkamp.
Meyer, T. (1998). *Politik als Theater. Die neue Macht der Darstellungskunst (mit Fotografien von Martina Kampmann)*. Berlin: Aufbau-Verlag.
Meyer, T. (2003). Die Theatralität der Politik in der Mediendemokratie. *Aus Politik und Zeitgeschichte B, 53*, 12–19.
Meyrowitz, J. (1987). *Die Fernseh-Gesellschaft. Wirklichkeit und Identität im Medienzeitalter*. Weinheim: Beltz.
Mies, S. (2009). Der Nachhaltigkeitsbericht – Greenwashing-Instrument oder Ausdruck unternehmerischer Moral? In S. J. Schmidt, & J. Tropp (Hrsg.), *Die Moral der Unternehmenskommunikation: Lohnt es sich gut zu sein?* (S. 193–213). Köln: Halem.
Mitterer, J. (1992). *Das Jenseits der Philosophie. Wider das dualistische Erkenntnisprinzip*. Wien: Passagen.
Mitterer, J. (1999). Vom Reden über. Eine kurze Anleitung zum dualistischen Argumentieren. In G. Rusch (Hrsg.), *Wissen und Wirklichkeit. Beiträge zum Konstruktivismus* (S. 54–63). Heidelberg: Carl-Auer-Systeme Verlag.
Mitterer, J. (2001). *Die Flucht aus der Beliebigkeit*. Frankfurt am Main: Fischer.
Möllering, G., & Sydow, J. (2005). Kollektiv, kooperativ, reflexiv: Vertrauen und Glaubwürdigkeit in Unternehmungen und Unternehmungsnetzwerken. In B. Dernbach, & M. Meyer (Hrsg.), *Vertrauen und Glaubwürdigkeit. Interdisziplinäre Perspektiven* (S. 64–93). Wiesbaden: VS Verlag für Sozialwissenschaften.
Moloney, K. (2005). Trust and public relations: Center and edge. *Public Relations Review, 31*(4), 550–555. doi:http://dx.doi.org/10.1016/j.pubrev.2005.08.015
Müller, U. (2007). Greenwash in Zeiten des Klimawandels. Wie Unternehmen ihr Image grün färben. Herausgegeben von Lobby Control. http://www.lobbycontrol.de/download/greenwash-studie.pdf. Zugegriffen: 08. Aug. 2008.
Nawratil, U. (1997). *Glaubwürdigkeit in der sozialen der sozialen Kommunikation*. Opladen: Westdeutscher Verlag.
Netzwerk Recherche e. V. (2010). Die „Verschlossene Auster" – Negativpreis des Netzwerk Recherche für den „Informationsblockierer des Jahres". http://www.netzwerkrecherche.de/Projekte/Verschlossene-Auster/. Zugegriffen: 26. Jan. 2011.
Neuhäuser, C. (2011). *Unternehmen als moralische Akteure*. Frankfurt am Main: Suhrkamp Verlag.
Nieder, P. (1997). *Erfolg durch Vertrauen. Abschied vom Management des Misstrauens*. Wiesbaden: Gabler Verlag.
Nothhaft, H., & Wehmeier, S. (2008). Rekonstruktivist meets Konstruktivist. In Dies., & R. Seidenglanz (Hrsg.), *Objektivität und Glaubwürdigkeit: Medienrealität rekonstruiert* (S. 13–33). Wiesbaden: VS Verlag für Sozialwissenschaften.

Nothhaft, H., & Wehmeier, S. (2009). Vom Umgang mit Komplexität im Kommunikationsmanagement. Eine soziokybernetische Rekonstruktion. In U. Röttger (Hrsg.), *Theorien der Public Relations. Grundlagen und Perspektiven der PR-Forschung* (2. Aufl., S. 151–171). Wiesbaden: VS Verlag für Sozialwissenschaften.

Oeckl, A. (1964). *Handbuch der Public Relations. Theorie und Praxis der Öffentlichkeitsarbeit in Deutschland und der Welt.* München: Süddt. Verlag.

Ontrup, R., & Schicha, C. (1999). Die Transformation des Theatralischen. In Dies. (Hrsg.), *Medieninszenierungen im Wandel* (S. 7–18). Münster: LIT.

Ortmann, G. (2010). *Organisation und Moral. Die dunkle Seite.* Göttingen: Velbrück.

Packard, V. (1964). *Die geheimen Verführer. Der Griff nach dem Unterbewussten in jedermann.* Frankfurt am Main: Econ-Verlag.

Pfaller, R. (2005). Das Unglaubliche. Über Illusion, Lust und Kultur. In K.P. Liessmann (Hrsg.), *Der Wille zum Schein. Über Wahrheit und Lüge* (S. 218–234). Wien: Paul Zsolnay Verlag.

Pfannenberg, J., & Zerfaß, A. (Hrsg.). (2005). *Wertschöpfung durch Kommunikation. Wie Unternehmen den Erfolg ihrer Kommunikation steuern und bilanzieren.* Frankfurt am Main: Frankfurter Allgemeine Buch.

Pleil, T., & Rehn, D. (2010). Authentizität im Social Web. Erwartungen der Community an die PR. Ausgewählte Befunde. *PR-Magazin, 41*(2), 61–66.

Pörksen, B., & Detel, H. (2011). Evidenzerfahrungen für alle. Das kontraproduktive Krisenmanagement des Verteidigungsministers und die Logik der Skandalisierung im digitalen Zeitalter. In O. Lepsius, & R. Meyer-Kalkus (Hrsg.), *Inszenierung als Beruf. Der Fall Guttenberg* (S. 56–70). Frankfurt am Main: Suhrkamp Verlag.

Pöttker, H. (1992). Öffentlichkeitsarbeit und Publizistik. Trennungsgrundsatz trotz Konvergenz? *Medium, 22*(2), 27–28.

Post, J. E., Murray, E. A., Dickie, R. B., & Mahon, J. F. (1982). The public affairs function in American Corporations: Development and relations with corporate planning. *Long Range Planning, 15*(2), 12–21. doi:http://dx.doi.org/10.1016/0024-6301(82)90115-7.

Preisendörfer, P. (1995). Vertrauen als soziologische Kategorie. Möglichkeiten und Grenzen einer entscheidungstheoretischen Fundierung des Vertrauenskonzepts. *Zeitschrift für Soziologie, 24*(4), 263–272.

Raupp, J., & Hoffjann, O. (2012). Strategic decision-making in corporate communication. *Journal of Communication Management, 16*, 2.

Reinhard, W. (2006). *Unsere Lügengesellschaft. Warum wir nicht bei der Wahrheit bleiben.* Hamburg: Murmann Verlag.

Reinmuth, M. (2006). *Vertrauen schaffen durch glaubwürdige Unternehmenskommunikation. Von Geschäftsberichten und den Möglichkeiten und Grenzen einer angemessenen Sprache* (unveröffentlichte Dissertation). Düsseldorf.

Riegler, A., & Weber, S. (Hrsg.). (2008). The non-dualizing philosophy of Josef Mitterer. *Constructivist Foundations (Special Issue), 3*, 3.

Riegler, A., & Weber, S. (Hrsg.). (2010). *Die Dritte Philosophie. Kritische Beiträge zu Josef Mitterers Non-Dualismus.* Weilerswist: Velbrück.

Rieth, L. (2010). CSR aus politikwissenschaftlicher Perspektive: Empirische Vorbedingungen und normative Bewertungen unternehmerischen Handelns. In J. Raupp, S. Jarolimek, & F. Schultz (Hrsg.), *Handbuch Corporate Social Responsibility. Kommunikationswissenschaftliche Grundlagen, disziplinäre Zugänge und methodische Herausforderungen. Mit Glossar* (S. 395–418). Wiesbaden: VS Verlag für Sozialwissenschaften.

Protokoll, R. (2009). Hauptversammlung. http://www.rimini-protokoll.de/website/de/project_4008.html. Zugegriffen: 12. Jan 2010.

Ripperger, T. (1998). *Ökonomik des Vertrauens. Analyse eines Organisationsprinzips.* Tübingen: Mohr Siebeck.

Röttger, U. (2008). Public Relations. In M. Bruhn, F.-R. Esch, & T. Langner (Hrsg.), *Handbuch Kommunikation. Grundlagen, innovative Ansätze, praktische Umsetzung* (S. 67–83). Wiesbaden: Gabler Verlag.

Röttger, U., Hoffmann, J., & Jarren, O. (2003). *Public Relations in der Schweiz. Eine empirische Studie zum Berufsfeld Öffentlichkeitsarbeit.* Konstanz: UVK Verlagsgesellschaft mbH.

Röttger, U., Preusse, J., & Schmitt, J. (2011). *Grundlagen der Public Relations. Eine kommunikationswissenschaftliche Einführung.* Wiesbaden: VS Verlag für Sozialwissenschaften.

Röttger, U., & Voss, A. (2008). Internal communication as management of trust relations: a theoretical framework. In A. Zerfass, B. van Ruler, & K. Sriramesh (Hrsg.), *Public Relations Research. European and international perspectives and innovations* (S. 163–178). Wiesbaden: VS Verlag.

Röttger, U., & Zielmann, S. (2009). Entwurf einer Theorie der PR-Beratung. In Dies. (Hrsg.), *PR-Beratung. Theoretische Konzepte und empirische Befunde* (S. 35–58). Wiesbaden: VS Verlag für Sozialwissenschaften.

Ronneberger, F. (1977). *Legitimation durch Information.* Düsseldorf, Wien.

Ronneberger, F., & Rühl, M. (1992). *Theorie der Public Relations. Ein Entwurf.* Opladen: Westdeutscher Verlag.

Roper, B. W. (1985). *Public attitudes toward television and other media in a time of change.* New York: Television Information Office.

Rosengren, K. E. (1979). Bias in the news: Methods and concepts. *Studies of Broadcasting, 15,* 31–45.

Rossmann, A. (2010). *Vertrauen in Kundenbeziehungen.* Wiesbaden: Gabler Verlag.

Sarcinelli, U. (1999). Politische Inszenierung, symbolische Politik. In M. Greiffenhagen, & S. Greiffenhagen (Hrsg.), *Handwörterbuch zur politischen Kultur der Bundesrepublik Deutschland. Ein Lehr- und Nachschlagewerk* (2. Aufl., S. 370–379). Opladen: Westdeutscher Verlag.

Sarcinelli, U. (2003). Publizität und Diskretion: Verhandeln, verschleiern, vermarkten. In R. Hettlage (Hrsg.), *Verleugnen, Vertuschen, Verdrehen. Leben in der Lügengesellschaft* (S. 215–229). Konstanz: UVK.

Sarcinelli, U. (2009). *Politische Kommunikation in Deutschland. Zur Politikvermittlung im demokratischen System* (2. Aufl.) Wiesbaden: VS Verlag für Sozialwissenschaften.

Saxer, U. (2008). Gestaltung von Realität durch Public Relations. *Communicatio Socialis, 41*(4), 360–371.

Schäfer, C. (2006). Imageproblem der Public Relations? Eine inhaltsanalytische Betrachtung des Nachrichtenmagazins DER SPIEGEL (unveröffentlichte Abschlussarbeit). Mainz.

Scharf, W. (1971). ‚Public relations' in der Bundesrepublik Deutschland. *Publizistik, 6*(2), 163–180.

Schenk, M. (1987). *Medienwirkungsforschung.* Tübingen: Mohr Siebeck.

Schenk, M. (2002). Persuasion. Begriff, Dimensionen und Konzept. In E. Noelle-Neumann, W. Schulz, & J. Wilke (Hrsg.), *Fischer Lexikon Publizistik, Massenkommunikation* (S. 407–421). Frankfurt am Main: Fischer.

Schicha, C. (2003). *Die Theatralität der politischen Kommunikation. Medieninszenierungen am Beispiel des Bundestagswahlkampfes 2002.* Münster: Lit. Verlag.

Schmid, J. (2000). *Lügen im Alltag. Zustandekommen und Bewertung kommunikativer Täuschungen*. Münster: Lit. Verlag.

Schmidt, S. J. (1999). Werbung. In J. Wilke (Hrsg.), *Mediengeschichte der Bundesrepublik Deutschland. Bundeszentrale für politische Bildung* (S. 518–544). Bonn: Böhlau.

Schmidt, S. J. (2002). Werbung oder die ersehnte Verführung. In H. Willems (Hrsg.), *Die Gesellschaft der Werbung. Kontexte und Texte. Produktionen und Rezeptionen. Entwicklungen und Perspektiven* (S. 101–119). Wiesbaden: VS Verlag für Sozialwissenschaften.

Schmidt, S. J. (2003). *Geschichten & Diskurse. Abschied vom Konstruktivismus*. Hamburg: rororo.

Schmidt, S. J. (2005). Objektivität als Medienritual. *Cover, 5*, 84.

Schmidt, S. J. (2008). *Systemflirts. Ausflüge in die Medienkulturgesellschaft*. Weilerswist: Velbrück.

Schmidt, S. J. (2010a). Bis hierher – und wie weiter? Josef Mitterers Konstruktivismuskritik und einige Konsequenzen. In A. Riegler, & S. Weber (Hrsg.), *Die Dritte Philosophie. Kritische Beiträge zu Josef Mitterers Non-Dualismus* (S. 133–144). Weilerswist: Velbrück.

Schmidt, S. J. (2010b). *Die Endgültigkeit der Vorläufig. Prozessualität als Argumentationsstrategie*. Weilerswist: Velbrück.

Schmidt, S. J., & Spieß, B. (1996). *Die Kommerzialisierung der Kommunikation. Fernsehwerbung und sozialer Wandel 1956-1989*. Frankfurt am Main: Suhrkamp.

Schneider, S. (2010). *Grenzüberschreitende Organisationskommunikation. Eine Studie auf systemtheoretischer Basis*. Münster: Lit. Verlag.

Scholl, A. (2007). Buchbesprechung von Stefan Weber, 2005. *Publizistik, 52*(2), 278–279.

Scholl, A. (2010). Nicht-dualisierende Philosophie, Konstruktivismus und Empirie. In A. Riegler, & S. Weber (Hrsg.), *Die Dritte Philosophie. Kritische Beiträge zu Josef Mitterers Non-Dualismus* (S. 145–159). Weilerswist: Velbrück.

Schranz, M. (2007). *Wirtschaft zwischen Profit und Moral. Die gesellschaftliche Verantwortung von Unternehmen im Rahmen der öffentlichen Kommunikation*. Wiesbaden: VS Verlag für Sozialwissenschaften.

Schulz, W. (1989). Massenmedien und Realität. Die „ptolemäische" und die „kopernikanische" Auffassung. In M. Kaase, & W. Schulz (Hrsg.), *Massenkommunikation. Theorien, Methoden, Befunde* (S. 135–149). Opladen: Westdeutscher Verlag.

Schulz, W. (1990). *Die Konstruktion von Realität in den Nachrichtenmedien: Analyse der aktuellen Berichterstattung* (2. Aufl.). Freiburg: Alber.

Schulze-Fürstenow, G. (1988). Kommunikation ohne Glaubwürdigkeit? In B.-J. Martini (Hrsg.), *Journalisten-Jahrbuch 1989* (S. 318–320). München: Ölschläger.

Schweer, M. K. W., & Thies, B. (2003). *Vertrauen als Organisationsprinzip: Perspektiven für komplexe soziale Systeme*. Bern: Huber.

Schweer, M. K. W., & Thies, B. (2005). Vertrauen durch Glaubwürdigkeit – Möglichkeiten der (Wieder-)Gewinnung von Vertrauen aus psychologischer Perspektive. In B. Dernbach, & M. Meyer (Hrsg.), *Vertrauen und Glaubwürdigkeit. Interdisziplinäre Perspektiven* (S. 47–63). Wiesbaden: VS Verlag für Sozialwissenschaften.

Seidenglanz, R. (2008). Aspekte der Medienglaubwürdigkeit. Definition, Abgrenzung und Bezugstypen. In S. Wehmeier, H. Nothhaft, & R. Seidenglanz (Hrsg.), *Günter Bentele: Objektivität und Glaubwürdigkeit: Medienrealität rekonstruiert* (S. 35–61). Wiesbaden: VS Verlag für Sozialwissenschaften.

Seligman, A. B. (1997). *The problem of trust*. Princeton: Princeton University Press.

Shell. (1995). Die Ereignisse um Brent Spar in Deutschland. Darstellung und Dokumentation mit Daten und Fakten. Die Hintergründe und Einflussfaktoren. *Kommentare und Medienresonanzen*. Hamburg.

Siedentopp, J. (2009). *Public Affairs-Management von Großunternehmen. Markt- versus Nichtmarktstrategien*. Münster: Lit. Verlag.

Sievers, B. (1974). *Geheimnis und Geheimhaltung in sozialen Systemen*. Opladen: Westdeutscher Verlag.

Simmel, G. (1908). *Soziologie. Untersuchungen über die Formen der Vergesellschaftung*. Leipzig: Suhrkamp Verlag.

Simmel, G. (1977). *Philosophie des Geldes (Erstausgabe 1900)*. Berlin: Anaconda.

Sommer, C., & Bentele, G. (2008). Vertrauensverluste: Der Fall Gerster. Eine deutsche Fallstudie über Interdependenzen zwischen Prozessen öffentlicher Kommunikation und öffentlichen Vertrauens. In G. Bentele, M. Piwinger, & G. Schönborn (Hrsg.), *Kommunikationsmanagement. Loseblatt 2001 ff: Nr. 6.17*. Neuwied: Hermann Luchterhand Verlag.

Spencer-Brown, G. (1997). *Laws of Form – Gesetze der Form*. Lübeck: Bohmeier Verlag.

Stauber, J., & Rampton, S. (2006). Giftmüll macht schlank. Medienprofis, Spin Doctors, PR-Wizards. *Die Wahrheit über die Public Relations-Industrie*. Freiburg: Orange Press.

Stehr, N. (2007). Die Moralisierung der Märkte. *Eine Gesellschaftstheorie*. Frankfurt am Main: Suhrkamp Verlag.

Stuiber, H.-W. (1992). Theorieansätze für Public Relations – Anmerkungen aus sozialwissenschaftlicher Sicht. In H. Avenarius, & W. Armbrecht (Hrsg.), *Ist Public Relations eine Wissenschaft? Eine Einführung* (S. 207–220). Opladen: Westdeutscher Verlag.

Szyszka, P. (1992). Image und Vertrauen. Essay zu einer weniger beachteten Perspektive des Image-Begriffs. In W. Faulstich (Hrsg.), *Image, Imageanalyse, Imagegestaltung. 2. Lüneburger Kolloquium zur Medienwissenschaft* (S. 104–111). Bardowick.

Szyszka, P. (2004). PR-Arbeit als Organisationsfunktion. Konturen eines organisationalen Theorieentwurfs zu Public Relations und Kommunikationsmanagement In U. Röttger (Hrsg.), *Theorien der Public Relations. Grundlagen und Perspektiven der PR-Forschung* (S. 149–168). Wiesbaden: VS Verlag für Sozialwissenschaften.

Szyszka, P. (2009). Organisation und Kommunikation: Integrativer Ansatz einer Theorie zu Public Relations und Public Relations-Management. In U. Röttger (Hrsg.), *Theorien der Public Relations. Grundlagen und Perspektiven der PR-Forschung* (2. Aufl., S. 135–150). Wiesbaden: VS Verlag für Sozialwissenschaften.

Szyszka, P. (2010). Unternehmen und soziale Verantwortung – eine organisational-systemtheoretische Perspektive. In J. Raupp, S. Jarolimek, & F. Schultz (Hrsg.), *Handbuch Corporate Social Responsibility. Kommunikationswissenschaftliche Grundlagen, disziplinäre Zugänge und methodische Herausforderungen. Mit Glossar* (S. 128–149). Wiesbaden: VS Verlag für Sozialwissenschaften.

Szyszka, P., Schütte, D., & Urbahn, K. (2009). *Public relations in Deutschland. Eine empirische Studie zum Berufsfeld Öffentlichkeitsarbeit*. Konstanz: UVK Verlagsgesellschaft mbH.

Szyszka, P. (Hrsg.). (2012). *Alles nur Theater. Authentizität und Inszenierung in der Organisationskommunikation?!* Köln: Halem (i.D.).

Teubner, G., & Willke, H. (1984). Kontext und Autonomie: Gesellschaftliche Selbststeuerung durch reflexives Recht. *Zeitschrift für Rechtssoziologie, 6*(1), 4–35.

Theatralitätsprogramm (1995). *DFG Schwerpunktprogramm: Theatralität – Theater als kulturelles Modell in den Kulturwissenschaften*. Bonn.

Theis-Berglmair, A. M. (2003). *Organisationskommunikation. Theoretische Grundlagen und empirische Forschungen* (2. Aufl.). Münster: Lit. Verlag.
Theis-Berglmair, A. M. (2008). Organizational communication and public relations: A conceptual framework for a common ground. In A. Zerfaß, B. van Ruler, & K. Sriramesh (Hrsg.), *Public relations research. European and international perspectives and innovations* (S. 111–123). Wiesbaden: VS Verlag für Sozialwissenschaften.
Thompson, J. D. (1967). *Organizations in action: Social science bases of administrative science.* New York: Transaction Publishers.
Upton-Ivory, T. (1992). *Tue nur so und rede darüber. Zum Innenleben der Public Relations.* Rommerskirchen: Verlag Rommerskirchen.
Valentini, C., & Kruckeberg, D. (2011): Public relations and trust in contemporary global society: A Luhmannian perspective of the role of public relations in enhancing trust among social systems. *Central European Journal of Communication, 4*(1), 91–107.
Vercic, D. (2000). Trust in organisations: A study of the relations between media coverage, public perceptions and profitability. Unpublished Doctoral Dissertation. *London School of Economics and Political Science.* London: University of London.
Vorfelder, J. (1995). *Brent Spar oder die Zukunft der Meere. Ein Greenpeace-Report.* München: C.H. Beck Verlag.
Wachtel, S. (2009). Authentizität ist unerwünscht. Corporate Speaking aus Sicht der Beratungspraxis. In M. Eisenegger, & S. Wehmeier (Hrsg.), *Personalisierung der Organisationskommunikation. Theoretische Zugänge, Empirie und Praxis* (S. 319–330). Wiesbaden: VS Verlag für Sozialwissenschaften.
Watzlawick, P., & Beavin, J. H. (1972). Einige formale Aspekte der Kommunikation. In B. Badura, & K. Gloy (Hrsg.), *Soziologie der Kommunikation* (S. 179–193). Stuttgart : Stuttgart-Bad Cannstatt.
Watzlawick, P., Beavin, J. H., & Jackson, D. D. (1996). Menschliche Kommunikation. *Formen, Störungen, Paradoxien* (9. Aufl.). Bern: Huber.
Weber, S. (1999). *Wie journalistische Wirklichkeiten entstehen.* Salzburg: Kuratorium für Journalistenausbildung.
Weber, S. (2002). Was heißt „Medien konstruieren Wirklichkeit"? Von einem ontologischen zu einem empirischen Verständnis von Konstruktion. *Medienimpulse, 40,* 11–16.
Weber, S. (2005). *Non-dualistische Medientheorie. Eine philosophische Grundlegung.* Konstanz: UVK.
Weber, S. (2010). Der Non-Dualismus Josef Mitterers – Versuch einer Rekonstruktion. In A. Riegler, & S. Weber (Hrsg.), *Die Dritte Philosophie. Kritische Beiträge zu Josef Mitterers Non-Dualismus* (S. 15–32). Weilerswist: Velbrück.
Wehner, C. (1996). *Überzeugungsstrategien in der Werbung. Eine Längsschnittanalyse von Zeitschriftenanzeigen des 20. Jahrhunderts.* Opladen: Westdeutscher Verlag.
Wehrsig, C., & Tacke, V. (1992). Funktionen und Folgen informatisierter Organisationen. In T. Malsch, & U. Mill (Hrsg.), *ArBYTE. Modernisierung der Industriesoziologie?* (S. 219–239). Berlin: edition sigma.
Weingardt, M. (Hrsg.). (2011). *Vertrauen in der Krise. Zugänge verschiedener Wissenschaften.* Baden-Baden: Nomos.
Weischenberg, S. (1995). *Journalistik. Medienkommunikation: Theorie und Praxis. Bd. 2: Medientechnik, Medienfunktionen, Medienakteure.* Opladen: Westdeutscher Verlag.
Weischenberg, S., Malik, M., & Scholl, A. (2006). *Die Souffleure der Mediengesellschaft. Report über die Journalisten in Deutschland.* Konstanz: UVK.

Werder, K. P. (2008). The effect of doing good: An experimental analysis of the influence of corporate social responsibility initiatives on beliefs, attitudes, and behavioral intention. *International Journal of Strategic Communication*, 2(2), 115–135. doi:10.1080/15531180801974904.
Westerbarkey, J. (2000). *Das Geheimnis. Die Faszination des Verborgenen.* Berlin: Aufbau.
Westerbarkey, J. (2001). Propaganda – Public Relations – Reklame. Ein typologischer Entwurf. *Communicatio Socialis*, 34(4), 438–447.
Westerbarkey, J. (2003). Maskierung und Beeinflussung. Die gesellschaftlichen Eliten und die Verschleierung der Macht. In R. Hettlage (Hrsg.), *Verleugnen, Vertuschen, Verdrehen. Leben in der Lügengesellschaft* (S. 199–214). Konstanz: UVK.
Westerbarkey, J. (2004). Illusionsexperten. Die gesellschaftlichen Eliten und die Verschleierung der Macht. In J. Raupp, & J. Klewes (Hrsg.), *Quo vadis Public Relations? Auf dem Weg zum Kommunikationsmanagement. Bestandsaufnahmen und Entwicklungen* (S. 30–41). Wiesbaden: VS Verlag für Sozialwissenschaften.
Wiedmann, K.-P. (1993). *Rekonstruktion des Marketingansatzes und Grundlagen einer erweiterten Marketingkonzeption.* Stuttgart: M & P, Verlag für Wiss. u. Forschung.
Wienand, E. (2003). *Public Relations als Beruf. Kritische Analyse eines aufstrebenden Kommunikationsberufes.* Wiesbaden: VS Verlag für Sozialwissenschaften.
Willems, H. (2007). Glaubwürdigkeit und Überzeugung als dramaturgische Probleme und Aufgaben der Werbung. In E. Fischer-Lichte, C. Horn, I. Pflug, & M. Warstat (Hrsg.), *Inszenierung von Authentizität* (2. Aufl., S. 209–232). Tübingen : Francke.
Willems, H. (2009c). Zur Einführung: Theatralität als Ansatz, (Ent-)Theatralisierung als These. In Ders. (Hrsg.), *Theatralisierung der Gesellschaft. Bd. 1: Soziologische Theorie und Zeitdiagnose* (S. 13–55). Wiesbaden: VS Verlag für Sozialwissenschaften.
Willems, H., & Jurga, M. (Hrsg.). (1998a). Inszenierungsgesellschaft. Ein einführendes Handbuch. Opladen, Wiesbaden: Westdeutscher Verlag.
Willems, H., & Jurga, M. (1998b). Inszenierungsaspekte der Werbung. Empirische Ergebnisse der Erforschung von Glaubwürdigkeitsgenerierungen. In M. Jäckel (Hrsg.), *Die umworbene Gesellschaft. Analysen zur Entwicklung der Werbekommunikation* (S. 209–230). Opladen: Westdeutscher Verlag.
Willems, H., & Kautt, Y. (2003). *Theatralität der Werbung. Theorie und Analyse massenmedialer Wirklichkeit: Zur kulturellen Konstruktion von Identitäten.* Berlin: Gruyter.
Willke, H. (1978). Zum Problem der Integration komplexer Sozialsysteme: Ein theoretisches Konzept. *Kölner Zeitschrift für Soziologie und Sozialpsychologie*, 30, 228–252.
Willke, H. (1993). *Systemtheorie entwickelter Gesellschaften. Dynamik und Riskanz moderner gesellschaftlicher Selbstorganisation* (2. Aufl.). Weinheim : Juventa.
Willke, H. (1995). *Systemtheorie III: Steuerungstheorie.* Stuttgart: UTB.
Willke, H. (1997). *Supervision des Staates.* Frankfurt am Main: Suhrkamp Verlag.
Wirth, W. (1999). Methodologische und konzeptionelle Aspekte der Glaubwürdigkeitsforschung. In P. Rössler, & W. Wirth (Hrsg.), *Glaubwürdigkeit im Internet. Fragestellungen, Modelle, empirische Befunde* (S. 47–66). München: Fischer.
Yuchtman, E., & Seashore, S. E. (1967). A system resource approach to organizational effectiveness. *American Sociological Review*, 32(6), 891–903.
Zedtwitz-Arnim, G.-V. Graf v. (1961). *Tue Gutes und rede darüber. Public Relations für die Wirtschaft.* Berlin: Ullstein.

Zerfaß, A. (2004). *Unternehmensführung und Öffentlichkeitsarbeit: Grundlegung einer Theorie der Unternehmenskommunikation und Public Relations* (2. Aufl.). Wiesbaden: VS Verlag für Sozialwissenschaften.

Zerfaß, A. (2007). Unternehmenskommunikation und Kommunikationsmanagement: Grundlagen, Wertschöpfung, Integration. In M. Piwinger, & A. Zerfaß (Hrsg.), *Handbuch Unternehmenskommunikation* (S. 21–87). Wiesbaden: Gabler Verlag.

Zerfaß, A., & Scherer, A. G. (1993). Die Irrwege der Imagekonstrukteure. Ein Plädoyer gegen die sozialtechnische Verkürzung der Public Relations-Forschung. Diskussionsbeitrag Nr. 77. Nürnberg: Lehrstuhl für Allg. Betriebswirtschaftslehre und Unternehmensführung der Univ. Erlangen-Nürnberg.

Zielmann, S., & Preusse, J. (2010). Authentizität – die überschätzte Kategorie. In G. Bentele, M. Piwinger, & G. Schönborn (Hrsg.), *Kommunikationsmanagement*. Loseblatt 2001 ff: 8.36. Neuwied: Hermann Luchterhand Verlag.

Zowislo-Grünewald, N., & Schulz, J. (2011). Contextualizing and redefining authenticity in organizational communication. *Central European Journal of Communication, 4*(1), 77–90.

Zurstiege, G. (2001). Werbung – Kunst und Können der aufrichtigen Lüge. In S. J. Schmidt, J. Westerbarkey, & G. Zurstiege (Hrsg.), *A/Effektive Kommunikation: Unterhaltung und Werbung* (S. 147–160). Münster: Lit. Verlag.

Zurstiege, G. (2005). *Zwischen Kritik und Faszination. Was wir beobachten, wenn wir die Werbung beobachten, wie sie die Gesellschaft beobachtet*. Köln: Halem.

The manufacturer's authorised representative in the EU is Springer Nature Customer Service Centre GmbH, Europaplatz 3, 69115 Heidelberg, Germany. If you have any concerns regarding our products, please contact ProductSafety@springernature.com

Printed and bound by CPI Group (UK) Ltd, Croydon, CR0 4YY

25/03/2026

02078172-0003